W0245063

ROBERT COLES

ANNA FREUD

ODER

DER TRAUM DER PSYCHOANALYSE

Aus dem Amerikanischen
von Reiner Stach

S. FISCHER

Die amerikanische Originalausgabe
mit dem Titel »Anna Freud; The Dream of Psychoanalysis«
erschien 1992 im Verlag Addison-Wesley Publishing Company, Inc.
(A Merloyd Lawrence Book/Radcliffe Biography Series)
© 1992 Robert Coles
Für die deutsche Ausgabe
S. Fischer Verlag GmbH, Frankfurt am Main
© 1995 S. Fischer Verlag GmbH, Frankfurt am Main
Gesamtherstellung: Clausen & Bosse, Leck
Printed in Germany
ISBN 3-10-010211-8

Für Jane
in Dankbarkeit und Liebe

Inhalt

Vorwort

Im Jahr 1950, als ich am Harvard College studierte, geriet ich durch Zufall in eine Vorlesung Anna Freuds. Ich kam eben aus dem Labor für Organische Chemie, das mir damals wie eine Unterabteilung der Hölle vorkam, und war auf dem Weg »nach Hause« – das heißt zu meiner Bude im Studentenwohnheim –, als ich einen Kommilitonen aus den Vorbereitungskursen zum Medizinstudium traf, der sich bereits für Psychiatrie und auch für Psychoanalyse interessierte. Er wußte, daß jene Vorlesung angekündigt war, und schlug vor, wir sollten uns eine Cola schnappen und dann beeilen, um gute Plätze zu bekommen – denn es sei sicher, sagte er, daß ein Riesenpublikum erscheinen werde, um Frau Freud zu hören. Ich mußte gestehen, daß ich über Anna Freud überhaupt nichts wußte – außer, daß sie wohl irgendwie mit Sigmund Freud verwandt sei, von dem ich aber auch noch nichts gelesen hatte. Mein Freund dagegen wußte viel über sie und ihren Vater, und während wir einen Imbiß nahmen – das war in Hayes Bickford, einer Cafeteria, die es schon lange nicht mehr gibt –, erzählte er mir einiges davon.

Ich erinnere mich noch an einen bestimmten Satz – aus heutiger Sicht ein Satz von heiliger Einfalt –, der bei mir eher für noch größere Verwirrung sorgte: »Sie hat die Psychoanalyse des Kindes entdeckt.« Was sollte das heißen, »entdeckt«? Wir wurden damals gerade mit wissenschaftlichen Entdeckungen gefüttert – all jene im Labor erzielten Durchbrüche, die Professor Louis Fieser in seinen Vorlesungen und in seinem furchteinflößenden Lehrbuch der Organischen Chemie aufzählte. Mein Freund jedoch ließ sich über Einzelheiten nicht weiter aus. Er wußte zwar nicht, wie sie es »geschafft« hatte, doch er blieb dabei, daß sie es gewesen sei, die die Psychoanalyse ins Kinderzimmer »gebracht« hatte. Als ich ihn fragte, wie es denn bei so einer analytischen Untersuchung eigentlich zugehe, erklärte er, wenn ich die Vorlesung besuchte, werde ich das sicher erfahren. Ich verlor schon ein wenig das Interesse, da äußerte mein Freund eine jener Warnungen, die mir später so vertraut werden sollten: »Erschrick nicht über das, was sie sagt.« Ich hatte nicht die leiseste Ahnung, was das heißen sollte. Doch erinnere ich mich, daß diese Mischung aus Besorgtheit und kaum verhüllter Herablassung – so erschien es mir jedenfalls – mein verwundertes Interesse weckte. Während ich dem Drang widerstand, der Sache auf den Grund zu gehen, schwand auch der Impuls, mich zu verabschieden und lieber Chemie zu lernen als die Vorlesung von Anna Freud zu hören. Mir war klar: Wie immer ich diese Entscheidung begründete – sie würde doch nur als Eingeständnis aufgefaßt, daß mir tatsächlich ein wenig bange war. Zu meiner Verteidigung zeigte ich daher gesteigertes Interesse an den Freuds, während wir uns beeilten, um frühzeitig im Vorlesungssaal zu sein.

Wir setzten uns ziemlich weit nach vorn, und während wir warteten, schauten wir umher und musterten die anderen Anwesenden. Dabei fiel uns auf, daß viele und sogar die meisten nicht in unserem Alter waren; ja, sie waren nicht einmal Studenten. Damals wurde noch zu Beginn jeder Veranstaltung eine Anwesenheitsliste geführt; ich hätte mich also normalerweise auf einen mir zugewiesenen Platz gesetzt. Daher war es doppelt merkwürdig, sich hinzusetzen, wo man wollte, und das auch noch unter so vielen »Erwachsenen«. Ziemlich viele sprachen mit Akzent, doch auch bei denen, die ein ausgezeichnetes Englisch sprachen, konnte ich den Sinn etlicher Wörter nicht erfassen. Mein Freund bemerkte meine Verwirrung und beeilte sich, mir herauszuhelfen: Wir befänden uns hier inmitten der »psychoanalytischen Gemeinschaft«. Wieder fragte ich ihn nicht, was er damit meinte – aus Angst, für dumm gehalten zu werden. Doch war ich alles andere als beruhigt. Über Psychiatrie und Psychoanalyse wußte ich damals so gut wie nichts, außer, daß Sigmund Freud jemand Bedeutendes in der Kultur-

oder Geistesgeschichte des 20. Jahrhunderts war, jemand, der herausbekommen hatte, wie der Geist funktioniert, was Träume bedeuten und wie man Leuten hilft, die psychische Probleme haben. Der Ausdruck »psychoanalytische Gemeinschaft« erweckte in mir zumindest einen Moment lang die Vorstellung einer Gruppe irgendwie gestörter Leute – vielleicht »Patienten« aus Cambridge, die von irgendwelchen Psychiatern behandelt worden waren und nun gekommen waren, um einen Prominenteren zu hören.

Jahre später, als ich auf der Couch lag und mir das alles durch den Kopf gehen ließ und in Worte faßte, erinnerte ich mich natürlich auch daran, wie unwissend ich an jenem Nachmittag gewesen war – ein Zwanzigjähriger, aufgezogen von einer tief religiösen Mutter, die von einer Farm in Iowa stammte, und von einem Wissenschaftler aus England, der für Sozialwissenschaften weder Interesse noch Geduld aufbrachte, geschweige denn für »metapsychologische Themen«, wie Freud das nannte. Auch erinnerte ich mich wieder daran, daß es ein historischer Augenblick gewesen war – die Jahre unmittelbar nach dem Zweiten Weltkrieg, als der Einfluß der Psychoanalyse auf die amerikanische Kultur eben erst einsetzte. Doch damals blieb mir nichts anderes übrig, als so abgeklärt wie möglich zu erscheinen und ohne den Anschein von Überraschung oder Unruhe meinem Freund zuzuhören, der davon erzählte, wo ihre Praxen waren und wieviel Honorar sie nahmen: den erstaunlichen Betrag von zehn oder 15 Dollar die Stunde, bei fünf Besuchen pro Woche, und das über Jahre. Im Innersten fragte ich mich, wer wohl so viel Geld habe und wozu die vielen Besuche jede Woche. Genügt denn nicht ein langes, gutes Gespräch, um jemandem zur Einsicht zu verhelfen, was ihm eigentlich fehlt?

Meine Überlegungen wurden bald unterbrochen: Auf dem Podium erschien eine kleine, hagere Frau mittleren Alters, begleitet von einem größeren, stämmigen Mann, dessen Name ich jedoch nicht mitbekam. Er stellte Anna Freud kurz vor, dann verlor sie keine weitere Zeit und kam sofort zur Sache. Sie erläuterte die wichtigsten Grundbegriffe der Psychoanalyse, deren Auffassung der seelischen Funktionen und ihr therapeutisches Vorgehen. Zu meiner eigenen Überraschung konnte ich dem Gang ihrer Argumentation ganz gut folgen. Das war jemand, der uns wirklich etwas beibringen wollte, der klar und mit Überzeugung sprach, der weder herablassend war noch die Zuhörer einschüchterte. Damals formulierte ich das natürlich psychologisch etwas weniger exakt: Die Vorlesung war einfach »gut«, die Vortragende »überzeugend«. Ich gab zu, »interessiert« zu sein, und teilte meinem Freund mit, ich würde in die Bibliothek gehen und mir anschauen, was sie geschrieben hat – eine wirklich verpflichtende Entscheidung, denn mit meinen Kursen war ich ja schon stark ausgelastet.

Zu jener Zeit war ich auch als ehrenamtlicher Lehrer beim »sozialen Hilfswerk« tätig (so hieß das damals noch), wo Kinder aus sozial oder psychisch gefährdeten Familien erforderliche Lernhilfe oder gesundheitliche Fürsorge erhielten. Noch heute erinnere ich mich an meinen ersten Gang zum Hilfswerk nach der Vorlesung von Anna Freud. Ich arbeitete damals mit Gerry, einem neun- oder zehnjährigen Jungen, der in der Schule immer wieder heftige Wutanfälle hatte und daher für eine Woche oder noch länger ausgeschlossen worden war. Wir gingen zusammen seine Hausaufgaben durch, und oft brachte ich ihm einen Schokoriegel mit. Ich hatte angenommen, sein vorrangiges Problem sei medizinischer Natur – er hatte nämlich einen »Klumpfuß«, der ihn in der Schule, beim Spiel mit Freunden und in seinem ganzen Lebensumfeld behinderte. Ich wußte zwar, daß er diese Wutanfälle hatte, doch das schien nicht weiter von Bedeutung: Gerry sprach nie davon, ich hatte es auch nie beobachtet, und niemand schien sich dafür zu interessieren. Wohingegen sein körperliches Problem für ständige Diskussionen sorgte (wie auch die Mittelohrentzündungen, unter denen er früher häufig gelitten hatte und die chirurgische Eingriffe erforderlich machten, da es ja noch keine Antibiotika gab). Man betrachtete ihn als körperlich behindertes Kind, das Hilfe beim Lernen benötigte, weil es früher Schulunterricht versäumt hatte, und das noch immer irgendwie zurückgeblieben war.

Es ist schwierig, sich heute an Gerry so zu erinnern, wie ich ihn *damals* kannte und über ihn dachte. Heutzutage würden wohl Millionen – ohne zu wissen, wer Anna Freud war – in seinem Fall sofort an die Psyche und nicht an das Körperliche denken. Was passiert im Kopf eines Jungen, wenn sein Bein nicht richtig funktioniert, wenn es von Geburt an zu kurz ist oder wenn Knochenbau, Muskeln oder Nerven krankhaft verändert sind? Nicht einmal vierzig Jahre ist es her, daß Gerry und ich allwöchentlich zusammen arbeiteten, und doch würde mein damaliges Urteil über ihn einem heutigen Studenten naiv vorkommen. Aufgrund von Anna Freuds Vorlesung dachte ich jedoch gründlicher über ihn und unsere Beziehung nach. In ihrem Vortrag hatte sie auch den Einfluß erwähnt, den Krankheiten und Mißbildungen auf Kinder ausüben – die Art und Weise also, wie ein Kind, dessen Körper nicht richtig »funktioniert«, sich diesen Defekt zu Herzen nimmt. Während sie sprach, tauchte Gerry für einen Augenblick in meinem Bewußtsein auf; jetzt, als ich ihm am Tisch gegenübersaß, sah ich *sie* vor mir. Ich fragte mich, was sie wohl von diesem Jungen halten würde, der so gut mitarbeitete und mir gegenüber geradezu unterwürfig sein konnte – und der dennoch voller Wut nach Freunden und Klassenkameraden schlagen konnte, der hemmungslos fluchte und Steine warf oder sich in düsterem Groll trotzig zurückzog. Kein Zweifel, dachte ich bei mir, sie würde den Jungen irgendwie ansprechen, sie wäre ihm eine gute Lehrerin, weil sie *das rechte Wort* finden würde.

Als ich an jenem Nachmittag mit Gerry beisammensaß und ihm bei einem Schulaufsatz half, erschien mir als Tagtraum Anna Freud, die hereinkam, den Jungen zu sich ans Pult bat, ihm einen danebenstehenden Stuhl anbot, ihn beruhigte, ihm einiges über ihn sagte, das den klaren und überzeugenden

Klang der Wahrheit hatte, und ihn dann als anderen Menschen entließ. *Wie* anders würde er dann sein? Ich dachte das nicht zu Ende, doch vermutlich stellte ich ihn mir als einen aufmerksamen Studenten vor, der einer unwiderstehlichen Lehrerin zuhört und sich infolgedessen »zusammenreißt« – ein Ausdruck, den mein Vater immer wieder mahnend gebrauchte. Doch schon bald nahmen mich wieder die unmittelbaren Erfordernisse des Unterrichts in Anspruch, und Anna Freud entschwand meiner Erinnerung.

Ein Jahr später studierte ich Medizin und hoffte, einmal pädiatrisch mit Kindern arbeiten zu können. Während eines Praktikums in Kinderheilkunde und Kinderpsychiatrie gewann ich besonderes Interesse an der Art und Weise, wie Kinder mit ernsten Erkrankungen fertig werden – an ihren Stimmungen, Hoffnungen und Sorgen, während sie im Krankenhaus liegen. Zu dieser Zeit hatte ich erneut Gelegenheit, Anna Freud zu hören. Sie war nach Amerika zurückgekehrt und sprach über ihre nach dem Zweiten Weltkrieg begonnene Arbeit mit Kindern, die das Konzentrationslager überlebt hatten. Der Vortrag war diesmal weniger öffentlich und fand im Semiarraum eines Krankenhauses in Boston statt. Ein älterer Arzt hatte mich eingeladen, daran teilzunehmen, ein Chirurg, der sich für Psychoanalyse interessierte und der tatsächlich bei einem bekannten Kollegen Sigmund Freuds in Analyse gewesen war. Auch dieser Analytiker war ein »Flüchtling« gewesen, der Ende der dreißiger Jahre den Weg in die Vereinigten Staaten gefunden hatte.

Der kleine Raum war völlig überfüllt, an die vierzig Personen waren anwesend, fast alles Ärzte. Erneut beeindruckte mich die Unmittelbarkeit der Vortragenden, ihre offenkundige Beherrschung des Gegenstands und ihre Bereitschaft, uns ihr Wissen in leicht faßlicher Weise mitzuteilen. Jeder Satz schien ein Juwel von vollkommener Gestalt, funkelnd und herrlich anzuschauen. Eine unheimliche Mischung aus gelassener Selbstsicherheit und intensiver Hingabe war es, die von dieser kleinen, noch immer hageren Frau ausging. Sie war schlicht gekleidet, ihre Stimme war kräftig, aber nicht durchdringend. Ich erinnere mich noch an das anschließende Gespräch und an meinen plötzlichen Wunsch, eine Frage in bezug auf ein Mädchen zu stellen, das ich kennengelernt hatte, eine Patientin der Kinderklinik in Boston. Dieses Mädchen hatte eine gefährliche Diabetes und war doch so entschieden fröhlich und selbstbewußt, daß wir alle – Schwestern, Sozialhelfer und Ärzte – uns fragten, was diesem Kind *wirklich* durch den Kopf ging, wenn es allein war und keinen derart extrovertierten Optimismus zur Schau stellte. Ich erwartete zwar nicht, daß Anna Freud uns die Gedanken dieser kleinen Patientin mitteilen würde, doch wir alle am Krankenhaus waren sehr besorgt um ihre künftige psychische Entwicklung, und so fragte ich nach der Prognose – also nach der Wahrscheinlichkeit, mit der sich im Verlauf von einem, zwei oder noch mehr Jahren eine psychische Pathologie ausbilden werde.

Wie Anna Freud antwortete, sehe und höre ich heute noch vor mir: Sie legte die Hände auf ihre Papiere, bewegte sie bedächtig, dann mit zunehmender Lebhaftigkeit. Ihre Botschaft war sehr pointiert – und doch eine echte Herausforderung für die anwesenden jungen Ärzte, die gewohnt waren, kategorische und präzise Anweisungen zu erhalten: »Wer könnte vorhersagen, was aus einem Kind künftig werden wird?«

Ich notierte diese Worte und fand sie doch ziemlich unbefriedigend – das war eine Bemerkung, wie sie meine Großeltern hätten machen können, der stoische Verzicht des Alters. Ich war davon überzeugt: Wenn jemand solche Vorhersagen zuverlässig und genau machen konnte, dann war *sie* es. Doch sie blieb dabei und erinnerte uns in aller Ausführlichkeit daran, wie schwierig es selbst für den bestinformierten Beobachter eines Kindes sein kann, vorherzusehen, wie – und ob – dessen psychische Anpassung sich in allernächster Zukunft weiter entwickeln wird. Ein paar Tage später trafen sich die Assistenzärzte mit George Gardner, dem Leiter der Psychiatrie an der

Kinderklinik, der auch Kinderpsychoanalytiker war, und wir diskutierten über Anna Freuds Vortrag, über die Art und Weise, wie sie Fragen beantwortete, und vor allem über ihre scheinbare Abneigung gegen psychologische Vorhersagen. Sein knapper Kommentar dazu: »Sie ist von Grund auf bescheiden.« Einige von uns dürften diese Bemerkung als Rüge aufgefaßt haben, denn wir waren doch ein wenig vorschnell mit unserem neu erworbenen und noch ziemlich unvollständigen Wissen, und eifrig hantierten wir damit auch vor anderen, vor Kollegen wie Patienten.

Kurze Zeit später begann für mich eine längere Phase der Supervision bei Dr. Gardner, der ein Bewunderer von Anna Freud wie auch eines weiteren Kinderpsychoanalytikers war, dessen Werk ich eben erst kennenlernte: Erik H. Erikson. Wenn ich zur Supervisionsstunde kam, hörte sich Dr. Gardner zunächst meine Falldarstellung an, machte ein paar Bemerkungen über das Kind oder über die Therapie, die ich versuchte, und stellte dann häufig noch einige Aspekte aus Anna Freuds oder Eriksons Theorien zur Debatte. Im Verlauf des Gesprächs versuchten wir dann, die Schriften der beiden Kinderanalytiker auf die klinischen Fälle zu beziehen, die ich Dr. Gardner vorgetragen hatte. Er war ein Meister der beiläufigen Bemerkung, die den nervösen jungen Arzt beruhigen sollten und ihn statt dessen häufig noch weiter entnervten. Wenn ich meine anfängliche Darstellung gegeben hatte, sagte er zum Beispiel: »Ich verstehe, warum Sie beunruhigt sind, doch vergessen Sie nicht Ihren mächtigsten Verbündeten: die Zeit.« Und dabei sollte ich mich zurücklehnen, die Beine ausstrecken und den Kaffee schlürfen, den er stets für uns bereithielt!

Dr. Gardner bat mich, Anna Freuds Buch *Das Ich und die Abwehrmechanismen* und ihre Monographie *Kriegskinder* sorgfältig zu lesen. Viel Zeit verbrachten wir damit, über ihre Ansichten zu diskutieren, und auf diese Weise blieb sie mir ständig gegenwärtig, solange ich als Assistenzarzt an der Kinderpsychiatrie Supervision erfuhr. Mitte der dreißiger Jahre hatte sie besonders unsere psychische Fähigkeit hervorgehoben, auf die unbewußten Wünsche und Impulse, um deren Verständnis die Psychoanalytiker so hart gerungen hatten, mit Energie, List, Flexibilität und nicht zuletzt mit Intelligenz zu reagieren. Dr. Gardner machte mir klar, daß das sogar schon für Kleinkinder gilt, und ich lernte, diese Flexibilität auch bei den von mir behandelten Jungen und Mädchen wahrzunehmen – in ihren oft so erstaunlichen Manövern, Äußerungen, Aktionen, Träumen und Zeichnungen, in der Art und Weise, wie sie versuchten, selbst gegen massive psychische Schwierigkeiten ihrem Leben Form und Ziel zu geben. »Anna Freud wird Ihnen eine Hilfe sein bei der Arbeit«, sagte Dr. Gardner einmal, um mich zu beruhigen. Und tatsächlich war die Sensibilität und Unmittelbarkeit ihrer Beobachtungen an Kindern ein willkommener Kontrast zu einigen der theoretischen Aufsätze in psychoanalytischen Fachzeitschriften, die ich damals nachzuvollziehen suchte. Ich sollte den klinischen Zugang verbinden mit den Ideen Anna Freuds, und zwar so, daß die Kinder unter meiner Obhut gesunden würden – das war der Sinn von Dr. Gardners prophetischer Bemerkung. Daß Aufsätze und Bücher einen derartigen Einfluß auf das Leben von Ärzten und Patienten ausüben, dürfte nicht eben häufig vorkommen.

Nachdem ich meine Ausbildung in Kinderpsychiatrie abgeschlossen hatte, ging ich in den Süden nach Mississippi und übernahm in der Nähe von New Orleans die Leitung einer großen neuropsychiatrischen Klinik der U.S. Air Force. Ich unterzog mich einer Analyse und belegte Kurse am Institut für Psychoanalyse; gleichzeitig begann ich mit schwarzen (und bald auch mit weißen) Kindern zu arbeiten, die in den Aufruhr geraten waren, den die Aufhebung der Rassentrennung an Schulen ausgelöst hatte. Eigentlich wollte ich nur zwei Jahre in Dixieland bleiben, doch es wurde ein völlig neues berufliches Projekt daraus: der Versuch zu verstehen, wie Kinder unter allen möglichen sozialen, kulturellen und politischen Umständen mit ihrem Leben zurechtkommen. Ich habe diese Tätigkeit in einer ganzen Reihe von Büchern geschildert[1], in denen ich mich fortlaufend auf Anna Freud beziehe. In den allerersten Aufsätzen, die ich verfaßte – Ende der fünfziger, Anfang der sechziger Jahre – war sie sogar *sehr* präsent: Sie half mir, die jungen Polio-Patienten zu verstehen, die ich an der Kinderklinik kennenlernte[2], und später die geplagten Kinder in Louisiana, die wegen der Rassenintegration an Schulen ständigen Pöbeleien ausgesetzt waren.

Im Jahr 1965 hatte ich große Lust darauf, ihre Schriften eingehend zu studieren und über die Bedeutung ihrer Ideen für mein berufliches Umfeld zu schreiben. Der Essay trug den Titel ›Das Werk Anna Freuds‹ und wurde 1966 in der Vierteljahresschrift *The Massachusetts Review* veröffentlicht [siehe Anhang S. 237–262]. Ungefähr einen Monat später erhielt ich einen Brief von Anna Freud, die mir dankte und versicherte, daß ich auf dem richtigen Weg sei. (Einer ihrer Analysanden hatte ihr den Text gezeigt.) Ich antwortete ihr, dann schrieb sie erneut, und so begann allmählich eine langjährige Korrespondenz, die schließlich auch zu persönlichen Begegnungen und gemeinsamen Diskussionen führte – ein unschätzbarer Austausch, der mir in vielerlei Hinsicht eine Hilfe war. Ihre alljährlichen Auftritte an der Yale University wurden zu einem wichtigen Teil meines Lebens – die Fahrt dorthin, um sie zu treffen, ihr zuzuhören und von ihr zu lernen. Dabei war die Kinderpsychoanalyse bei weitem nicht ihr einziges Interesse. Ihre Lektüre war sehr vielfältig, und sie hatte einen lebhaften Geist, der sich mit allen möglichen Problemen der Welt befaßte. So war sie zum Beispiel in den sechziger und siebziger Jahren sehr an den Sozial- und Rassenproblemen interessiert, mit denen die USA und Großbritannien zu kämpfen hatten, wie sie sich ja auch in kluger und leidenschaftlicher Weise der englischen Kinder angenommen hatte, die unter der Bedrohung von Nazi-Bombern lebten, oder derjenigen, die gegen Ende des Krieges das Konzentrationslager überlebten. Mit ihr über solche Themen zu sprechen war immer sehr belehrend und ein außerordentliches Privileg.

Und es war mehr als das, wie mir jetzt klar ist. Wenn ich mich mit ihr über andere Themen unterhielt – zum Beispiel über die Religion aus der Sicht des Kindes –, dann war das für mich blanke Notwendigkeit. Denn schließlich bemühte ich mich herauszufinden, wie die Jungen und Mädchen, mit denen ich zu tun hatte, die Welt sahen und wie sie versuchten, in ihr einen Sinn zu entdecken. Wenn ich meine Forschungsergebnisse in eine sinnvolle Ordnung zu bringen versuchte – die Äußerungen, die ich gehört hatte, die Zeichnungen, die man mir zeigte –, rief ich mir immer wieder ihre Schriften in Erinnerung, aber auch ihre mündlichen Kommentare zu den Zeichnungen eines bestimmten Kindes, die wir gemeinsam betrachteten, oder zu den Transkriptionen kindlicher Aussagen, Fragen, Klagen und Spekulationen. Emotional wie intellektuell tragen wir alle diverse Schutzgeister in uns (oder geistige »Mentoren«, wie man heute sagen würde), und einer davon war für mich Anna Freud.

Später, als ich Erik H. Erikson kennenlernte, mit ihm arbeitete und schließlich auch über ihn schrieb, stellte sich heraus, daß sie seine Analytikerin war. Dann freundete ich mich mit Helen Ross an, eine Kinderanalytikerin, die wiederum Anna Freud nahestand. In den siebziger Jahren arbeiteten Helen Ross und ich für die Field Foundation, und zu den wichtigsten Belangen dieser Stiftung gehörte das von Anna Freud geleitete Ausbildungszentrum an der Hampstead Child-Therapy Clinic in London. Ihre Mitteilungen, ihre Briefe und ihre Besuche in den USA bedeuteten uns viel, denn sie gaben uns wiederum Gelegenheit, von ihr zu lernen. Wenn man die Berichte über die Arbeit an ihrer Klinik las, dann erfuhr man nicht einfach, was eine Kinderpsychoanalytikerin von den Jüngeren hielt; vielmehr teilte sich uns die geradezu visionäre Anteilnahme einer starken Persönlichkeit an der nachfolgenden Generation mit. In Hampstead wurden zahllose Ausbilder der verschiedensten

Richtungen geschult: Ärzte, Krankenschwestern, Sozialarbeiter, Lehrer. Dabei ging es nicht nur um die therapeutischen Möglichkeiten der Psychoanalyse, sondern Anna Freud vermittelte in viel weiterem Sinne ein Wissen um die Fähigkeiten von Kindern und deren unvermeidliche Phasen der Erprobung. Wir haben mit Kindern anders gearbeitet, wir haben anders gedacht – dank Anna Freud. Ein halbes Jahrhundert lang verkörperte sie eine starke moralische und intellektuelle Kraft innerhalb der Psychoanalyse.

In den siebziger Jahren dachte ich oft daran, eine Biographie Anna Freuds zu schreiben, und kam ihr gegenüber auch einige Male darauf zu sprechen. Doch sie war tatsächlich, wie Dr. Gardner es formuliert hatte, »von Grund auf bescheiden«. Als ein gemeinsamer Freund ihr einmal einen Aufsatz schickte, den ich über sie geschrieben hatte, antwortete sie, ich hätte eine viel zu hohe Meinung von ihr; doch »immerhin könnte man versuchen, ihr gerecht zu werden«. Statt eine Biographie zu schreiben, schlug sie vor, »könnten Sie mir die Ehre erweisen, meine Ideen bei Ihrer Arbeit umzusetzen«. Das sagte sie mir in einem Wohnheim der Yale University, während sie, wie immer, den Blick lebhaft auf ihr Gegenüber gerichtet hatte; dabei hielt sie eine Tasse Kaffee in der Hand, und ein Teller mit Wiener Torte stand vor ihr. Es war nicht ganz einfach, mit ihr »zur Sache« zu kommen. Andererseits half sie mir mit größtem Eifer, als ich biographische Studien über andere Personen verfaßte oder vorbereitete – zum Beispiel über Erik H. Erikson, Simone Weil oder Dorothy Day.[3] Sie las sogar meine Essays über William Carlos Williams und Walker Percy und war geradezu fasziniert von diesen beiden Ärzten, die zu Schriftstellern wurden.[4] Schließlich hatten die beiden einen Vorgänger, dessen Tochter sie war, und tatsächlich erklärte sie mir einige Male, wie wichtig das Schreiben für ihren Vater gewesen sei – und zwar nicht nur die formulierten Gedanken selbst, sondern auch das Verfahren, ihnen eine angemessene und einladende Form zu verleihen.

20

Im Jahr 1982, als ich an den Biographien über Simone Weil und Dorothy Day arbeitete, starb Anna Freud in London. Jenes Doppelprojekt – ich schrieb beide Bücher gleichzeitig – verdankt seine Form einer Anregung, die sie mir einmal gab: »Man kann das Werk der beiden ins rechte Licht rücken; man kann zeigen, welche Richtung sie in intellektueller Hinsicht einschlugen; und man kann ihre Erfolge und Mißerfolge abwägen und miteinander vergleichen.« Jeder, der sie kannte, wird in diesen Worten eine bestimmte geistige Haltung und die für sie charakteristische Weise wiedererkennen, Dinge anzugehen: klar, pointiert und sparsam im Ausdruck. Sie bewies damit ein starkes Gefühl für die Siege und Niederlagen, die uns alle treffen, aber auch bittere Skepsis, die bei ihr mit Höflichkeit, Zurückhaltung, ja sogar Scheu einherging. Was sie mir nahelegte, war eben *kein* gewöhnliches psychologisches Porträt oder eine konventionelle Biographie dieser beiden Frauen, die – wie auch Anna Freud selbst – durchaus dafür »geeignet« wären. Das Leben aller drei Frauen war interessant, anregend, ja herausfordernd. Doch für Anna Freud wie für ihre beiden Zeitgenossinnen stand fest, daß man die Bedeutung eines Lebens letztlich nur so ermessen könne: »Was sie [Simone Weil] uns zu denken gibt, darüber *sollten* wir auch nachdenken. Ihre Persönlichkeit können wir ruhig außer acht lassen, wir versäumen dabei nichts, was wichtig oder aufschlußreich wäre.« Auch dies ein bezeichnendes Moment von Selbstoffenbarung: der gleiche ironische Blick, der auch ihr Werk so nachhaltig geprägt hat. Die zeitgenössischen Ausbrüche der Begeisterung für Psychohistorie ließen sie kalt. Etliche Jahrzehnte hatte sie als Klinikerin gearbeitet, und daher wußte sie, wie wenig Neues die Psychopathologie häufig zu bieten hat. Nicht erstaunlich daher, daß sie die Betonung weniger auf die fortdauernde Struktur eines bestimmten Konflikts legte, daß es sie vielmehr interessierte, wie eine Person mit diesem Konflikt *umgeht*.

So legte man ihr zum Beispiel einen Bericht über ein schwer

gestörtes Kind vor. Der Junge war dreizehn Jahre alt, hatte schon etliche Feuer gelegt und sprach in apokalyptischen Bildern über das unmittelbar bevorstehende Ende allen Lebens durch einen Atomkrieg. Anna Freud zuckte mit den Schultern, sagte, die »Psychodynamik« sei »völlig geläufig« – doch fügte sie rasch hinzu: »Dieser Junge ist entschlossen, allen mitzuteilen, was ihn quält. Er verkündet seine Probleme, als sei es Bildungsgut.« Eine interessante Perspektive für einen Biographen, dachte ich – und denke es noch immer.

Mitte der siebziger Jahre, nachdem ich für den *New Yorker* ein Porträt über Erik H. Erikson geschrieben hatte, war ich entschlossen, nun auch eines über Anna Freud folgen zu lassen. Wieder zauderte sie. So lieferte ich der Zeitschrift statt dessen eine Buchbesprechung – eigentlich einen Essay über einige ihrer Werke. Nach ihrem Tod schließlich, als meine »intellektuellen« Biographien über Simone Weil und Dorothy Day kurz vor dem Abschluß standen, entschloß ich mich dann, eine ähnliche Studie auch über Anna Freud zu verfassen – die, wie ich versuchen werde zu zeigen, in mancher Hinsicht jenen beiden Frauen durchaus nahesteht. Wie die beiden früheren Porträts soll auch dieses Buch nicht zuletzt eine Denkschrift sein, eine Würdigung, eine Studie über die mannigfaltige und überaus bedeutende berufliche Tätigkeit einer Frau.

Mein herzlicher Dank gilt erneut Merloyd Lawrence; sie unterstützte mich, als ich versuchte, drei bemerkenswerten zeitgenössischen Frauen Gerechtigkeit widerfahren zu lassen – jede in ihrer Art eine Pilgerin, jede eine moralische Visionärin. Viele Male hörte ich zu, wenn Anna Freud sich ihrer eigenen Jugendzeit erinnerte, ihrer »Träume, die Welt zu verändern, indem man durch Psychoanalyse die Menschen verändert, die darin leben – vor allem die Kinder«. Solche und ähnliche Worte inspirierten mich zum Untertitel dieses Buchs – und sie gaben mir den Anstoß, für andere aufzuzeichnen, wie sich aus jenen Träumen ein langes, tätiges und bedeutendes Leben entfaltete.

Mein Dank gilt auch Jay Woodruff, der mich bei der Recherche und beim Schreiben des Manuskripts unterstützte und mir eine große Hilfe war; er ist ein guter Freund, ein wirklicher Kollege. Auch bei Wayne Arnold möchte ich mich bedanken, der mir half, als ich mit dem Buch zu kämpfen hatte. Nicht zu vergessen meine Frau Jane und unsere drei Söhne Bob, Danny und Mike, die vieles von dem, was unsereiner durch manchmal strapaziöse Kopfarbeit herausfindet, tief in ihrem Innern längst wußten.

Schließlich muß ich unseren geliebten Hund Aran erwähnen, der nach den Aran-Inseln benannt ist. Anna Freud gefiel es dort sehr; meiner Frau, mir und unseren Kindern ebenfalls. Wer Anna Freud gekannt hat, weiß um ihre große Liebe zu Hunden im allgemeinen und zu den Hunden, mit denen sie zu tun hatte, im besonderen. Aran geleitete uns mit rückhaltloser Zuneigung und Aufmerksamkeit durch viele Jahre, und auf Anna Freuds Gesicht erschiene sicherlich ihr wundervoll charmantes Lächeln, wäre sie hier und könnte sie sehen, wie ich unserem geliebten Gefährten zunicke.

Ich habe versucht, einen Überblick über Anna Freuds Leben zu bieten, wobei die wesentlichen biographischen Fakten an erster Stelle stehen, gefolgt von den wichtigen Themen ihres Lebens. Sie war in vielerlei Hinsicht ein interessanter und schöpferischer Mensch, und ich habe versucht, diesen Charakterzügen so weit wie nur möglich gerecht zu werden. Dabei beziehe ich mich auf ihre Bücher und Aufsätze, ihre Briefe an mich und andere sowie auf unsere Gespräche, die überwiegend Anfang der siebziger Jahre stattfanden und von denen ich einige auf Band aufzeichnete. Auch Gespräche mit Dritten habe ich verwertet und nicht zuletzt auch einige ihrer »Selbsteinschätzungen« – ein Begriff, den sie im Gespräch gelegentlich benutzte. Ich hoffe, dieses Buch wird dazu beitragen, anderen Menschen zu vermitteln, was ich selbst vor zwanzig Jahren zu erkunden begann: ein bedeutendes Werk, das Werk Anna Freuds.

I. KAPITEL

Ein Leben mit Kindern

Wer hätte wissen können,
was wir heute wissen?

Anna Freud

Als ich im April 1970 auf ihre Biographie zu sprechen kam, antwortete die damals 74jährige Anna Freud: »Den größten Teil meines Lebens habe ich damit verbracht, zu versuchen, Kinder zu verstehen. Das war ein Glück für mich. Doch ich glaube nicht, daß ich ein gutes Thema für eine Biographie wäre – nicht genug ›action‹! Alles, was dazu zu sagen wäre, könnten Sie in wenigen Sätzen sagen – etwa: sie verbrachte ihr Leben mit Kindern.« Ich widersprach natürlich – doch das war nun einmal ihr Standpunkt. Ganz abgesehen von ihrem üblichen Widerwillen dagegen, für längere Zeit im Mittelpunkt zu stehen. Denn über ihre Arbeit mit Kindern sprach sie in einer Art und Weise, daß sie von den Kindern gleichsam ununterscheidbar war. Sie fuhr fort: »Die längste Zeit meines Lebens habe ich Kinder behandelt oder versucht, von ihnen zu lernen. So sind die Jahre vergangen, und nun habe ich ein Recht darauf, als ›alt‹ zu gelten.« Sie schien mir damals wirklich verblüfft angesichts der Vorstellung einer Biographie über sich selbst – obwohl ihr natürlich klar war, daß es in ihrem Leben durchaus geistige und sogar persönliche Dramatik gegeben hatte, trotz der langen Jahre, die sie der schwierigen, anspruchsvollen und relativ isolierten Arbeit gewidmet hatte, bei der die persönlichen Belange zurücktraten, wie es für die Psychoanalyse eben charakteristisch ist.

Ihre Geburt am 3. Dezember 1895 erfolgte zu einem Zeitpunkt, der für Leben und Werk ihres Vaters recht bedeutsam war. Sigmund Freud war damals 39 Jahre alt, ein Wiener

Psychiater, der eben daranging, sein Meisterwerk zu verfassen: *Die Traumdeutung*, die er 1899 abschließen sollte. Außerdem war er sehr in Anspruch genommen von einer intensiven geistigen Freundschaft mit Wilhelm Fließ, der ebenfalls Arzt war. Die beiden teilten sich ihre Gedanken rückhaltlos mit, und wie wir heute wissen, war Fließ für Freud eine Art Ein-Mann-Publikum für dessen verwegene Ideen über das Unbewußte, den Stellenwert der Sexualität und die Bedeutung der Träume für unser psychisches Erleben. Wäre die kleine Anna ein Junge gewesen – sie war das letzte der sechs Kinder von Sigmund und Martha Freud (geb. Bernays) –, dann wäre sie sogar Wilhelm getauft worden, wie ihr Vater in einem Brief an Fließ versicherte: »Wenn es ein Sohn gewesen wäre, hätte ich Dir telegraphische Nachricht gegeben, denn er – hätte Deinen Namen getragen. Da es ein Töchterchen namens Anna geworden ist, kommt es bei Euch verspätet zur Vorstellung. Es hat sich heute um 3¼ h in die Ordination gedrängt, scheint ein nettes und komplettes Frauenzimmerchen zu sein...«

Dieses nette Baby wurde in das nette Leben des Wiener Großbürgertums hineingeboren. Drei Jahre zuvor hatte die Familie Freud eine große, komfortable Wohnung in der Berggasse 19 bezogen – eine Adresse, die berühmt werden sollte. Dort blieben die Freuds bis 1938, dann erzwang Hitlers »Anschluß« ihre Emigration nach London. Da Anna Freud niemals heiratete und auch niemals die Eltern verließ, um eine eigene Wohnung zu beziehen, blieb dies 43 Jahre lang auch ihre Adresse.

Sie besuchte renommierte, nahe gelegene Privatschulen. Mit 15 verließ sie die Schule mit der Matura, ohne jedoch an ein weiteres Studium zu denken. An österreichischen Universitäten waren Frauen damals nicht eben willkommen (ebensowenig wie an anderen akademischen Institutionen in Europa und Amerika), doch etwa gleichaltrige Psychoanalytikerinnen wie Grete Bibring, Helene Deutsch und Marianne Kris waren zunächst Ärztinnen, und wenn das auch Anna Freuds Ziel gewesen wäre, hätte sie sicherlich ein entsprechendes Studium aufgenommen.[1] Statt dessen entschied sie sich, Lehrerin zu werden; zwischen dem 19. und 21. Lebensjahr absolvierte sie ihr Referendariat an einer Grundschule. Zuvor hatte sie viele Reisen unternommen und zunehmend das Leben eines Einzelkinds geführt, denn ihre älteren Geschwister verließen das Haus und machten sich unabhängig. Auch war sie zu einer guten Freundin und Reisebegleiterin ihres Vaters geworden – zwei der vielen Rollen, die sie ihm gegenüber schließlich einnehmen sollte, neben der Rolle der Sekretärin, Krankenschwester, Vertrauten und Kollegin. Bevor sie jedoch die letztgenannte Rolle übernahm, unterzog sie sich einer Analyse – bei ihrem Vater. Mit 23 Jahren war sie seine Patientin.

Einmal fragte ich sie nach ihrem Leben als Lehrerin. Lebhaft und mitteilsam erinnerte sie sich jener Jahre, die ihrer psychoanalytischen Ausbildung vorangegangen waren: »Ich unterrichtete an einer Grundschule, sämtliche Fächer. Oft höre ich Lehrer darüber sprechen, wie strapaziös ihre Tätigkeit sein könne, und sicher haben sie guten Grund, das so zu empfinden. Doch ich muß sagen – vielleicht weil ich damals noch so jung war und weil die Schule eine hübsche Privatschule mit reizenden Kindern war –, daß ich dort mit den Kindern glücklich war. Sie waren gute, tüchtige Schüler, und wenn ich mich ihrer erinnere, dann merke ich, wie glücklich ich war, sie in meinem Klassenzimmer zu haben. Damals gingen wir natürlich noch viel förmlicher miteinander um, doch ich weiß noch, daß wir Spaß zusammen hatten, viel Spaß. Ich hörte den Kindern gerne zu, wenn sie von ihren Träumen erzählten – was sie einmal sein wollten, wenn sie erwachsen waren, wie sie leben wollten, ihre Tagträume, die ich später als ›Phantasien‹ deutete. Dann erzählten wir einander Geschichten, ja, und wir rezitierten auch kleine Gedichte oder erzählten, was in uns vorging – oder vielleicht besser: was wir auf dem Herzen hatten. Damals las ich sehr viele Gedichte, und ich wünschte mir, Gedichte schreiben zu können, die nicht nur für mich, sondern auch für andere bedeutsam sein würden (ein wichtiger Unterschied, glauben Sie mir, das habe ich allmählich begriffen!). Einige der Kinder waren sehr talentiert. Sie schlossen die Augen, sahen Bilder, öffneten die Augen wieder und beschrieben uns aufs wundervollste, was sie gesehen hatten. Ich war fasziniert! Später, als ich lernte, mit Kindern psychoanalytisch zu arbeiten, bemerkte ich, wie schwer es vielen Kindern fällt, derart phantasievoll zu sein und ihre Gedanken bereitwillig anderen mitzuteilen.

Wie Sie wissen, ist es nicht immer so vergnüglich, Kinder zu unterrichten – selbst unter den bestmöglichen Bedingungen. Ich lernte, standhaft und gelegentlich sogar streng zu sein – andernfalls wird es schwierig sowohl für den Lehrer wie auch für die Schüler. Doch die Kinder waren überwiegend selbstsicher, sie stammten – psychologisch gesprochen – aus starken Familien, und so hatten sie mit der Disziplin ihrer Lehrerin keinerlei Probleme. Wenn ich auf mein Leben zurückblicke, wird mir klar, wie wichtig diese fünf Jahre für mich waren.[2] Sie boten mir Gelegenheit, ›normale‹ Kinder kennenzulernen, bevor ich es mit Kindern zu tun bekam, die aus den verschiedensten Gründen in Schwierigkeiten waren. Außerdem konnte ich auf diese Weise von Kindern lernen – und ich lernte, daß Kinder nicht nur Unterricht brauchen, sondern auch die Möglichkeit, sich selbst etwas beizubringen. Wenn ich heute *meine* Augen schließe, dann sehe ich diese Kinder vor mir, einige heben ungeduldig die Hand, weil sie meine Frage beantworten wollen, aber auch, weil ihnen noch etwas anderes im Kopf herumgeht und sie uns allen mitteilen wollen, was genau es ist.«

Auch Anna Freud dachte noch an etwas anderes während jener Jahre des Schulunterrichts. An der Wiener Psychiatrischen Klinik am Allgemeinen Krankenhaus nahm sie an Visiten mit Heinz Hartmann und Paul Schilder teil. Diese beiden jungen Psychiater waren hervorragende Kliniker, und Hartmann sollte später einer der weltweit bekanntesten psychoanalytischen Theoretiker werden.[3] Zweifellos war sie damals in ihrer Eigenschaft als Tochter ihres Vaters eingeladen. Doch bald danach ließ Sigmund Freud die junge Anna an seinen Ideen teilhaben, er diskutierte seine Schriften mit ihr, und 1918, während sie noch immer unterrichtete, analysierte er sie.

Die meisten derer, die über Anna Freud geschrieben haben, gehen auch auf diese ziemlich ungewöhnliche Beziehung ein: der erste Psychoanalytiker und sein jüngstes Kind. Eine derartige Konstellation zwischen einem analysierenden Elternteil und einem Kind, gleich welchen Alters, wäre heute undenkbar. Doch wenn wir die psychoanalytische Erfahrung der jungen Anna Freud verstehen wollen, ist der historische Kontext von Bedeutung. In den frühen Jahren der Psychoanalyse – etwa bis 1925 – gab es für diejenigen, die sich diesem noch im Entstehen begriffenen Beruf zuwandten, noch keinerlei formale Voraussetzungen. Männer wie Frauen, Ärzte und Menschen ohne jede medizinische Ausbildung lasen Freuds Werke auf eigene Faust; sie schrieben ihm, lernten ihn kennen, lernten andere kennen, die wiederum Freud kannten, und wurden so allmählich Teil einer Gemeinschaft, die sich überwiegend über das heutige Österreich, Ungarn und Deutschland erstreckte. Freud und Jung besprachen und deuteten ihre Träume völlig zwanglos. Man unternahm Spaziergänge, diskutierte Erinnerungen und Erlebnisse. Das Hauptgewicht lag auf der intensiven, theoretischen und auch recht knappen Exploration – das war etwas völlig anderes als die komplizierte emotionale Wechselbeziehung einer heutigen Analyse.

Die enorme Bedeutung der »Übertragung« – das ständig wiederholte Ausleben unserer früheren, kindlichen Reaktion auf die verschiedenen Mitglieder der Familie vor allem gegenüber dem Analytiker – wurde damals erst in den Grundzügen erforscht. Anders gesagt: Die Psychoanalyse wurde damals als eine tiefe persönliche und intellektuelle Erfahrung empfunden; die ausgedehnte und tiefschürfende geistige Übung, zu der sie heute so häufig wird, war sie noch nicht: das jahrelange Erforschen nicht nur der eigenen Träume, Phantasien und Alltagsprobleme, sondern auch der Art und Weise, wie wir scheinbar ewig an unseren Eltern und Geschwistern festhalten, indem wir verschiedene Zeitgenossen (Ehepartner, Lehrer, Kollegen, Freunde) mit den Eigenschaften jener wichtigen Figuren unserer Kindheit ausstatten. Auch eine formelle psychoanalytische Ausbildung war noch nicht entwickelt. »Unsere Ausbildung erfolgte durch unsere persönlichen Analytiker«, erinnerte sich Anna Freud, »durch ausgedehnte Lektüre, durch unsere eigenen, unkontrollierten Versuche mit unseren ersten Patienten und durch den regen Gedanken- und Erfahrungsaustausch mit älteren und gleichaltrigen Kollegen.«[4] Einige wurden Psychoanalytiker ohne jede eigene psychoanalytische Erfahrung – und man kann durchaus die Auffassung vertreten, daß keine dieser frühen Analysen – nicht einmal die in den dreißiger Jahren durchgeführten, als bestimmte Ausbildungsstandards eingeführt wurden – den heutigen Maßstäben eines psychoanalytischen Instituts genügen würde. Die Analysen waren beträchtlich kürzer, und auch die Tiefe und Breite der Deutung sowie deren Inhalte (was man untersuchte und wie hartnäckig man dabei verweilte) waren anders als heute. Noch 1935 konnte Freud in einem bekannten Brief an Edoardo Weiss schreiben: »Was die Analyse Ihres hoffnungsvollen Sohnes betrifft, so ist das gewiß eine heikle Sache. Bei einem jüngeren Bruder möchte es leichter gehen, bei der eigenen Tochter ist es mir gut geraten, bei einem Sohn hat es besondere Bedenken. Nicht daß ich direkt vor einer Gefahr warnen könnte; es kommt offenbar alles auf die beiden Personen und ihr Verhältnis zueinander an. Die Schwierigkeiten sind Ihnen bekannt. Ich würde mich nicht verwundern, wenn es Ihnen trotzdem gelänge. Es ist für den Fremden schwer zu entscheiden. Ich würde Ihnen nicht dazu raten und habe kein Recht, es Ihnen zu untersagen.«[5]

Kein Zweifel, diesen Brief könnte man seinerseits einer Analyse unterziehen – vor allem, weil man vermuten darf, daß Anna Freuds Leben anders verlaufen wäre, hätte sie mit einem anderen Analytiker gearbeitet. Die spezielle Aufgabe bestand für sie darin, die einzigartige psychoanalytische Erfahrung, die sie als sehr spezielle Analysandin empfangen hatte, erfolgreich umzusetzen. Wissen über psychoanalytische Therapie – was nicht dasselbe ist wie psychoanalytisches Wissen über seelische Strukturen und Funktionen – hat, wie gesagt, seine eigene Geschichte, nämlich Jahrzehnte klinischer Erfahrung, die es den heutigen Analytikern ermöglicht, viel bewußter mit ihren Patienten zu arbeiten, als das in den zwanziger Jahren möglich war. Die Komplexität und Subtilität von Übertragung und Gegenübertragung, das Auf und Ab menschlicher Beziehungen, die sich einstellen, wenn Patient und Arzt sich selbst, ihre Kindheitserinnerungen, ihre vergangenen Wünsche und Enttäuschungen mitbringen – all dies ist heutzutage ausführlich dokumentiert. Im Jahr 1920, als Sigmund und Anna Freud als Lehrer und Schülerin, als Analytiker und Analysandin miteinander arbeiteten, war dieses Wissen noch nicht verfügbar. Die Vorstellung einer Lehranalyse (geschweige deren praktische Durchführung) als notwendige Voraussetzung eigener psychoanalytischer Tätigkeit mußte von den wenigen Männern und Frauen, die sich mit Freud verbunden hatten, überhaupt erst einmal als wünschenswert akzeptiert werden. Erst 1928 wurde die Lehranalyse als notwendiger Teil der psychoanalytischen Ausbildung institutionalisiert.

Als ich mit Erik H. Erikson arbeitete – der, wie gesagt, ein Analysand Anna Freuds war – und an seiner Biographie schrieb, fragte ich ihn, welche Art von psychoanalytischer Erfahrung das in den zwanziger Jahren gewesen sei. Seine Schilderung erweckte nicht nur einen vergangenen Moment in der Geschichte unserer Disziplin zum Leben, sie machte auch deutlicher, was Vater und Tochter Freud damals versucht hatten: »Sie müssen verstehen, die Analysen waren damals viel kürzer. Besucher aus dem Ausland, die später berühmte Analytiker werden sollten, kamen den Sommer über nach Wien, trafen Freud und andere – und das war alles. Es war ein Augenblick größter Hoffnungen – ein utopischer Augenblick. Doch die Betonung lag auf dem Intellekt, also darauf, was der Intellekt über Gefühle begreifen könne. Diese Art der Erforschung unterscheidet sich von dem, was wir heute als ›Durcharbeiten der Übertragung‹ bezeichnen – eine Sache, die sehr viel Zeit und Energie in Anspruch nimmt. Das ist wirklich ein Thema für sich: auf der einen Seite die Psychoanalyse als Ausbildung und möglicherweise auch Auflösung der Übertragungsneurose, auf der anderen Seite die Psychoanalyse als Entfaltung, um etwas über das Unbewußte, das Funktionieren der Psyche und über die vergessene Kindheit herauszubekommen.«

Das ist natürlich eine etwas willkürliche Unterscheidung. Von Anbeginn und bis auf den heutigen Tag sollte die Psychoanalyse nicht nur verstandesmäßige Einsicht vermitteln, sondern auch eine Umgestaltung der Emotionalität des Patienten ermöglichen, eine Verlagerung seiner Gefühle. Der Schwerpunkt hat sich dabei allerdings im Lauf der Jahre verschoben. Anfang dieses Jahrhunderts tendierte man zur *Einsicht* als dem wesentlich befreienden Moment – wie bei Milton, der darauf bestand, daß die Freiheit aus der Wahrheit kommt.[6] Es war eine Zeit bahnbrechender wissenschaftlicher Entdeckungen und großer Hoffnungen, und man vertraute auf den Sieg der Rationalität. Ich hatte niemals den Nerv, Anna Freud unmittelbar nach der Analyse bei ihrem Vater zu fragen. Doch ich fragte sie nach dem geistigen Klima der zwanziger Jahre, als sie den Beruf der Analytikerin erlernte (worauf sie übrigens auch in ihren Vorlesungen der siebziger Jahre an verschiedenen psychoanalytischen Instituten einging). Hierzu antwortete sie ganz rückhaltlos: »Damals in Wien waren wir alle voller Energie und in größter Erregung. Es war, als werde ein völlig neuer Kontinent erforscht, und wir waren die Forschungsreisenden und hatten die Chance, die Dinge zu verändern. Nach unserer Rückkehr von diesem Kontinent konnten wir alles, was wir erfahren hatten, der Welt mitteilen, den Menschen, die nicht dort gewesen waren. Wohin das führen konnte? [Ich hatte sie danach gefragt, was sie und andere sich davon erwartet hatten, wenn ihr neues psychoanalytisches Wissen im Europa der zwanziger Jahre bekannt würde.] Nun, das wußten wir nicht genau, doch hofften wir sicherlich, daß sich dadurch einiges ändern würde – und zwar Wesentliches. Noch in den finstersten Jahren nach 1930 blieb einiges von dieser Hoffnung und Erwartung bestehen – inmitten aller Zweifel und aller Skepsis.«

Dann sprach sie ziemlich ausführlich über die späten Werke ihres Vaters, vor allem über die *Neue Folge der Vorlesungen zur Einführung in die Psychoanalyse* und über seinen langen Aufsatz *Die endliche und die unendliche Analyse*. Sie erinnerte mich daran, daß er vor der Biologie natürlich die größte Hochachtung hatte – vor den fundamentalen »Trieben«, den konstitutionellen Kräften, die seiner Auffassung nach jeder psychologischen Einwirkung Grenzen setzen. Trotzdem wagte er den Traum von einer veränderten Welt – von einer ständig wachsenden Gruppe von analysierten Menschen, die Bedeutung und schließlich auch Einfluß auf die zivilisierte Welt gewinnen würden. Wie stets im Leben eines Schriftstellers oder einer geistigen Bewegung veränderten sich auch hier Tonfall und Emphase: Der verhältnismäßig jüngere Freud, der seine Tochter unterrichtete und analysierte, war optimistischer als der alte, sterbende Freud, dem der Aufstieg der Nazis an die Macht genügend Belege dafür lieferte, zu welcher Bedeutung der »Todestrieb« gelangen kann.

»Wir versuchten alle, eine riesige Ernte einzubringen«, fuhr sie im selben Interview fort. Sie stockte angesichts dieser Metapher und fuhr dann fort: »Doch wir wußten nicht genau, wie man das macht; wir wußten nicht, wer was übernehmen sollte. Es gab keine Regeln, auf die wir zurückgreifen konnten. Wir mußten uns unsere eigenen Regeln schaffen. Wir wußten nicht, worauf unsere analytische Arbeit mit Patienten hinauslaufen würde, wir wußten nicht, was passieren würde und wann man sagen konnte, die Arbeit sei getan – und *wie* man es sagen konnte. Das waren die Jahre des Versuchens und Probierens und manchmal auch von ›trial and error‹. Mitte der dreißiger Jahre befanden wir uns dann auf etwas festerem Boden. Doch ich merke schon, es ist schwierig, heutigen Analyse-Kandidaten die Atmosphäre zu schildern, wie sie vor einem halben Jahrhundert gewesen ist. So ist das ja immer, nicht wahr: Auf das Vergangene blicken wir zurück mit Vorstellungen, die stark beeinflußt sind von der dazwischenliegenden Geschichte.«

Das war ein wichtiges Argument; sie hielt inne, um es erst einmal auf sich selbst wirken zu lassen, ganz unabhängig von mir, und zum Zeichen dessen seufzte sie. Ich dachte bei mir, den ewigen Spekulationen über die Analyse bei ihrem Vater würde es gut bekommen, wenn man diese letztere Bemerkung ernst nehmen würde. Denn im Lichte dessen, was uns heute als längst gesicherter Bestand von Wissen und Erfahrung selbstverständlich ist, sind wir nur allzu schnell bei der Hand mit Bewertungen und Urteilen über derart lang zurückliegende Ereignisse.

Das soll nicht heißen, daß wir nach den möglichen Folgen dieser unorthodoxen Analyse für ihr Leben nun überhaupt nicht fragen sollten. Sie hat nie geheiratet, hat sich niemals auf Männer wirklich eingelassen, und mit Sicherheit hing sie sehr an ihrem Vater – vor allem, nachdem er 1923 an Krebs erkrankte. Sein Beruf wurde zu ihrem Beruf, seine Interessen wurden in hohem Maße die ihren. Als ihr Analytiker hatte er Zugang zu ihrer Intimsphäre, zu ihren Träumen und Gedanken, wie dies bei Eltern sonst selten der Fall ist. Er war für sie durch keinen anderen Mann ersetzbar. Allerdings ging Anna Freud enge Beziehungen zu bestimmten Frauen ein – so zum Beispiel zu der Schriftstellerin und späteren Analytikerin Lou Andreas-Salomé und vor allem zu Dorothy Burlingham, die 1925 als amerikanische Analysandin Freuds in Wien eintraf und schließlich selbst Analytikerin und sogar ein Mitglied der Familie wurde. Bis zu Dorothys Tod im Jahr 1979 lebten sie und Anna Freud in London, 20 Maresfield Gardens, wo Freud im September 1939 gestorben war. Zeitweilig behandelte Anna

Freud auch Dorothys Kinder. Daß ihre Beziehung kompliziert war, ist nur allzu offenkundig; schwieriger jedoch ist es, deren psychoanalytische Dimensionen darzulegen, ohne das recht unwahrscheinliche Privileg genossen zu haben, mit *beiden* Frauen darüber eingehend zu diskutieren. Man muß jedoch kein psychiatrisches Genie sein, um zu erkennen, daß für Anna Freud die emotionale Nähe zu Frauen viel einfacher und auch reizvoller war als die zu Männern und daß ihre anfangs beruflichen Beziehungen zu Dorothy Burlingham und deren Kindern zu gleichsam familiären Beziehungen wurden – und zwar auf eine Weise, über die man in den Zulassungskommissionen heutiger psychoanalytischer Institute mit Sicherheit die Augenbrauen heben würde. Die beiden Frauen arbeiteten auch als Kolleginnen zusammen, sie verfolgten gemeinsame Forschungsprojekte und schrieben zusammen Aufsätze.

Als ich 1965 all diese Fragen in einen Zusammenhang zu bringen suchte, führte ich ein längeres Gespräch mit der Psychoanalytikerin Grete Bibring aus Boston, die zum Kreis um Freud gehört hatte, ehe die Nazis viele der Psychoanalytiker zur Emigration zwangen. Ihr Kommentar war ziemlich brüsk: »Was macht das für einen Unterschied, ob man nun die Einzelheiten ihres Privatlebens kennt oder nicht? Wichtig ist, was sie *gemacht* hat: jahrzehntelange Arbeit mit Kindern und wichtige Beiträge zur psychoanalytischen Theorie.« Ich unterbrach sie und stimmte ihr zu, wies aber auch auf die Ironie der Situation hin: Das Wesentliche der Psychoanalyse ist ihr Interesse an der Erforschung von Motiven, und ein solches Interesse – richte es sich nun auf Anna Freud, auf unseren nächsten Patienten oder auf irgend jemand sonst – ist doch wohl mehr als Selbstzweck oder gar bloße Sensationsgier. »Sicherlich«, antwortete sie, fügte aber hinzu: »Ich glaube, es hängt alles davon ab, worauf Sie hinauswollen. Käme Anna Freud zu Ihnen oder zu mir als Patientin, dann hätten wir – wie stets – eine Menge zu tun, nicht wahr? Doch wenn Sie sich ansehen, was sie in ihrem Leben getan hat – dann geht es um ihre Aktivitäten, ihre

Forschungstätigkeit und ihre Werke. Wenn sie uns nicht aufsucht und wie unsere Patienten über sich selbst spricht, dann werden wir bestimmte Dinge über sie nicht erfahren können – und wie wir beide wissen, bleibt selbst bei Patienten, mit denen wir jahrelang arbeiten und die uns *alles* zu sagen versuchen, noch immer eine Menge übrig, was wir an ihnen nicht verstehen.«

In diesem Sinne fuhr sie fort, und ich stimmte ihr auch zu, als sie die lange Tradition der intellektuellen Biographie hervorhob, im Gegensatz zur sogenannten »Psychobiographie«. Dennoch war uns beiden nicht ganz wohl dabei – vielleicht, weil wir uns doch unsere Gedanken über Anna Freuds Analyse bei ihrem Vater machten. Schließlich wurde sie deutlich: »Heute würde so etwas niemals vorkommen. Damals jedoch – nun, ich will es nicht überbewerten, es waren andere Umstände. Die Psychoanalyse war einfach nicht das, was heute aus ihr geworden ist. Doch lassen Sie uns die Karten auf den Tisch legen: Unter allen Kindern Freuds ist sie seine behütete und geliebte Gefährtin und Erbin geworden. Sein Werk wurde ihr Leben, und das ist doch schon einiges. Doch zurück zu der Frage, was sie aus dieser einzigartigen Situation *machte*: Sie überreichte ihrem Vater an dessen achtzigstem Geburtstag *Das Ich und die Abwehrmechanismen* – das war nun wirklich ›Sublimation‹! Und in ihrem Leben gab es viele solcher Augenblicke. Sie war alles andere als eine ›alte Jungfer‹, die als Opfer einer Neurose dazu verurteilt ist, zu verdorren. Sie fand Liebe in ihrem Leben. Daß sie unkonventionell war, daß sie nicht geheiratet hat und Mutter wurde, ist freilich wahr, und ich bin sicher, daß ihr Vater manchmal traurig darüber war. Er war ein Genie, aber ebenso war er ein normaler Familienmensch, völlig konventionell. Was sollen wir nun mit alldem anfangen? Vielleicht sollten wir es einfach akzeptieren und würdigen als das, was es war: ein ungewöhnlicher ›Moment‹ zwischen zwei ungewöhnlichen Menschen – es kam doch eine Menge Gutes dabei heraus.«

Dieses »Gute«, das Grete Bibring vielleicht ein wenig hartnäckig hervorhob, erschien in Anna Freuds Berufsleben schon recht früh. Sie war Psychoanalytikerin geworden und begann, Patienten zu empfangen. Sie nahm auch an psychoanalytischen Treffen und Seminaren teil, regte eigene Diskussionsgruppen an, machte Lehranalysen mit künftigen Analytikern (wie Erik H. Erikson), und gegenüber ihren Kollegen trug sie ihre Gedanken und Ideen in schriftlicher wie mündlicher Form vor. In den zwanziger Jahren gehörte sie zu einer kleinen Gruppe von Männern und Frauen, die sich für die Psychoanalyse nicht nur als Wissensfundus interessierten, mit dessen Hilfe wir die Kindheit verstehen, sondern auch als Instrument, um *unmittelbar* mit Kindern zu arbeiten oder mit denen, die ihrerseits mit Kindern arbeiten, also mit Lehrern und Ärzten – ganz abgesehen von den Eltern. Auch das Werk der italienischen Kinderärztin Maria Montessori, die ihr ganzes Leben lang die natürlichen Anlagen der Kinder und ihren Drang nach Unabhängigkeit hervorhob, war Anna Freud gewiß nicht fremd. Sie selbst hatte als Lehrerin versucht, den Kindern Spielraum zu lassen, sie ihre Schwingen ausbreiten zu lassen, während sie ihnen eine umfassende Zielstrebigkeit vermittelte – ein Gefühl dafür, daß Freiheit und Selbstbeherrschung zusammengehören.

In mehreren Gesprächen mit Anna Freud über jene frühen Jahre ihrer psychoanalytischen Praxis und Forschung – sie war damals Ende Zwanzig, Anfang Dreißig – fragte ich sie über die Ursprünge der Kinderpsychoanalyse. Dabei verwies sie auf andere: Berta Bornstein, Alice Balint, August Aichhorn und Erik H. Erikson. Auch hinter ihrem Vater trat sie zurück, was ja nicht eben selten war, und verwies auf den »Kleinen Hans«, den fünfjährigen Jungen, der ein ganzes Bündel von Phobien entwickelte und der von seinen Eltern »behandelt« wurde, die beide zum frühen Kreis um Freud gehörten (der Vater war der Musikwissenschaftler Max Graf, die Mutter war eine frühere Patientin Freuds). In gewissem Sinne war dieser Junge der erste Patient der Kinderpsychoanalyse, und er wurde sozusagen durch Bevollmächtigte behandelt. Freud deutete die Probleme des Jungen gegenüber seinen Eltern, die sich große Mühe gaben, verständnisvoll und aufgeschlossen auf seine Sorgen und Ängste einzugehen. Als die Psychoanalyse sich verbreitete, hegten einige erwachsene Analysanden die Hoffnung, daß die psychischen Schwierigkeiten, die sie als Kinder gehabt hatten, ihren eigenen Kindern erspart bleiben würden. Ihre Analytiker boten Deutungen an zu einigen der Probleme, die bei den Kindern auftraten – wie es auch Freud gegenüber den Grafs getan hatte –, und machten sogar Vorschläge, was für die Kinder wohl das Beste wäre.

Die Analysanden, die jetzt aus dem Ausland nach Österreich kamen, richteten eigens für ihre Kinder eine Schule ein, und Lehrer wurden eingestellt, um dort zu unterrichten, darunter auch Erik H. Erikson für Geschichte und Kunst sowie Peter Blos für Biologie. Nicht überraschend, daß diese beiden schließlich zu Kinderanalytikern wurden. Erikson erinnerte sich an die späten zwanziger Jahre: »Ich war damals Künstler. Ich kam nach Wien, mein Jugendfreund Peter Blos war dort und erzählte mir, ich könne Kinder in einer kleinen Privatschule unterrichten. Ich nahm diese Stelle an und genoß das Unterrichten sehr. Später erfuhr ich, daß Anna Freud uns beobachtet hatte und daß sie der Meinung war, wir hätten gute Arbeit geleistet. Ich traf mich mit ihr, und sie schlug vor, ich solle versuchen, Kinderanalytiker zu werden. Mir war nicht ganz klar, was das bedeuten sollte – und ich bin mir nicht sicher, ob sie damals selber genau wußte, was es bedeutete. Das waren damals Tage voller Hoffnungen und Erwartungen, eine Zeit des Experimentierens, und es war eine Zeit, da viele Menschen sich die Ideen *eines* Mannes aneigneten, um sie dann praktisch anzuwenden. Doch es ist unsinnig, jene Zeit durch die Brille unseres heutigen Denkens zu betrachten – dann müßte man den Eindruck gewinnen, wir seien alle ›verwirrt‹ oder ›naiv‹ gewesen. Wir begannen eben erst, zu lernen, wie man eine Psychoanalyse *durchführt*. Freud hatte darüber geschrieben. Doch selbst er begriff nur nach und nach das Unbewußte und die Art und Weise, wie wir in unserem Leben damit zu kämpfen haben. Es waren seine Patienten, die ihm das beibrachten; er erlebte Erfolge und Mißerfolge, er änderte seine Auffassung und revidierte seine Theorien.

Anna Freud hatte Erwachsene vor sich, als ich bei ihr in Analyse war, und heute würde man viele von uns als psychoanalytische ›Kandidaten‹ bezeichnen. Sie war jedoch auch außerordentlich interessiert an Kindern und wollte sie behandeln. Besser gesagt: Sie wollte mit ihnen verbunden sein, sie liebte sie, interessierte sich für sie. Darin stand sie nicht allein; doch war sie eine sehr methodische, gut organisierte Persönlichkeit, sie arbeitete eng mit ihrem Vater zusammen und war im damaligen Wien sicherlich eine der wichtigsten Personen, wenn es um ein unmittelbares, systematisches, psychoanalytisches Interesse an Kindern ging. Ich erinnere mich, wie ich zuerst zögerte, eine Analyse aufzunehmen: Ich hoffte, ein Künstler zu sein, und ich unterrichtete gerne Kinder. Mehrmals versicherte mir Anna Freud, ich könne beide Interessen mit der Psychoanalyse verbinden. Ich bin mir nicht sicher, ob sie wußte, wie das genau geschehen sollte – doch sicher ist, daß *sie selbst* versuchte, die Psychoanalyse mit ihren früheren Interessen zu verknüpfen: nämlich die Kinder und die Frage, wie sie lernen. Natürlich hatte auch sie ihre ›künstlerische‹ Seite: Sie liebte Gedichte, und wie ich hörte, schrieb sie auch selbst welche. Auch hatte sie eine Anzahl von Gedichten auswendig gelernt. Sie ermutigte die Kinder, sich mit Kunst und Musik zu beschäftigen. Das war die eine Seite von ihr – und dann erwuchs allmählich die andere Seite, die gründliche Analytikerin, die äußerst wachsam sein mußte. Ein Künstler, ein Schriftsteller darf natürlich nicht *zu* wachsam sein – ich meine, in bezug auf sich selbst –, sonst muß er dafür einen Preis bezahlen. Wenn man so etwas wie eine Muse hat, dann muß man ihr doch auch Freiheit lassen. Sie sehen, wir alle strengten uns an, herauszufinden, wie man die

Psychoanalyse möglichst wirkungsvoll anwendet, doch wir bemühten uns auch, sie in neue Richtungen zu erweitern. Anna Freud lernte, mit Jungen und Mädchen psychoanalytisch umzugehen, und das war etwas völlig anderes als die Arbeit mit Erwachsenen.«

Die Psychoanalyse auf diese Art und Weise anzuwenden bedeutete für Anna Freud, ihr Leben als Lehrerin in gewisser Weise fortzusetzen. Scheinbar hatte sie im Alter von 21 Jahren mit dem Schulunterricht aufgehört, doch ihr aktives Interesse daran, wie Kinder lernen, gab sie niemals wirklich auf. Später sollte auch die Privatschule in Wien, an der Erikson und Blos unterrichteten (während sie wiederum von Anna Freud unterrichtet wurden), der Nazi-Aggression zum Opfer fallen. Doch auch in London erneuerte sie bald ihr Interesse an Erziehung und psychoanalytischer Behandlung – an der Unterweisung der Kinder wie auch am Versuch, ihre Probleme zu verstehen und ihnen zu helfen, sie zu lösen.

Schon lange vor Hitlers Triumph Anfang 1933 waren die psychoanalytischen Forscher durch den verhängnisvollen Aufstieg des Faschismus bedroht. Auch in Österreich gab es einen ernstzunehmenden Antisemitismus – ein altes Vermächtnis. Im südlichen Nachbarland war während der zwanziger Jahre Mussolini an der Macht, und die allgemeine wirtschaftliche, politische und soziale Instabilität, die Ende der zwanziger Jahre ganz Europa erfaßte, stellte die Zukunft eines revolutionären Wissenschaftszweigs in Frage, dessen Begründer und Praktiker überwiegend liberale Juden waren. In Wien und anderswo reiste nach 1933 ein Analytiker nach dem anderen ab, um sich in England oder den Vereinigten Staaten in Sicherheit zu bringen – freilich nur sehr ungern, und in manchen Fällen unter tiefem Bedauern auf seiten der Freuds und anderer, die sich entschlossen hatten, zu bleiben. »Ich erinnere mich, wie ich Anna Freud mitteilte, daß wir abreisen [nach Amerika im Jahre 1933]«, erzählte Erikson, »und sie war alles andere als erfreut darüber. Schließlich waren wir eine Gemeinschaft, wir waren uns alle sehr nah. Wir fingen an zu begreifen, wie man mit Kindern arbeitet. Es war für jeden von uns eine aufregende Zeit. Man mußte jedoch kein politisches Genie sein, um zu wissen, was in Österreich und im übrigen Europa passieren würde. Doch Freud hatte nicht die Absicht, Wien zu verlassen. Er war alt und krank. Er hatte in seinem Leben so viel gesehen – wahrscheinlich dachte er: Auch Hitler geht vorüber. Anna war natürlich loyal gegenüber ihrem Vater; wenn *er* nicht daran dachte, zu gehen, dann dachte sie auch nicht daran. Eine unmittelbar politische Diskussion hatte ich niemals mit ihr, und ich hatte auch nicht den Eindruck, daß sie sich darüber viel Gedanken machte. Als ich ihr sagte, daß Johann und ich in die Staaten gingen, fragte sie, warum. Ich antwortete ihr, daß uns überhaupt nicht gefiel, was in Deutschland und Italien passierte – und auch in Österreich, wo die Naziverbrecher zahlreiche Sympathisanten hatten. Sie zuckte mit den Schultern und sagte, es täte ihr leid, daß wir gehen. Es war schmerzlich für uns wie für sie, doch die Nazis wurden immer stärker, und das sollte noch viel größeren Schmerz mit sich bringen. «

Inmitten der steigenden Flut des europäischen Militarismus, da man damit rechnen mußte, daß Hitler eines Tages Anspruch auf sein Heimatland Österreich als Teil des Dritten Reiches erheben würde, wandte Anna Freud all ihre Tatkraft und all ihren Verstand auf, um die psychoanalytische Arbeit fortsetzen zu können. Damals, Anfang der dreißiger Jahre, gewann sie großes Interesse an den Ichfunktionen, ein bis dahin relativ wenig erforschtes Gebiet der psychoanalytischen Metapsychologie. Freud wußte natürlich, daß wir den unbewußten Trieben, die zusammen das »Es« bilden, nicht völlig ausgeliefert sind. Er hatte das Überich als machtvollen »Agenten« definiert, der als »Gewissen« ständig auf der Hut ist – ein potentieller Strafrichter. Andererseits hatte er das Ich als jenen Teil unserer Psyche definiert, der mit dem Es und dem Überich verhandelt – der versucht, einerseits eine Verbindung zur Außenwelt herzustellen und andererseits in unserem Innern so etwas wie Frieden aufrechtzuerhalten. Unser Gewissen mahnt, klagt an, verurteilt, unsere Begierden und Lüste drängen sich uns auf, während das Ich fortwährend sein Bestes tut, um ein zufriedenstellendes Gleichgewicht zu erhalten, so daß wenigstens vom Erwachen bis zum Einschlafen ein einigermaßen normales und zivilisiertes Leben möglich wird.

Im Jahr 1935, als Anna Freud vierzig Jahre alt war, konzentrierte sie sich ganz auf dieses Ich. Dabei entstand eines ihrer bedeutendsten Werke, *Das Ich und die Abwehrmechanismen*, das im Mai 1936 zu Freuds achtzigstem Geburtstag veröffentlicht wurde. Mit diesem Buch wuchs sie über ihre Rolle als Freuds Tochter hinaus, selbst über ihre Rolle als »analytische« Tochter: ein breit angelegter Überblick über die Funktionen des Ichs und eine bedeutsame Untersuchung zu der Frage, was diese Funktionen in der Pubertät leisten. Theoretisch wie klinisch nahm sie damit ein neues Gebiet in Angriff. Es liegt eine gewisse Ironie darin – und es ist vielleicht auch kein Zufall –, daß sie sich mit dem Ich und seinen Funktionen genau zu dem Zeitpunkt befaßte, da Europa auf den politischen Wahnsinn zusteuerte. Bereits vor dem »Anschluß« im März 1938 hatten die Nazis in der österreichischen Regierung Ämter übernommen. Nazibanden streiften durch die Straßen Wiens und brüllten antisemitische Obszönitäten – eine Warnung, die jedem vor Augen führte, was dieser schönen Stadt bevorstehen sollte. Freud war alt und krank und verließ seine Wohnung nur noch selten. Seine Tochter versuchte, den Anschein normalen Lebens aufrechtzuerhalten. Doch indem sie über den Kampf des Ichs gegen »Aggressionen« schrieb, legte sie Zeugnis ab von der wuchernden Destruktivität einer Massenbewegung, dessen Führer den ungeheuerlichsten Haß zur alltäglichen Normalität machte. Gemeinsam mit ihrer Freundin Dorothy Burlingham hatte sie mittlerweile einen Kindergarten für die Ärmsten der Armen gegründet – sozusagen die praktische Umsetzung jener Art von Altruismus, die sie in *Das Ich und die Abwehrmechanismen* beschrieben hatte.[8] Ihre hartnäckigen Bemühungen, die am meisten geschädigten und verletzbarsten Kinder psychisch zu bewahren, bezeugt, wozu das Ich noch unter dem größten Druck imstande ist.

Anna Freud beschrieb mir gegenüber jene Tage im Kindergarten mit größter Zurückhaltung, obgleich sie doch unter dem Schatten einer Schreckensherrschaft gestanden hatten, der ständig bedrohlicher wurde: »Im Jahr 1936 war klar: Es war nicht mehr zu verhindern, daß Hitler Österreich erobern würde – oder aber, daß Österreich sich Deutschland anschließen würde. Und das sage ich nicht, weil ich es heute besser weiß. Denn ich erinnere mich deutlich daran, daß sich im Kindergarten einige von uns fragten, was passieren würde, wenn die Nazis an die Macht kommen – nicht *falls*, sondern *wenn*. Wir hatten begonnen, tiefe Bindungen zu diesen Kindern zu knüpfen, und wir wußten, eines nicht allzu fernen Tages würde vielleicht alles, was wir aufgebaut hatten, wieder eingerissen. Was sollten wir aber tun? Nun, wir setzten die Arbeit fort. Wir leugneten nicht das Wahrscheinliche, doch wir ergaben uns auch nicht der Angst und unseren bösen Ahnungen. Warum haben Sie *damals* Österreich nicht verlassen, fragten uns freundliche Leute – später, als wir in England waren. Die Anwort war einfach: Mein Vater war sehr krank, die meiste Zeit litt er Schmerzen, und er ging seinem Ende entgegen – krebskrank und mit über achtzig Jahren. Ein ›neues Leben‹ irgendwo anders konnte er sich nicht vorstellen. Doch er wußte, daß in der Sanduhr nur noch wenige Körner übrig waren.

Noch etwas anderes: Es ist immer einfach, nachträglich zu wissen, was richtig war, was man hätte tun sollen und wann. Es ist immer leicht, Entscheidungen nachträglich zu bewerten – als kluge Entscheidungen oder als Riesenfehler. Das erleben wir auch in unserer Arbeit mit Kindern – wir blicken zurück auf das Leben des Kindes und sagen: Ja, von *da* an ging es schief, *da* hätten wir eingreifen sollen, schade, daß wir es nicht taten. Das Schwierigste, was es überhaupt gibt, ist, zu einem bestimmten Punkt im Leben einer Familie zurückzukehren und dabei *sich selbst* mit zurückzuversetzen. Ähnlich ist es mit Erwachsenen, wenn man zu verstehen versucht, warum sie diesen oder jenen Weg einschlugen. Verstehen Sie, was ich meine? Man muß nicht nur ihre Entscheidung begreifen, man muß sich auch an ihre damalige Stelle versetzen, als die Wahl zu treffen war. Doch damit wiederhole ich mich eigentlich, denn ›begreifen‹ bedeutet ja genau dies, jedenfalls das Verstehen im psychologischen Sinne: daß man sich selbst und den eigenen gegenwärtigen Standpunkt zeitweilig aufgibt, um zu erkennen, wie sich das Leben eines anderen in einem ganz bestimmten, längst vergangenen Augenblick entwickelt hat.

Doch ich predige da ein wenig. Ich versuche, mich zu erinnern, wie wir 1937, kurz vor dem ›Anschluß‹, die Nazis einschätzten. Zweifellos hätten wir damals Österreich rasch und problemlos verlassen können. Heute, da wir wissen, was in Europa zwischen 1938 und 1945 passierte, sehen wir wie Idioten aus, weil wir derart lange geblieben sind – als steckte der Vogel Strauß nicht nur den Kopf, sondern den ganzen Körper in den Sand. Doch wer hätte wissen können, was wir heute wissen? Ein altes Lied, ich weiß. Einige wußten es sofort und verließen Deutschland schon 1933. Wir aber lebten in einem neutralen Land und mußten dennoch erkennen, was die ganze Welt zu erkennen begann: daß Hitler und seine mörderischen Truppen in ein Land nach dem anderen einmarschieren würden. Die Todeslager, die Eroberungen – das kam später. Sicher, der Antisemitismus der Nazis, das war das Schlimmste. Doch selbst da müssen Sie bedenken, daß wir unser ganzes Leben im Schatten eines ziemlich lautstarken österreichischen Antisemitismus verbracht hatten. Sie wären ziemlich entsetzt, wenn Sie hier und heute nur fünf Prozent von dem zu hören bekämen, an was wir uns schon zunehmend gewöhnt hatten. Das würde Sie alarmieren. Auch wir waren natürlich alarmiert, doch hatten wir schon Jahrzehnte derartigen Verhaltens überstanden. Eigentlich bin ich froh, daß es mir so schwer fällt, zu vermitteln, was das für eine Welt war, die wir damals als selbstverständlich

44

hinnahmen – denn das bedeutet doch, daß wir heute in einer weit besseren Welt leben.«

Sie schaute von mir weg, zum Fenster. Das war ungewöhnlich, denn normalerweise blickte sie beständig und konzentriert auf die Person, an die sie sich wandte, und achtete genau darauf, was er oder sie antwortete. Als ihre Augen zu unserer nächsten Umgebung zurückkehrten, wußte ich nicht, was ich sagen sollte. Doch ich merkte bald, daß sie mein Schweigen besser verstand als ich selbst: »Auch mir fällt es schwer, mich in diese Zeit zurückzuversetzen. Ich durchlaufe dann in Gedanken rückwärts all die Jahre meines Lebens. Ich frage mich manchmal, wie wir damals, bevor die Nazis kamen, mit soviel Freude und Enthusiasmus leben konnten. Nach dem Ersten Weltkrieg gab es in Europa derart viele Probleme – eine furchtbare Inflation, Arbeitslosigkeit, Regierungen, die reihenweise stürzten, Haß gegen alles mögliche –, lesen Sie nur ein Geschichtsbuch, dann wundern Sie sich, daß es damals Leute gab, die *nicht* in ständiger Angst lebten. Doch die meisten betrachten ihr Leben nicht wie Historiker, die ein Buch darüber schreiben, was eben Wichtiges passiert. Wir lebten von Tag zu Tag, von Woche zu Woche. Wir waren beschäftigt, und wir strengten uns an, unsere Arbeit zu bewältigen. Die Zeit verrann schnell – und dann geschah plötzlich etwas Großes, und wir mußten aufhören.«

Die Zeit stand damals still, daran erinnerte sie sich deutlich. Ich wußte, daß sie am 22. März 1939 von den Nazis vorgeladen wurde – neun Tage, nachdem deutsche Truppen ungehindert und empfangen von wilder Begeisterung die österreichische Grenze überquert und in kürzester Frist das ganze Land in Besitz genommen hatten. Ich wußte, daß man sie damals den ganzen Tag und bis in die Nacht hinein festhielt und daß sie von der Gestapo verhört wurde. Ich wußte, daß sie ein Medikament bei sich hatte, mit dem sie sich getötet hätte, um der Folter zu entgehen. Ich hatte auch die Schilderung von Max Schur gelesen, des Arztes von Freud, die nur zu genau das psychologische

Klima jener verhängnisvollen Tage verdeutlichte: »Erst vor kurzem hat mir Anna Freud folgende Geschichte erzählt und mich ermächtigt, sie zu veröffentlichen. Als die Lage am schlimmsten war und eine Flucht aussichtslos erschien, fragte Anna Freud ihren Vater: Wäre es nicht besser, wenn wir uns alle das Leben nähmen? Darauf erwiderte Freud mit seiner charakteristischen Mischung von Ironie und Empörung: Warum? Weil sie gerne möchten, daß wir es tun?«[9]

Als ich sie nach diesem Augenblick ihres Lebens fragte, war sie viel angespannter als sonst: »Das war schrecklich für uns, aber kurz; für Abertausende andere, die keine Chance hatten, jemals aus Österreich oder Deutschland herauszukommen, war es weitaus schlimmer. An diese Leute mußte ich denken, als wir im Zug saßen und nach Paris fuhren. Es gibt Momente, da merkt man, wie gut es einem geht.«

Als sie mit diesem Zug abreiste, ließ sie fast genau ihre halbe Lebensspanne hinter sich. Mit 43 Jahren kehrte sie nach England zurück – 24 Jahre, nachdem sie hier erstmals einen Urlaub verbracht hatte. Sie beherrschte die Sprache und mochte die Leute. England sollte fortan ihre Heimat werden – bis zu ihrem Tode. Und in England sollte auch ihr Vater sterben, am 23. September 1939, drei Wochen nach Beginn des Zweiten Weltkriegs: »ein bedeutender Jude, der im Exil starb«, nach W. H. Audens denkwürdigem Statement.[10]

In kürzester Frist brachte der Krieg England an den Rand einer Niederlage. Tausende von Bomben gingen auf die Zivilbevölkerung nieder. 1940 begannen Anna Freud und ihre Freundin Dorothy Burlingham mit einer heldenhaften Tätigkeit eigener Art: dem Aufbau von Heimen (den Hampstead Nurseries) zur Versorgung von Kindern, die von ihren Eltern aus Sicherheitsgründen getrennt waren. Für fast 200 Mädchen und Jungen sollten sich diese Stätten in psychischer Hinsicht als lebensrettend erweisen – als Orte, wo der Schmerz und die Belastungen, die mit dem Verlust des Vaters und besonders der Mutter einhergingen, durch Liebe und Verständnis mehr als gelindert wurden. Anna Freud spielte diese Tätigkeit immer herunter, wenn ich mit ihr darüber sprach: »Stimmt, wir haben damals versucht, diesen Kindern irgendwie nützlich zu sein.« Tatsächlich jedoch verbrachten sie und ein paar wenige Kollegen lange Arbeitstage mit den Kindern, während sie gleichzeitig ungeheuren emotionalen Belastungen ausgesetzt waren: der Tod von Verwandten und sogar der Eltern, die Trennung von ihren Familien, der Bombenhagel, der über England niederging, der entsetzliche Lärm der Alarmsirenen und Explosionen, die gellenden Signale von Krankenwagen, Feuerwehr und Polizeiautos. Am Abend, wenn die Kinder zu Bett gebracht waren, schrieb sie ausführliche, sorgfältig und klar formulierte Beschreibungen einzelner Jungen und Mädchen. Sie analysierte die psychiatrischen Symptome, die sie beobachtet hatte, und sie versuchte zu klären, was den Betreuern (sie selbst eingeschlossen) half und was nicht, wenn sie sich bemühten, die Kinder zu beruhigen, zu besänftigen, aufzumuntern und zu beschützen – und manchmal auch, ihnen Eltern zu sein. Diese vorbildliche Tätigkeit, organisiert von einer Frau Ende Vierzig, die erst kürzlich nach England gekommen war – das war sicherlich einer der Höhepunkte eines langen Lebens. Das Grauen des »Blitzkriegs« wurde für Anna Freud und ihre Mitarbeiterinnen zum Anlaß jahrelanger, unermüdlicher Hingabe und verschwenderischer Liebe zum Wohl derer, die ihnen anvertraut waren. »An den Krieg erinnere ich mich nicht gerade mit Freuden«, sagte sie einmal, »doch ich war wirklich glücklich, in diesen Heimen arbeiten zu können.« In Wahrheit hatte sie die Heime gegründet, viel Energie zu ihrer finanziellen Absicherung aufgewandt und eine zermürbende und streng geregelte Arbeit rund um die Uhr geleistet – doch sie war zu bescheiden, das zu erwähnen.

Als der Zweite Weltkrieg vorüber war, übersah die nun fünfzigjährige Anna Freud keineswegs, daß auch andere Kinder unter den Folgen des Nazismus gelitten hatten. Im Wien der Vorkriegszeit hatte sie kleine Waisenkinder in ein von ihr gegründetes Heim aufgenommen und mit ihnen gearbeitet. Im Jahr 1949 kamen sechs Kinder nach England, die das Konzentrationslager Theresienstadt überlebt hatten – trotz der hier herrschenden höllischen Lebensbedingungen hatten sich Lagerinsassen um sie gekümmert – und deren Eltern in Nazilagern ermordet worden waren. Sophie und Gertrud Dann nahmen sich dieser Kinder an. Dieses Schwesternpaar hatte mit Anna Freud in den Hampstead Nurseries gearbeitet; nun wurden sie – gemeinsam mit ihr – zu liebevollen Vormündern und Lehrern von Jungen und Mädchen, deren Leid unvorstellbar war. Sich um diese Kinder zu kümmern bedeutete eine riesige Verpflichtung und Jahre hingebungsvoller Arbeit. In einer Dokumentation mit dem Titel *An Experiment in Group Upbringing* (1951, deutsch unter dem Titel *Gemeinschaftsleben im frühen Kindesalter*) schilderte Anna Freud, was sie und die Schwestern Dann beobachtet hatten – eine sorgfältige wissenschaftliche Arbeit, die nur implizit auf das umfassendere moralische Problem eingeht, wie sich die Welt angesichts der Kriegsverbrechen der Nazis verhalten solle, wie derartiger Tragödien zu gedenken sei und was davon zu halten ist, daß sie sich in einem »Herzen der Finsternis« inmitten einer der gebildetsten Nationen der Welt abgespielt hatten, einem vermeintlichen Herzstück der westlichen Zivilisation.

Der Stil Anna Freuds in dieser Studie ist jedoch nicht polemisch, vielmehr der einer beherrschten psychoanalytischen Forscherin und Therapeutin. Keineswegs dienen die sechs Kinder in ihrem Bericht als Vorwand politischer Erklärungen. Dennoch lehrte sie in diesem Fall *am Beispiel*: indem sie nämlich zeigte, daß Psychoanalytiker ihren Arbeitsbereich ausdehnen und ihre Arbeitsweise verändern können – Kinder erziehen und unterrichten und viel von ihnen lernen –, bei täglich etwa einstündiger Analyse vier- bis fünfmal wöchentlich. Für sie war die Praxis der Kinderanalyse kein Zweck allein bezogen auf die Jungen und Mädchen, die ihrer bedürfen, sondern auch die Art und Weise bestimmter Erwachsener, mit Kindern zu *leben*. Kinderanalytiker waren für sie hellwache Studenten, begierig darauf, zu forschen, unterwiesen zu werden, sich selbst zu erweitern durch Interesse und entschlossene Aufmerksamkeit – und dadurch direkt oder indirekt zu Genesung, Wiederherstellung und Erhaltung beizutragen.

Anna Freud konnte zuzeiten eine lebendige, bezwingende, geradezu lyrische Schriftstellerin sein, und manchmal hatte sie sogar einen intensiv persönlichen Stil – doch nicht im Falle ihrer Beobachtungen an jenen sechs Kindern. Die Tonlage dieses Textes erklärte sie im nachhinein so: »Wir versuchten alles, um diesen Kindern Respekt entgegenzubringen. Sie brauchten kein Mitleid von uns und wollten es auch nicht. Sie brauchten uns, um über ihr bisheriges Leben zu urteilen, und dann sollten wir versuchen, etwas von ihrem Vertrauen zu verdienen – und das war etwas Ungeheures, was wir da verdienen sollten. Als ich mich hinsetzte, um über diese Kinder zu schreiben, fühlte ich Wogen von Trauer über mich hinweggehen. Doch ich erkannte auch, wie hart diese Kinder waren – und damit meine ich nicht ›abgebrüht‹ oder ›herzlos‹. Jedes Kind – und jeder Erwachsene! – kann in bestimmten Augenblicken und gegenüber bestimmten Personen ›hart‹ sein. Das waren keine süßen, lieben Kinder – keine Opfer, die wir als Engel hätten betrachten können. Sie hatten bestimmte Stärken entwickelt, und ihre ›Persönlichkeiten‹ wiesen bezeichnende ›Defizite‹ auf. Wir glaubten, den Lesern das zu schulden, was die Kinder offensichtlich auch von uns wollten – eine vollwertige und faire Behandlung. Was ich damit meine? Nun, ich will es so ausdrükken: Wir hätten diese Kinder zugrunde gerichtet – davon bin ich überzeugt –, wenn wir uns erlaubt hätten, sie zu verwöhnen, oder wenn wir auf ihre Gewohnheiten, Wünsche und Forderungen zu beflissen oder unkritisch reagiert hätten. Sie hatten gelernt, angesichts denkbar schlechtester Chancen zu überleben, und nun mußten sie lernen, *mit uns* zu überleben. Also mußten wir innehalten und nicht nur darüber nachdenken, was mit ihnen ›falsch‹ gelaufen war, sondern auch darüber, was wir eigentlich für das ›richtige‹ Verhalten ihnen gegenüber hielten. Wenn wir sie wegen der Ungerechtigkeiten, die sie erfahren hatten, am Ende zu verwöhnen suchten, dann hieße das nur, ihre Probleme in Raten abzubezahlen...

Als ich unsere Arbeit schilderte, beschloß ich, die Kinder zunächst so zu beschreiben, wie wir sie kennenlernten, und dann, wie sie später waren. Daß die Leser von mir hören wollten, daß ich die Todeslager der Nazis verabscheute, glaubte ich nicht, und ich hatte auch das Gefühl, daß wir keine öffentlichen Tränen für diese Kleinen vergießen sollten. Sie wußten ja selbst nicht, um wen sie weinen sollten, so früh hatten sie ihre Eltern verloren. Der Vergangenheit weinten sie und wir nicht nach. Vielmehr schlossen sie sich zusammen gegen die Zukunft – gegen die Gefahren, die, wie sie fürchteten, hinter der nächsten Ecke lauerten. Wir beschlossen, unsere Forschungsarbeit für sich selbst sprechen zu lassen. Vermutlich erkannten unsere Leser, daß wir diesen Kindern viel Zeit und Aufmerksamkeit gewidmet hatten und daß wir auch weiterhin zu ihrem Leben gehören würden. Wir beschlossen, es anderen zu überlassen, die allgemeine Erschütterung über das, was unter den Nazis in Europa geschehen war, zum Ausdruck zu bringen.«

Als sie 1972 über diese Kinder sprach, die nun Erwachsene waren, spürte ich bei ihr eine gewisse Anspannung – wie bei jemandem, der versucht, um der Weisheit und Urteilskraft willen seine Gefühle zu unterdrücken. Als hätte ich, wäre sie weniger zurückhaltend gewesen, heraushören können, daß es gar nicht so schwer ist, Betroffenheit, überschwengliche Gefühle und selbst Tränen aufzubieten, doch *in wessen Interesse?* Sie, die stets auf dem »besten Interesse des Kindes« insistiert hatte – ein Ausdruck, den sie in ihrer langen Laufbahn als Schriftstellerin und Lehrerin unzählige Male gebraucht hatte –, sie versuchte mir nun klarzumachen, daß diese Kinder eine spezifische Mischung aus analytischer Objektivität und leidenschaftlicher Subjektivität verdient hatten, nicht jedoch eine herausgehobene Position psychologischer

Privilegien, die sie erhaben gemacht hätten gegenüber jener gewissenhaften und bisweilen skeptischen Beobachtung, die Anna Freud und ihre Kollegen bei zahllosen anderen Kindern praktiziert hatten. Ein solches Privileg wäre letztlich gar keines, sondern – davon war sie fest überzeugt – eine Form von Nachgiebigkeit, die auf Kosten dieser Jungen und Mädchen gegangen wäre.

Jedenfalls wußte sie nicht, wie man die Greuel, welche die Kleinen erfahren und gesehen hatten, hätte »gutmachen« können. Sie sehnten sich nach einem verläßlichen, stetigen Leben, und Anna Freud sowie die Schwestern Dann versuchten mit allen Kräften, es ihnen zu verschaffen. »Niemals zuvor hatten wir mit Kindern gearbeitet, die derart viel und auf derart grausame Weise verloren hatten – und die sich schon zu dem Zeitpunkt, da wir sie kennenlernten, zu einer Bruder- und Schwesternschaft (im Geiste) zusammengeschlossen hatten. Wir versuchten, von ihnen zu lernen. Sofort war uns klar, daß es sie nicht nach unseren Tränen verlangte. Ich erinnere mich, wie ich mir selber sagte – und später auch zu Sophie und Gertrud Dann: ›Lassen wir uns doch von diesen kleinen Menschen belehren, die gleichsam schon ein längeres Leben hinter sich haben, als jeder von uns es hatte oder sich auch nur wünscht.‹ Und genau das versuchten wir. Ich will nicht sagen, daß wir nicht zur Freigebigkeit tendiert hätten, doch das war in den Hampstead Nurseries während des Krieges schon genauso. Wir boten den sechs Kindern das bestmögliche Essen und gute Unterkünfte. Und wir gaben ihnen unsere Zeit und unsere Zuneigung. Doch wenn Außenstehende von ihrer ›Geschichte‹ hörten, wenn sie darüber bestürzt waren und sich aufregten, wenn sie tieftraurig die Köpfe schüttelten oder wütend die Fäuste erhoben gegen das, was passiert war, wenn sie anboten, uns ›alles, alles‹ zu geben – dann versuchte ich, das Thema zu wechseln. Ich wußte: Diesen Kindern waren wir schuldig, an der Schwelle zu ihrem Leben viele unserer Gedanken und Gefühle zurückzulassen und in diese Erfahrung nicht nur mit offenen Herzen, sondern auch mit offenem Verstand hineinzugehen.«

Diesen klaren Blick forderte die Psychoanalyse von ihr, das war offenbar ihre Auffassung – und in den letzten drei Jahrzehnten ihres Lebens kamen zahlreiche Zuhörerschaften in den vollen Genuß dieser geistigen Eigenschaft. Das waren aufregende, produktive Jahre für sie. Von einem psychoanalytischen Institut nach dem anderen, von Universitäten der ganzen Welt wurde sie zu Vorträgen eingeladen. Zahlreiche Auszeichnungen, Preise und Ehrentitel wurden ihr verliehen.

1947 schuf sie für angehende Kinderanalytiker ein Ausbildungszentrum in Hampstead außerhalb Londons; dort wirkte sie mit bei der Unterweisung zahlreicher Männer und Frauen – darunter Ärzte wie Laien –, denen vermittelt wurde, wie Kinder zu verstehen und zu behandeln sind. Anders als die eher orthodoxen Kinderanalytiker neigte sie dazu, die Unterschiede zwischen der Analyse von Erwachsenen und der von Kindern hervorzuheben. Sie war skeptisch hinsichtlich der Fähigkeit von Kindern, mit bestimmten Deutungen umzugehen, die jene Analytiker ihnen gerne anboten. Während ihrer gesamten Laufbahn war sie am Normalen genauso interessiert wie am Anormalen. Das mag heute als völlig richtig und selbstverständlich erscheinen, war vor einem halben Jahrhundert jedoch schon an sich eine Leistung: psychoanalytische Einsichten auf den gewöhnlichen Alltag verhältnismäßig gesunder und stabiler Kinder anzuwenden, aber auch auf das Leben derer, die sich, aus welchem Grund auch immer, emotional verirrt haben. Solche theoretischen Aspekte beeinflußten natürlich auch ihre Tätigkeit als praktizierende Analytikerin – den Weg, den sie mit Patienten einschlug. Sie behandelte eine beträchtliche Zahl von Patienten, Erwachsene wie Kinder. Auch nahm sie an den verschiedensten psychoanalytischen Kongressen teil und reiste dazu kreuz und quer durch die Welt. Sie regte etliche Forschungsprojekte an oder arbeitete an ihnen mit, nahm – teils als Leiterin – an den zugehörigen Seminaren teil und schrieb Aufsätze über das, was sie gehört hatte. Auch andere Texte verfaßte sie weiterhin, theoretische Aufsätze und geschichtliche Betrachtungen. Sie blickte zurück auf das, was in ihrer Wissenschaft geschehen war in den vergangenen Jahrzehnten dieses Jahrhunderts – dessen Alter mit dem jener Wissenschaft genau zusammenfällt, denn es war das Jahr 1900, in dem Freud mit der Veröffentlichung der *Traumdeutung* aus dem Dunkel heraustrat.

Obgleich sie hoch geehrt und bei allen möglichen akademischen oder medizinischen Kolloquien viel gefragt war, und obwohl sie, als die Psychoanalyse beim Bürgertum der westlichen Welt den größten Zuspruch fand, nicht nur den Namen ihres Vaters führte, sondern in manch wichtiger Hinsicht auch seine Erbin war, bemühte sie sich sehr darum, ihr Leben in ruhigen, geregelten Bahnen zu halten und es verschiedenen Pflichten zu unterwerfen. »Denken Sie daran, daß ich Analytikerin bin!« Sie hielt inne mit einem schmerzlichen Lächeln. »Das bedeutet, daß ich in täglichem Kontakt zu meinen Patienten bleiben muß. Die Art meiner Tätigkeit und die Anforderungen meiner Patienten – allein aus diesen Gründen kann ich nicht zu weit oder zu lange umherschweifen, und mein Geist kann das auch nicht. Ich muß diese Erwachsenen und diese Kinder gewissenhaft und sorgfältig behandeln. Und ich helfe hier dabei, künftige Analytiker auszubilden – eine große Aufgabe. Wir halten Seminare, Vorlesungen und Konferenzen ab. Wir müssen Kandidaten auswählen und sie während ihrer Ausbildung beurteilen, und wir müssen entscheiden, wann und ob sie fähig sind, ihren Abschluß zu machen. Wir schauen nicht auf Noten oder Testergebnisse, sondern teilen uns unser Wissen darüber mit, wie Charakter und Temperament des Kandidaten beschaffen sind und wie er mit den Patienten umgeht (und mit sich selbst). Diese Beratungen kosten viele, viele Stunden, wie auch in die Psychoanalyse Hunderte von Stunden eingehen... Sie fragen, wie ich meine Zeit verbringe, und ich würde sagen: mit Patienten, mit Kollegen an der Hampstead-Klinik und danach mit meinen anderen Pflichten – Vorträge halten, schreiben und die Finanzen unserer Klinik in Ordnung halten.«

Was dies letztere angeht, war sie außerordentlich fähig und peinlich genau. Ich weiß das recht gut, weil ich, wie schon erwähnt, für die Field Foundation tätig war, die ihre Arbeit über lange Jahre förderte. Sie schickte uns die umfassendsten Darstellungen, die ich je gesehen habe: ausführliche und absolut detaillierte Berichte darüber, wofür und mit welchem Ergebnis die Klinik ihr Geld ausgegeben hatte – bis zum letzten Penny. Sie scheute sich auch nicht, Zweifel, Unsicherheit, Befürchtungen, Kummer und sogar Fehler einzugestehen. Mehrmals kam sie, um mit uns zu sprechen, und ich erinnere mich gut, wie sie einmal ganz offen erklärte: »Wir hatten gehofft, mehr zu erfahren. Vielleicht waren wir zu optimistisch; vielleicht waren wir bisher einfach unfähig herauszubekommen, was mit diesen Kindern psychisch vor sich geht.« Die Jungen und Mädchen, über die sie mit uns diskutierte, stammten aus armen Verhältnissen, darunter viele aus Pakistan und Jamaika. Sie war die letzte, die mit einer gefälligen Theorie oder Erklärung hervorgetreten wäre, wenn es um ein Phänomen ging, das sie nicht vollständig zu verstehen meinte – in diesem Fall die spezifischen Schulprobleme, die bei Kindern auftreten, deren Eltern arm sind und einer Minorität angehören. Sie bat um mehr Zeit, erklärte uns, es bedürfe noch weiterer Forschung – sagte aber auch offen, sie habe es noch nicht geschafft, »herauszukriegen«, was mit diesen Kindern »los sei«, weder was ihr »Schulleben« noch was ihr »Familienleben« betraf. Ich erinnere mich, wie ich die eben in Anführungszeichen gesetzten Ausdrücke notierte und mir dabei dachte, das sei nun wirklich einmal eine »Expertin«, die selbstsicher und ehrlich genug ist, mit uns einfach und offen zu reden, die keine Angst hat vor Sätzen wie »Ich weiß es nicht« (was sie an einem Nachmittag, den sie bei uns verbrachte, dreimal sagte) oder »Vielleicht bekommen wir es heraus, wenn wir Glück haben« (zweimal am selben Nachmittag).

54

Das Ende kam für sie durch einen Schlaganfall am Morgen des 8. Oktober 1982. Sie war 86 Jahre alt und schon seit mehreren Jahren bei schlechter Gesundheit. Doch ihr Geist blieb klar bis zum Ende. Sie war damals eine echte britische Lady – Englisch beherrschte sie außerordentlich gut, sie kannte die Vorzüge des Lebens in London und der Sommerferien in Irland; und sie kannte die Verhältnisse aller möglichen Landsleute, wie eben eine Analytikerin sie kennenlernt: In jenen langen Stunden, in denen eine Familiengeschichte nach der anderen mitgeteilt, ausgebreitet und schließlich in die richtige Perspektive gerückt wird, als gemeinsames Werk der beiden Personen im Behandlungszimmer, eine auf dem Stuhl, eine auf der Couch oder auf dem Fußboden oder mit Spielzeug am Tisch oder Bilder malend oder darüber plappernd, was gestern oder vor langer Zeit passiert ist.

Zahlreiche Nachrufe hoben Anna Freuds familiäre Herkunft hervor – sicherlich ein nicht unwesentlicher Teil ihres Lebens. Andere betonten richtigerweise ihre Rolle bei der Entwicklung der Kinderanalyse. Sie selbst nahm solche Versuche, ihr Leben auf einen Nenner zu bringen, vorweg, als sie einmal Anfang der siebziger Jahre in New York an einer Ausschußsitzung der Stiftung teilnahm – weniger als ein Jahrzehnt vor ihrem Tod. Jemand hatte sie gefragt, was sie sich für die nächsten Jahre vorgenommen habe. Sie antwortete nicht sogleich. Ein anderes Mitglied des Ausschusses suchte die scheinbar peinliche Pause abzukürzen und höflich das Thema zu wechseln. Doch »Miss Freud«, wie wir sie alle nannten, machte bei dieser Taktik nicht mit. Unvermittelt antwortete sie: »Ich weiß nicht, was ich anderes tun soll, als mit Kindern zusammenzusein – und mit denjenigen, die sich ebenfalls dafür entschieden haben, mit Kindern zusammenzusein. Ich fürchte daher, genau so wird es sein – bis ich nicht mehr bin. « Damit sagte sie den Gehalt der ihr verbleibenden Lebensjahre genau voraus – das gleiche unverwandte, ja hartnäckige Interesse an jungen Menschen und an denen, die mit ihnen arbeiteten. Ihre Antwort sagte uns aber noch etwas anderes: Wie ihr Vater war sie gefühlsmäßig und auch im philosophischen Sinne Materialistin, trotz eines seelenvollen Zugs ihrer Persönlichkeit, und sie war ziemlich bescheiden, trotz der Aufmerksamkeit und der Hochschätzung, mit der sie so lange überhäuft wurde.

II. KAPITEL
Die Lehrerin

Klinische Erfahrung – damals praktischer
Umgang mit Menschen genannt –, wie sie von
jedem Analytiker verlangt wurde,
gewann ich als Volksschullehrerin,
in fünfjährigem Kontakt mit jungen Kindern.

Anna Freud, Rede zur Verleihung
der Ehrendoktorwürde (1964)

Als Anna Freud mir eines Nachmittags von ihrem früheren
Leben erzählte, machte sie eine Bemerkung, die mich an die
Treue ihres Vaters zur klassischen Tradition erinnerte: »Ich
hörte einmal, wie jemand als *educator* bezeichnet wurde, und
dachte sofort an die lateinische Herkunft dieses Worts: jemand, der Studierende aus ihrer Unwissenheit *herausführt*,
ein Lehrer. Ich schloß für einen Moment die Augen und sah
meine kleinen Schüler [damals in Wien], und ich ›führte‹ sie:
Wir gingen, und ich ging vorneweg. Hinter uns waren Schatten, und vor uns lag eine ländliche Gegend im hellen Sonnen-
schein. Ich war ein *educator*! In Wahrheit ›führt‹ ein Lehrer
nicht nur ›heraus‹, indem er ihnen Lesen, Schreiben und Zählen beibringt.« Hier brach sie ihre Erläuterung unvermittelt ab,
offenbar nur widerstrebend ihren Gedanken folgend. Ich hätte
sie am liebsten gedrängt, fühlte mich dabei aber unbehaglich.
Obwohl sie, wenn sie wollte, eine lebhafte, unterhaltsame Er-
zählerin war, mit Kommentaren nicht geizte und manchmal
sogar überschwenglich, auf jeden Fall aber lehrreich war,
konnte es doch vorkommen, daß sie plötzlich mitten in einem
Gedanken abbrach.

Ein Telephonanruf rettete uns aus dem Schweigen, doch
schon zuvor hatte ich bemerkt, wie ihre Augen in Richtung

einer Tasse Kaffee und einiger Stücke Kuchen wanderten – als wollte sie heraus aus einer verfahrenen Situation, die vielleicht peinlich werden könnte. Als sie den Hörer wieder auflegte – höflich hatte sie die Anruferin gebeten, es ein andermal zu versuchen –, hörte ich, wie sie gleichsam mit sich selbst sprach: »Ich weiß nicht, ob ich dieses Thema weiter verfolgen soll. Viele Lehrer beurteilen sich selbst nach dem, was sie den Kindern beigebracht haben. Wenn die Kinder Prüfungen erfolgreich bestehen, dann ist das für diese Lehrer wie eine große Belohnung. Damit bin ich durchaus einverstanden, und wer wäre es nicht? Doch Unterrichten bedeutet nicht nur, den Lernenden Fakten zu präsentieren, es bedeutet auch, sie dazu zu bringen, sich für die Welt zu interessieren und viel darüber erfahren zu wollen. Das ist ein geistiger Zustand. Wenn man Kinder ›herausführen‹ soll, muß man sie dazu bewegen, mit einem zu gehen. Die besten Lehrer aber bringen ihre Kinder dazu, die Initiative zu ergreifen, um sich selbst ›herauszuführen‹. Das ist nicht einfach. Ich arbeitete als Lehrerin sehr hart – damals war ich viel widerstandsfähiger. Ich war abends völlig erschöpft und fragte mich, was ich eigentlich erreicht hatte. Ich denke, in gewissem Sinne hat sich daran nichts geändert. Noch immer versuche ich, Menschen dabei zu helfen, mehr zu sehen, das heißt Wissen zu erlangen. Noch immer versuche ich, ihnen zu helfen, ›führend‹ zu sein, mir beinahe einen Schritt voraus zu sein, selbst schon etwas herauszubekommen, bevor ich mit irgend einer Deutung aufwarte. ›Es ist in einer Analyse ein gutes Zeichen‹, sagte mein Vater, ›wenn sie den Patienten so weit gebracht hat, daß er die entscheidenden Deutungen selbst aussprechen kann.‹«

Es ging ihr also um das Problem der Einsicht – wie man sie am wirkungsvollsten an andere vermittelt, wie man sie so weitergibt, daß sie ein Leben prägt und nicht nur auf flüchtige Weise in ein individuelles Bewußtsein eingeht, als ein weiteres Korn auf einem Berg von Fakten. In ihren frühen Jahren hatte sie natürlich nach etwas Ähnlichem auch für Schulkinder gesucht und nicht zuletzt für diejenigen, die mit ihnen arbeiteten, die Lehrer in Wien. Inspiriert war sie dabei nicht nur von den Gedanken ihres Vaters, sondern auch von denen einer anderen schreibenden Ärztin: Maria Montessori. Auch sie gehörte jener westlichen Tradition an, die dem Kind – in wesentlichen Aspekten bereits eine Person aus eigenem Recht – mit respektvoller Aufmerksamkeit entgegentritt.

Im Jahr 1928 hielt sie vor einer Gruppe von Wiener Lehrern vier Vorträge, die später unter dem Titel *Über Psychoanalyse für Lehrer und Eltern* veröffentlicht wurden. Bereits die Auswahl der Zuhörer vermittelte eine Botschaft. Sie und August Aichhorn, ein Laienanalytiker, dessen Pionierarbeit mit straffälligen oder »verwahrlosten« Jugendlichen noch immer Früchte trägt, sprachen damals Lehrer an, die sich in der einen oder anderen Weise um Problemkinder kümmerten. Beiden waren arme und gefährdete Kinder und Familien aus entsprechenden Wohngegenden wohlvertraut – eine psychoanalytische Tradition, die später in Amerika, als die Analyse fast ausschließlich zu einer Sache der Oberschicht wurde, nicht überall fortgeführt wurde. Jene Lehrer erteilten nachschulischen Unterricht in einem Hort, wo Kinder zwischen sechs und vierzehn Jahren, deren Eltern arbeiteten, den Nachmittag verbrachten.

Viele Jahre später äußerte sie sich über den offenkundigen Vorzug dieses Vorgehens: Es war eine Möglichkeit, die Zahl der Schlüsselkinder zu verringern. Und auch damals schon war sie voller Bewunderung für diesen energischen Versuch, gerade mit denjenigen Kindern erzieherisch zu arbeiten, die pädagogische Unterstützung und die Kameradschaft von Erwachsenen am nötigsten brauchten. So war denn auch der Tonfall ihrer Vorträge von Anfang bis Ende von Respekt geprägt: Als frühere Lehrerin, die klarstellen wollte, daß sie mit Leib und Seele Lehrerin geblieben war, war sie entschlossen, ihre Zuhörer keinesfalls einzuschüchtern oder sich ihnen gegenüber mit Fachjargon oder hochgestochenen Formulierungen aufzuspielen, geschweige denn auf herablassende Weise zu betonen, was jene eigentlich wissen müßten, aber offenbar *nicht* wußten.

Gleich zu Beginn stellt sie klar: »In einer bestimmten Richtung habe ich Ihnen sicherlich nichts Neues zu bieten.« Denn ihre Zuhörer hätten Erfahrung mit Kindern und seien fortwährend harten Prüfungen ausgesetzt. Sie benennt einige dieser Herausforderungen, indem sie das ganze Spektrum jener Kinder vor Augen führt, die im Hort untergebracht sind: »von den körperlich und geistig minderentwickelten, den verstockten, eingeschüchterten, verlogenen und verprügelten bis zu den brutalen, aggressiven und verbrecherischen Kindern«. Ebenso gewinnend wie sarkastisch gesteht sie ihrem Publikum jedoch zu, daß selbst eine so eindrückliche Beschreibung wohl unzureichend ist: »Es ist besser, wenn ich gar keinen Versuch mache, eine vollständige Aufzählung zu geben. Sie könnten mir am Ende immer noch nachweisen, wieviel Lücken ich darin gelassen habe.«

Der Leser könnte nun meinen, bei diesen Bemerkungen handele es sich um die unvermeidlichen rhetorischen Übergänge, die dem vorherzugehen pflegen, was der Redner *eigentlich* mitteilen will. Doch ungeachtet ihres psychoanalytischen Wissens meinte es diese Rednerin völlig ernst mit ihrer langen Vorrede. Sie verwies auf den ständigen Druck, der auf ihren Zuhörern lastete, den Zwang, »unaufhörlich zu handeln«. Das Interesse der Lehrer an praktischen Einsichten, die ihnen eine unmittelbar erfolgreichere Arbeit mit den Kindern ermöglichen würden, war ihr sehr bewußt. So traf sie zunächst eine wichtige Unterscheidung: auf der einen Seite der Lehrer, der sich ständig inmitten des Geschehens befindet, auf der anderen Seite der »passive Beobachter«, der im Klassenzimmer den Unterricht verfolgt, sich Notizen macht und später Aufsätze oder Bücher darüber schreibt, was unter den und den Bedingungen vermutlich geschehen wird.

Diese Unterscheidung machte sie jedoch nicht als billiges

Kompliment an die überarbeiteten und unterbezahlten Lehrer, obgleich sie wußte, wie schwer es Erziehern werden kann, den ständigen Anforderungen ihrer Arbeit zu genügen. Eher wollte sie sich damit selbst an etwas erinnern, wie sie Jahrzehnte später in einem unserer Gespräche erklärte: »Jemand, der ein Klassenzimmer von außen betritt [ein Besucher, ein Sozialwissenschaftler], wird dort nicht immer dieselbe Klasse vor sich sehen wie der Lehrer, der mit den Kindern arbeitet. Lehrer müssen sich auf den *Moment* konzentrieren – zum Beispiel auf die Antwort jedes einzelnen Kindes oder auf das Ausbleiben einer Antwort, wenn ein bestimmtes Thema besprochen wird. Beobachter bringen ihre eigenen speziellen Interessen mit – und natürlich bringen sie sich selbst mit. Sie sitzen da und gehen die Erfahrungen durch, die andere unter ihrer Beobachtung machen. Das bedeutet eine andere Beziehung zu den Kindern... Eine neue Person ist da, der Beobachter. Viele Lehrer fühlen sich unbehaglich durch die Anwesenheit von Besuchern, und viele Kinder ebenso. Es wäre jedoch unsinnig, diese Tatsache allein mit psychopathologischen Begriffen zu analysieren. Ich hatte eine Lehrerin in Analyse, die wußte, daß sie ihre tägliche Arbeit mit Kindern gut machte, die jedoch – gemessen an ihrem sonst hohen Niveau des Unterrichts – regelrecht abstürzte, sobald Eltern mit in der Klasse saßen oder ein anderer Lehrer oder ein Professor, der Feldforschung betrieb. Eine Zeitlang glaubte ich, sie habe Angst vor Kritik und fühle sich irgendwie ›bloßgestellt‹. Sie war durchaus selbstbewußt, und sicherlich war bei ihr ein Moment von ›Hemmung‹ wirksam – als werde diese begabte Darstellerin nun dafür gemaßregelt, daß sie sich so bereitwillig zur Schau stellte. Doch je besser ich sie kennenlernte, desto genauer erkannte ich auch ihre Situation [wenn sie von ihren Vorgesetzten oder anderen beobachtet wurde]: Sie fühlte sich ›gehemmt‹, weil die Kinder gehemmt *waren*, sie mußte dem entgegenwirken, und damit war das für sie eine völlig veränderte Klasse. Wenn man zu Lehrern geht und erwartet oder hofft, daß sie sich mit einem abgeben, schuldet man ihnen Rücksichtnahme – noch mehr aber schuldet man ihnen ein Zeichen der Einsicht, wie es ihnen ergeht, wenn man sie bei der Arbeit aufsucht.«

Sie erinnerte sich auch daran, wie beeindruckt sie von den Lehrern war, die im Hort unterrichteten – und das brachte sie im Verlauf ihrer Ausführungen ihnen gegenüber auch zum Ausdruck, jedoch wiederum nicht durch ein billiges Kompliment, sondern in Form einer detaillierten Aufzählung der beträchtlichen Schwierigkeiten, denen sie an vorderster Front ausgesetzt waren, wenn sie mit den häufig extrem gestörten Jungen und Mädchen arbeiteten. Sie wisse, daß die Lehrer verpflichtet seien, »die aus äußeren oder inneren Gründen im Elternhaus gefährdeten Kinder in der schulfreien Zeit des Tages« aufzunehmen. Auch widmete sie sich der besonderen Rolle, die diese Lehrer sich selbst gegeben hatten: Das waren keine Bewohner gewöhnlicher Klassenzimmer, keine Eltern, Verwandten oder auch nur Nachbarn. Daher hatten sie die Freiheit, diesen Kindern gegenüber, die bereits unter der Welt der Erwachsenen und deren Umgang mit ihnen gelitten hatten, eine neue und besondere Art von Person darzustellen.

In jede neue Situation, in die diese Kinder gerieten, brachten sie natürlich ihre eigene Biographie mit. Anna Freud gab sich in ihren Vorträgen alle Mühe, das Klassenzimmer (den Schulhof, den Hort) aus der Sicht des Kindes zu beschreiben, wobei sie vor allem an einer erzählenden, chronologischen Darstellung der Kindheit interessiert war: Jeder Junge, jedes Mädchen hat seine besondere Geschichte mit bestimmten Themen, Figuren, Ereignissen und fortschreitenden Entwicklungen. Heute betrachten wir eine solche Auffassung vielleicht als selbstverständlich – vor allem, daß bestimmte Eigenschaften des Kindes allmählich aus dessen Familienleben erwachsen. Vor einem halben Jahrhundert jedoch war es absolut nicht üblich, Kinder in dieser Weise zu betrachten, und selbst heute noch wird dieses Wissen von zahlreichen Lehrern beiseite geschoben, wenn sie vor ihrer Klasse stehen – entweder, weil sie sich unter fürchterlichem Druck fühlen, oder aus Mangel an Interesse am »psychologischen Ansatz«, wie sie das oft im Ton der Herabsetzung nennen.

Diesen Ausdruck gebrauchte mir gegenüber auch eine Lehrerin an einer Grundschule in Boston (Lawrence), als wir uns 1989 unterhielten – mehr als sechzig Jahre, nachdem Anna Freud versucht hatte, die Einsichten der Psychoanalyse auf das zu beziehen, was in den Schulen aller Länder vor sich geht. Was diese Lehrerin mir mitzuteilen hatte, war zugleich eine Mahnung, daß die *Vier Vorträge über Psychoanalyse für Lehrer und Eltern* keineswegs veraltet sind, auch wenn die darin formulierte Botschaft heute in gewissem Maße (zumindest in bestimmten Schichten) Allgemeingut geworden ist: »Ich unterrichte [in der 3. Klasse] mehr als dreißig Kinder. Ich will, daß sie die Aufgaben machen, die ich ihnen zuteile, das sage ich ihnen ganz kategorisch schon am Tag eins und dann immer wieder. Kein Herumgehampel in dieser Klasse! Freilich, manchmal habe ich auch Problemkinder. Doch ihretwegen ändere ich nicht die Regeln. Dies ist ein Klassenzimmer und keine psychiatrische Klinik. Ich frage diese Kinder nicht, wie sie zu Hause leben – man legt los und hat eben für nichts anderes Zeit. Ich sehe sie als Kinder, die lernen müssen, und ich bin dazu da, sie zu unterrichten. Wenn ein Kind anfängt, mich oder ein anderes Kind zu piesacken, dann sage ich ihm ganz schnell, daß es hier in diesem Raum keinen Ärger geben wird, Punktum! Es kommt vor, daß ich das ein paarmal sagen muß, doch nach einiger Zeit kapiert das Kind die Botschaft. In diesem Jahr hatte ich einen Jungen, der schon am Tag eins damit anfing, dazwischenzureden, andere zu schikanieren und sogar mich zu provozieren. Ich rief ihn auf, sagte ihm, daß er die Schule meinetwegen verlassen könne und daß ich nicht zulassen würde, daß er uns anderen das Leben schwermacht, und damit basta. Manchmal bemerke ich, daß ein Kind die Auseinandersetzung mit mir sucht, doch ich habe keine Zeit, mehr darüber herauszubekommen. Man muß diese Kinder auf die Reihe bringen –

ihnen sagen, was man von ihnen will, und dann mit Volldampf voraus durch den Unterrichtsstoff.«

Sie war mir sympathisch, und ich bewunderte sie auch, denn die Jungen und Mädchen ihrer Klasse stammten aus den ärmsten und anfälligsten Familien. Sie arbeitete hart, um diesen Kindern beizubringen, wie man besser liest, buchstabiert, rechnet. Doch wie sie selbst zugab, waren einige Kinder ihr »über«, und bei diesen kam sie mit ihrem soliden, geradlienigen und sogar strengen Auftreten überhaupt nicht durch. Bei mehreren Kindern mußte sie tatsächlich einen anderen Gang einlegen, »Gespräche« mit ihnen führen und versuchen herauszubekommen, *wodurch* sie so schwierig, so halsstarrig, so schwer erreichbar waren – »ab dem Tag eins«, wie sie sich ausdrückte. Sie hatte nicht vor, ihre eigene »Persönlichkeit« zu verändern, »um es denen recht zu machen« – so erklärte sie einmal –, doch bisweilen fragte sie sich, was es wohl sei, das solche Kinder dazu veranlaßt, so zu sein, wie sie sind: »Sie kommen in die erste Klasse und schauen einen auf eine Weise an, daß man sofort weiß: Das wird Ärger geben. Bei einem Jungen wußte ich schon am ersten Tag nach fünf Minuten, daß wir aneinandergeraten würden. Ich versuchte das zu ignorieren und ihn einfach zum Lernen anzuhalten, doch ständig hatte er etwas Aufreizendes, so sah ich es jedenfalls, und was immer es auch war, für mich als seine Lehrerin lief damit alles schief. Wenn er nicht bockte, starrte er in die Luft, und ehrlich gesagt, ich dachte sogar, er hätte Epilepsie. Ich schickte ihn zum Schularzt, dort wurden entsprechende Tests gemacht, doch es kam nichts dabei heraus, und es hieß, das sei alles psychisch. Wir haben hier keinen Schulpsychologen, doch sie sagten, er solle irgendwo hingehen und sie würden es seinen Eltern mitteilen. Das taten sie jedoch nicht, und so mußte ich es allein mit ihm ausfechten, das ganze vergangene Jahr über. Er war das einzige Kind in der Klasse, das nicht in der Lage war, am Ende des Tages sein Pult aufzuräumen – oder jedenfalls tat er so, als könnte er es nicht. Welche Gründe er dafür hatte, konnte ich nie herausbekommen. Ich gab es schließlich auf, ihn deswegen zu rügen – und dann eines Tages fügte er sich. Ich hätte es fast nicht bemerkt, doch dann sah ich: Er hatte keinerlei Zeug auf seinem Pult hinterlassen! Ich war nahe daran, etwas zu sagen – ihm mitzuteilen, daß er dafür von mir eine Eins plus bekommen würde –, doch eine innere Stimme riet mir, kein Wort zu sagen, denn sonst würde er den Kampf mit mir wiederaufnehmen. Also ließ ich es, und für den Rest des Jahres hielt er den Tisch sauber und ließ niemals etwas darauf zurück. Ich glaube, bei ihm bin ich selbst zur Psychologin geworden.«

Auf ihre eigene Art und Weise – und nicht die schlechteste – näherte sie sich ganz allmählich einem Verständnis dessen, wie ein Kind gegenüber einem Lehrer unmittelbar empfinden mag: eine (aus der Sicht des Lehrers) unverdiente, scheinbar grundlose emotionale Disposition, die auf den Bildungsweg des Kindes von größtem Einfluß sein kann. Heute kommt vielen von uns der Begriff »Übertragung« in den Sinn angesichts einer Begegnung wie der in jenem Klassenzimmer in Lawrence. Diese Lehrerin hatte ein Gespür für etwas, was Patienten in der Psychoanalyse kontinuierlich verstehen lernen: daß die Art und Weise, wie sie ihren Analytiker sehen und auf ihn reagieren, damit zu tun hat, wie sie mit ihren eigenen Eltern ausgekommen sind. Als Anna Freud zu den Lehrern in Wien sprach, hob sie das Thema der Übertragung besonders hervor, wobei sie Feingefühl bewies und dennoch deutliche Worte fand. So wies sie darauf hin, daß Kinder häufig »lauter fertige Verhaltensweisen mitbringen« und dem Lehrer »etwa mit dem Mißtrauen, dem Trotz oder der Abwehr entgegenkommen, die sie sich in ihren Erfahrungen bei anderen Erwachsenen erworben haben«. Die »wirkliche Person« des Lehrers, sein »tatsächliches Verhalten« könne geradezu bedeutungslos sein, da das jeweilige Kind das Bild des Lehrers in einem gewissen Maße umformt, freilich völlig unwissentlich.

Die genaue und volle Bedeutung des sogenannten Übertragungsphänomens – eine der wichtigsten Entdeckungen Freuds und seiner frühen Mitarbeiter –, das Auftauchen dieses Phänomens in unserem Alltag sowie die Finessen, die es hier wie auch in der Analyse zeigt, wurden erst allmählich und im Zuge jahrelanger sorgfältiger Untersuchungen und Überlegungen erkannt. Ähnlich verhält es sich mit der »Gegenübertragung«: der Art und Weise, wie Ärzte oder Lehrer auf vergangene Sehnsüchte, Ängste und Sorgen reagieren, während sie mit jemandem arbeiten, an dem sie psychisch starken Anteil nehmen – wie es ja bei Lehrern gegenüber ihren Schülern zweifellos der Fall ist (oder sein sollte). Es überrascht allerdings nicht, daß die psychoanalytische Literatur zur Übertragung bei weitem umfangreicher ist als die zur Gegenübertragung. Ärzte finden es natürlich, über andere genau Buch zu führen, doch wenn es um sie selbst geht, erlahmt ihr Eifer – die zeitgenössische Version jener Verhaltensweise, auf welche die alte christliche Mahnung abzielt: »Warum siehst du den Splitter im Auge deines Bruders, aber den Balken in deinem Auge bemerkst du nicht?« (Matthäus 7,3).

Für Anna Freud als Lehrerin – genauer: als Lehrerin von Lehrern – war die psychische Realität der Übertragung etwas, dessen man ständig gewärtig sein muß. Sie verbrachte viel Zeit damit, Übertragung und Gegenübertragung zu reflektieren, und zwar nicht nur diejenige, die sich in ihrem Behandlungszimmer abspielte, sondern auch die in den von ihr geleiteten Heimen, den Instituten, an denen sie lehrte oder Vorträge hielt, und in den Seminaren, die sie an verschiedenen Universitäten veranstaltete. Dank ihres verläßlichen gesunden Menschenverstands wußte sie, wann man dieses Thema direkt ansprechen konnte, wann man nur knapp darauf eingehen oder darüber schweigen sollte: »Ich glaube, wenn wir Lehrern begreiflich machen können, wie Übertragung funktioniert, dann bieten wir ihnen damit eine echte Hilfe. Andererseits, wenn das zu einer Steigerung der Reflektiertheit führt, die dann in Befangenheit umschlägt – ich fürchte, das ist nicht das, was wir wollen.«

Sie lächelte schwach, runzelte die Stirn und fuhr dann fort: »Unterrichten bedeutet nicht nur, Tatsachen zu präsentieren oder Anweisungen, was zu tun sei. Es ist vielmehr eine *Kunst*, die Kunst der Erklärung und der Überzeugung. Es geht darum, ob man einem Schüler (oder einer ganzen Klasse) entlocken kann, was einer meiner Analysanden einmal als ›freudige Zustimmung‹ bezeichnet hat. Dieser Analysand war ein politisch interessierter Jurist, er gebrauchte diesen Ausdruck sehr häufig, und mir gefiel das – eine typisch englische Art, sich auszudrücken. (Ich vermute, Amerikaner sprechen nicht so.) Einmal unterbrach ich ihn und bat ihn, den Begriff zu erläutern. Ich habe nicht alles präsent, was er sagte, doch ich erinnere mich daran, was er mir vermitteln wollte – daß es ihm um die Aufmerksamkeit und Sensibilität ging, die notwendig sind, wenn man sich die Mitarbeit eines anderen verdienen will. Ich weiß, daß er das zu mir als seiner Analytikerin sagte, doch schien er sich dessen nicht voll bewußt, er sprach weniger im persönlichen als im philosophischen oder theoretischen Sinne. Als ich ihn unterbrach und um die Klärung jener beiden Worte bat, war mir klar, daß ich als seine Analytikerin durchaus Gründe hatte, mit ihm die Frage zu erörtern, wie man von anderen ›freudige Zustimmung‹ erlangt – befindet sich doch jeder Psychoanalytiker inmitten einer Unterrichts-Beziehung: Der Analysand unterrichtet den Analytiker, der Analytiker den Analysanden. Wir neigen dazu, die Vermittlung von Wissen (von Deutungen) durch den Lehrer bzw. Analytiker in den Vordergrund zu stellen, und vergessen manchmal, daß auch Lehrer und Analytiker eine Menge von ihren Schülern und Patienten lernen.

Natürlich verfügt ein Lehrer über einen Fundus an *Fakten*, den er seinen Schülern mitteilen sollte. Doch es geht darum, *wie* er das macht. Die Schüler können ihm beibringen, wie er sie erreichen kann, wie ihre ›freudige Zustimmung‹ zu erlangen ist. Das ist es auch, was jemand wie Sie oder ich in der Arbeit mit Lehrern leisten kann – sie daran zu erinnern, daß eine sorgfältige psychologische Beurteilung der Schüler dem Lehrer ermöglicht, sie so zu verstehen, daß er sie auch tatsächlich unterrichten kann. Sein Wissen *über* Kinder hilft ihm bei der Vermittlung von Wissen *an* Kinder.«

Wir hielten beide inne – ihre Eloquenz und ihre klare, unmittelbare Ausdrucksweise fesselten mich. Dann sagte ich ihr, daß mir eben, während sie sprach, der wichtige vierte Vortrag über *Psychoanalyse für Lehrer und Eltern* in den Sinn gekommen war, ›Die Beziehungen zwischen Psychoanalyse und Pädagogik‹ – ein Thema, über das sie während ihres gesamten Berufslebens forschte.[1] Auch in diesem Vortrag zeigt sie, daß sie um die alltäglichen Bedürfnisse von Lehrern weiß: »Mehr als eine Erweiterung Ihres theoretischen Verständnisses suchen Sie wahrscheinlich praktische Anweisungen, nach denen Sie sich richten können.« Wie stets will sie Hilfe bieten, hat jedoch weder Interesse am Status einer Seherin noch daran, in den Rang einer »Expertin« für »Entwicklungstheorie des Kindes« erhoben zu werden, wie man heute in Amerika sagen würde. Vielmehr teilt sie ihren Zuhörern mit, daß sie die Sache durchaus von zwei Seiten sieht. Einerseits macht sie sich Sorgen um Schulen (und natürlich Elternhäuser), in denen Kinder übermäßig hart bestraft und gemaßregelt werden, wenn sich ihre psychische Besonderheit auch nur im geringsten Geltung verschafft. Solch eine Erziehung kann eine »Verkrüppelung der Persönlichkeit« bewirken, betont sie – doch dann versichert sie ihren Zuhörern (und Lesern), daß ihr an »Einseitigkeit« überhaupt nicht gelegen sei. Damals um 1930 war in der Kultur Europas und vor allem der Vereinigten Staaten der Weg frei für eine freizügige Kindererziehung innerhalb der Mittelschicht, die sich dabei auf die Kinderanalyse berufen konnte – und ausgerechnet zu diesem Zeitpunkt konstatierte Anna Freud, Mitbegründerin und treibende Kraft der Kinderanalyse, daß bei heranwachsenden Kindern das Fehlen jeder Einschränkung ebenso schädlich sein könne wie übermäßige Unterdrückung. Es gelte, »einen Mittelweg zwischen den Extremen zu finden, das heißt, für jede Altersstufe des Kindes die richtige Mischung zwischen Gewährung von Befriedigung und Triebeinschränkung anzugeben«.

Dieses Insistieren auf dem richtigen Maß dürfte den Wiener Lehrern, zu denen sie sprach, sehr gefallen haben. Andernorts – daran erinnerte sie mich Jahre später – ging man darüber eher hinweg. »Ich hoffte, diesen Menschen, die ich als Freunde und Kollegen schätzte, von einigem Nutzen zu sein. Sie können sich die Beziehung zwischen diesen Horterziehern und mir vielleicht nur schwer vorstellen. Keineswegs war ich eine ›Autorität‹, die gekommen war, ihnen zu sagen, was sie tun sollten. Sie arbeiteten mit einigen äußerst schwierigen Kindern, und sie hatten mir und August Aichhorn [der in den Vorträgen mit größtem Respekt erwähnt wird] schon eine Menge beigebracht. Was ich mit ihnen machte, würde man als ›experimentelle Arbeit‹, als ›Forschung‹ bezeichnen. Bis zu einem gewissen Grad waren sie interessiert und ohne Vorurteile – doch sie waren nicht übermäßig gespannt oder erpicht darauf. Keinesfalls waren sie leichtgläubig und bereit, alles zu schlucken, was jeweils geboten wurde, wie das später andernorts manchmal der Fall war, als die Psychoanalyse in andere westliche Länder gelangte.«

Ihre eigene geistige Unabhängigkeit und ihren praktischen Sinn – ein Pendant zu dem jener Lehrer – erwähnte sie in unseren Gesprächen nicht. Sie selbst war nie geneigt, den Trieben uneingeschränkten Spielraum zuzugestehen, wie andere dies taten – sowohl bei ihrer Auffassung der Psyche und der Aufgabe der Psychoanalyse wie auch bei der Anwendung dieser neuen Disziplin auf das Denken anderer Wissenschaftszweige. Freud hatte der Welt erklärt, welche Macht die Triebe über uns ausüben und welche Symptome sie verursachen können, wenn sie sich unbarmherzig, wenngleich auf Umwegen, geltend zu machen versuchen. Bald waren Analytiker dabei, diese Triebe »aufzudecken«, ihre Präsenz zu enthüllen und ihr Wirken im psychischen Leben detailliert zu beschreiben. Sie sorgten sich nicht mehr nur um die Art und Weise, wie ihre jeweiligen Patienten diese Triebe unterdrückten, sondern auch um die repressiven Traditionen verschiedener sozialer Einrichtungen und deren Konsequenzen. Doch jene Analytikerin, die einige Jahre später (1936) die beträchtliche Bedeutung von Ich, Überich und Ichideal für unser psychisches Leben erkunden und erläutern sollte – die Bedeutung des Zwangs gegen die Triebe, aber auch deren »Ausdruck« –, wollte diese psychischen »Instanzen« nicht ausgeklammert sehen, weder aus klinischen noch aus pädagogischen Gründen. Sie kommentierte das einmal so: »Ich wollte – so kann man fairerweise sagen –, daß die Kinder fähig sind, ›sich auszudrücken‹ (wer wollte das heute nicht), doch mit bestimmten Vorbehalten. Aichhorn und ich sahen, was mit Kindern passierte, die keine inneren Kontrollen entwickelt hatten – Kinder, die von Gerichten schließlich als ›straffällig‹ oder ›asozial‹ eingestuft wurden. Solche Kinder haben keine Probleme, ›sich auszudrücken‹. Sie sind ihren Trieben nur in anderer Weise ausgeliefert als das gehemmte oder in klassischem Sinne ›neurotische‹ Kind. Die Symptombildung mag eine andere sein, doch es bleibt ein Problem – und für den Lehrer in der Schule häufig ein ernsteres Problem.«

In ihren Vorträgen vor Lehrern führte Anna Freud auch klinische Beispiele an, jedoch in leicht zugänglicher, erzählender Form – später ein Kennzeichen ihrer schriftstellerischen Arbeit. So beschreibt sie beispielsweise die Geschichte einer »ausgezeichneten Pädagogin«, die mit 18 Jahren ein unglückliches Zuhause verließ und die Erzieherin dreier Jungen wurde. Der mittlere der Jungen »war ein schwieriger Erziehungsfall«. In der Schule war er schlecht. Er war scheu und ängstlich. Der ältere und jüngere Bruder dagegen waren außerordentlich erfolgreiche Schüler. Die Lehrerin widmete sich nun völlig dem offensichtlich einsamen und unglücklichen Kind und bewirkte damit geradezu eine Wunderheilung – eine Wandlung sowohl der Persönlichkeit des Kindes als auch seiner Leistungen in der Schule. Doch mit diesem Erfolg, für den die Familie des Kindes äußerst dankbar war, trat bei der Lehrerin eine abrupte, unerwartete und dramatische Veränderung des Verhaltens ein: Sie zog sich von dem Jungen zurück, den sie bisher mit Zuwendung überhäuft hatte. Sie gab sogar ihre Stellung auf und verließ die Familie, von der sie mittlerweile sehr geschätzt wurde. Sie setzte ihre Unterrichtstätigkeit an anderem Ort fort, hatte jedoch als Lehrerin ständig persönliche Schwierigkeiten – und so begann sie fünfzehn Jahre nach der beschriebenen Episode eine Analyse.

Nachdem Anna Freud ihren Zuhörern von dieser Lehrerin erzählt und damit ihr Interesse und ihre Neugier geweckt hatte, erklärte sie, was sie dabei herausbekommen hatte. Die Lehrerin selbst hatte sich als ungeliebtes Kind gefühlt – das genau wie der Junge, dem sie so viel gab, von seinen Eltern sozusagen ignoriert worden war. »Mit aller Liebe und Sorgfalt, die sie auf ihn verwendet hatte, sagte sie also nichts anderes als: so hätte man mich behandeln sollen, um etwas aus mir zu machen.« Mit dem Erfolg jedoch kam das Ende dieser persönlichen Bindung. Jetzt war der Junge eine stärkere, lebenstüchtigere Persönlichkeit, und die Lehrerin wurde allmählich wütend auf ihn – eine Folge von Neid: »Sie konnte ihm ja den Erfolg nicht gönnen, den sie selbst nie erreicht hatte.«

Eine Geschichte, die in einer Gruppe von Lehrern Anklang finden *mußte* und die bei einigen von ihnen einen inneren Widerhall ausgelöst haben dürfte; eine unprätentiös und mit entwaffnender Schlichtheit erzählte Geschichte. Eine Geschichte, wiedergegeben mit den einnehmenden Worten jener Lehrerin. Und die Autorin, die der Geschichte *ihre* Stimme lieh, wußte, daß das für *diese* Zuhörer einen entscheidenden Unterschied bedeutete; denn die Lehrerin, deren Geschichte erzählt wurde, rückte ihnen damit näher und entlockte ihnen nicht nur eine gedankliche, sondern auch eine emotionale, persönliche Reaktion (das Ziel, das jeder Psychoanalytiker im Auge hat, der mit Patienten arbeitet).

Die Lehrerin Anna Freud hatte jedoch, wenn sie Vorträge

vor anderen Lehrern hielt, noch andere Strategien auf Lager, wie sie auch in Romanen und Kurzgeschichten eingesetzt werden. Nachdem sie die Geschichte jener Lehrerin auf fesselnde Weise erzählt hatte, riskierte sie eine reichlich ironische Bemerkung: »Sie werden sagen, es war gut, daß diese Erzieherin zur Zeit des Vorfalls noch unanalysiert war; wir wären sonst um einen schönen Erziehungserfolg gekommen.« Dieser Kommentar untergrub potentiell ihre eigenen Absichten; doch er zielte darauf ab, einen bestimmten Einwand vorwegzunehmen und schon jetzt zur Diskussion zu stellen (anstatt ihn überheblich abzutun), einen Einwand, den bereits viele, die gegenüber der Psychoanalyse skeptisch oder kritisch eingestellt sind, implizit oder explizit vorgebracht haben: daß nämlich die sogenannte »neurotische« Disposition vieler Menschen in der Regel nicht nur die Ursache ihrer Schwierigkeiten, sondern auch die Quelle ihrer Persönlichkeit, ihrer Interessen und Fähigkeiten ist. Aus unseren Leidenschaften erwachsen unsere Leistungen. Genau diese Vorstellung veranlaßte etwa Rilke, dessen Werk Anna Freud sehr schätzte, der Psychoanalyse aus dem Weg zu gehen. Denn er fürchtete eine »Heilung«, durch die er das Bedürfnis – und vielleicht sogar die Fähigkeit – einbüßen würde, seine quälenden (und häufig auch gequälten) Verse zu schreiben. Anna Freud lernte seine Gedichte auswendig, eines nach dem anderen, und ihre Freundschaft mit Rilkes Freundin Lou Andreas-Salomé brachte ihn ihr noch näher – und das, obwohl ihr Vater keineswegs zu Rilkes Bewunderern zählte und ihn sogar, wie berichtet wird, ablehnte.

Sie war bereit, das Thema Psychoanalyse und Kreativität in einer direkten, zwingenden Weise zu behandeln – ohne gezinkte Karten. Jawohl, die Lehrerin hatte ihren Schüler verlassen – doch zuvor hatte sie viel für ihn getan. Folglich handelt es sich keineswegs um den Fall einer schwer gestörten Person, die ungeachtet ihrer Fähigkeiten sich und anderen Schaden zufügt und die wir daher als offensichtliche Kandidatin für eine Analyse einstufen würden. Anna Freud vertritt hier eine moderate

Haltung: »Ich meine, diese Erziehungserfolge sind zu teuer erkauft. Sie bezahlen sich mit den Mißerfolgen an allen jenen Kindern, die nicht das Glück haben, Leidenssymptome an sich zu tragen, die den Erzieher an seine eigene Kindheit erinnern und ihm so die Einfühlung ermöglichen.«

Daß sie im Zusammenhang mit Kindern, die offensichtlich unter schweren psychischen Problemen leiden, den Begriff »Glück« gebraucht, ist charakteristisch für sie. Obwohl sie diesen ironischen Ausfall unkommentiert läßt, steigert sie unser Interesse für diejenigen Kinder, an deren Unterricht jener Lehrerin eben *nichts* liegen würde. Das nötigt uns implizit dazu, über die Trauer und Einsamkeit der Lehrerin selbst nachzudenken: Sie war gezwungen, vor der wirklichen Erfüllung davonzulaufen, und ihre offenkundigen Siege hingen vollständig von ihren eigenen Niederlagen in der Kindheit ab.

Viele Jahre später saß ich Anna Freud gegenüber, in der Hand eine zerlesene Paperback-Ausgabe ihres Buchs, auf dessen Umschlag ein einnehmendes Porträt aus ihren mittleren Jahren abgebildet war, und versuchte, uns beide zurückzuversetzen in jenen geistvollen, bedeutsamen und instruktiven Vortrag. Da unterbrach sie mich unvermittelt: »Sicher, ich hätte das noch weiter ausführen und voller Bewunderung schildern können, was diese Lehrerin tatsächlich für den Jungen geleistet hat. Doch ich entschied, daß ihr Erfolg doch offensichtlich und einer der wesentlichen Punkte bei diesem Fall war. Der Junge profitierte vom Problem eines anderen – das seinem wiederum sehr ähnlich war. Zweifellos gibt es noch viele weitere derartige Fälle – wie oft kommt es vor, daß jemand, der Kummer hat, den Kummer eines anderen versteht und ihm hilft, während jemand, der solchen Kummer nie kennengelernt hat, dazu keine Lust verspürt. Solche Verkettungen menschlicher Umstände gibt es in Hülle und Fülle, das würde ich niemals bestreiten. Das Leben ist voller Paradoxa, das wollte ich damals durchaus anerkennen, glaube ich. Doch ich wollte diese Lehrer auch dazu auffordern, darüber nachzudenken, wann der Preis des Erfolgs zu hoch wird... Das Entscheidende ist – Sie erinnern sich –, daß diese Lehrerin aus eigenem Entschluß in die Analyse ging. Ich halte nichts davon, daß wir hinter den Leuten herlaufen und ihnen sagen: Ihr solltet zum Analytiker gehen. Ich weiß, so etwas hat es gegeben. Doch mir ist klar, daß ich von Lehrern mit dem größten Mißfallen empfangen würde, wenn ich vor sie hinträte und ihnen mitteilte, daß etliche von ihnen demnächst zum Arzt müssen. Als ich zu jenen Lehrern sprach, versuchte ich, selbst Lehrerin zu sein. Was ich sagen wollte, war dies: Es kommt vor, daß man beruflich versagt, ohne zu wissen, warum – und wenn das immer so weitergeht, dann kann man etwas tun: Man kann der Sache auf den Grund gehen. Doch *jeden* dazu zu nötigen – das ginge doch einen Schritt darüber hinaus, vielleicht etliche Schritte.«

Auch hier zeigte sie sich wieder bescheiden. Tatsächlich hatte sie sich bei ihrem Vortrag hinsichtlich der Frage, ob die Psychoanalyse für Lehrer generell zu empfehlen sei, sehr zurückgehalten. Damals hatten zahllose Psychoanalytiker visionäre Vorstellungen über diese neue und mächtig vordringende Disziplin – auch die Hoffnung, daß sich durch ihre Anwendung die Welt verändern werde, denn die Menschen würden ja andere, wenn sie erst einmal analysiert wären. In gewissem Maße waren Anna Freuds Bemerkungen in jenem vierten Vortrag eine Reaktion auf diesen utopischen Enthusiasmus – der wohlüberlegte Versuch, am Beispiel zu belegen, was die Psychoanalyse zu bieten hat, und gleichzeitig dagegen anzugehen, sie mit dem Schein des Messianischen auszustatten, der, wie sie schon damals Ende der zwanziger Jahre wußte, schließlich verblassen und in Enttäuschung münden würde. »Ich war wohl vorsichtig damals, als ich diese Vorträge hielt«, bemerkte sie später, wobei das Wort *vorsichtig* selbst die Sache ziemlich vorsichtig beim Namen nannte. Sie lächelte, als ich sie darauf aufmerksam machte, und fuhr dann entschlossen fort: »Die Mitarbeiter des Horts hätten auch gar nichts anderes akzeptiert. Sie arbeiteten äußerst hart, und reich waren sie auch nicht gerade, um das mindeste zu sagen. Ihre Jobs verlangten ihnen sehr viel ab – und wie viele andere Lehrer ernteten sie nicht die soziale Anerkennung, die sie verdient hatten. Da machten sie nun die wichtigste Arbeit, die man sich vorstellen kann … Sie brauchten mich nicht, damit ich mich vor sie hinstellte und ihnen mitteilte, daß sie alle in psychischen Schwierigkeiten steckten, und je eher sie zum Analytiker gingen, desto besser – *dann* würde alles gut. Ich wollte ihnen einfach erklären, was wir herausbekommen hatten. Ich weiß noch, welchen Rat mir August Aichhorn gab: Die Lehrer lernen schon die ganze Zeit von den Schülern, genau wie wir es auch versuchen – und wenn du dir das merkst, werden sie dich freundlich empfangen. Es war eine bestimmte ›Einstellung‹, die er mir empfahl, und ich versuchte tatsächlich, es mir zu merken.«

Was das Unterrichten angeht, so kam sie hier zum Kern der Sache. Eine bestimmte Unterrichtserfahrung hatte sie nicht nur intellektuell, sondern auch persönlich und sogar moralisch herausgefordert. Die Rücksichtnahme, die sie der sozialen und ökonomischen Anfälligkeit jener Horterzieher entgegenbrachte, die sie als junge Frau kennengelernt hatte, sind das instruktive Beispiel für eine »Einstellung«, die sie ihr Leben lang beibehalten hat – die Fähigkeit, einen Schritt zurückzutreten und nicht nur die anderen, sondern auch sich selbst und die eigene Welt sorgfältig zu betrachten. Wie sie schon damals wußte und ihr ganzes Leben lang nie vergaß, werden Lehrer besonders leicht zur Zielscheibe für Moralisten und Psychoanalytiker – daher das doppelte Risiko eines Vortrags vor einfachen, gewöhnlichen Schullehrern, die mit gewöhnlichen Kindern arbeiten.

Über viele Jahre hatte Anna Freud ihre eigenen Methoden, solchen Berufsrisiken zu begegnen. Zurückhaltung, Fähigkeit zur Ironie, schlichte Umgangsformen und Freude am Komischen, am Erzählen von Geschichten – das alles half ihr dabei. Die Bemerkungen über ihren Freund August Aichhorn, die sie als Nachruf 1951 im *International Journal of Psycho-Analysis* veröffentlichte, sagen viel über sie wie auch über ihn: Hier gibt sie sich als jemand zu erkennen, der offen ist gegenüber allem, was andere ihr bieten – unabhängig von deren formaler Bildung oder praktischer Erfahrung. Besonders hebt sie die »Bescheidenheit« Aichhorns hervor, der »der Psychoanalyse ebensoviel zu geben hatte, wie er sich selbst vom Studium der neuen Wissenschaft erwartete«. Und sie fährt fort: »Über den Umgang mit Verwahrlosten hatte ihn die Psychoanalyse nichts zu lehren; er wußte alles über ihre Handhabung, einzeln oder in Gruppen, bevor er von der Psychoanalyse auch nur gehört hatte.« Dann folgt eine Bemerkung, die für eine Psychoanalytikerin doch recht erstaunlich ist: »Er brauchte die Psychoanalyse auch nicht zum Verständnis der Verwahrlosung. Sein Verständnis dissozialer Äußerungen war intuitiv und beruhte auf einer automatischen, mühelosen Identifizierung mit den Verwahrlosten und Kriminellen, mit denen er zu tun hatte.«

Diese Huldigung an einen alten Freund galt auch dem alten Lehrer, ein Zeugnis andauernder Dankbarkeit; zugleich war es das Bekenntnis, daß Lehrer anderen Lehrern häufig in der unwahrscheinlichen Inkarnation von Schülern erscheinen: So Aichhorn als psychoanalytischer Kandidat, bereit, sich ausbilden zu lassen, obwohl er längst ein *educator* aus eigenem Recht war, der ein rigoroses Programm erfolgreich absolviert hatte – ein Programm, bekannt unter dem Namen »Leben« oder »Schicksal«, Abteilung Psychologie.

Selbst in ihren Siebzigern und Achtzigern schien sich Anna Freud noch wortwörtlich daran zu erinnern, wie ihr Freund August Aichhorn mit gestörten Jugendlichen umging. Sie hob auch hervor, welchen Einfluß er durch Gespräche auf sie selbst nahm, als sie mit ihren Vorträgen vor den Mitarbeitern des Horts zu einer Lehrerin von Lehrern wurde und daneben weitere informelle Kontakte zu Wiener Sozialarbeitern und Schulbeamten knüpfte. »Er kam nicht nur an Kinder heran, die sonst unerreichbar blieben, sondern beeinflußte auch viele von uns, die keine ›verwahrlosten‹ oder ›vernachlässigten Jugendlichen‹

waren. Wir waren sehr enthusiastisch und steckten voller Ideen – er dagegen trug ein Geheimnis in sich, das er durchaus bereit war preiszugeben, sofern wir seine Schüler werden wollten: das Geheimnis, wie man so entspannt mit jemandem umgeht, daß er fähig und willens wird, zu lernen. Ich habe, um ihn zu beschreiben, das Wort ›intuitiv‹ gebraucht – ein Wort, das wir nicht versuchen sollten zu relativieren... Es gibt Menschen, die ›von Natur aus‹ Lehrer sind, und das galt für Aichhorn im höchsten Maße. Er gab zunächst immer eine Einführung, wobei er das Problem erläuterte, um das es ging, führte dann einige Beispiele an und leitete schließlich die Diskussion. Er forderte die Leute dazu auf, ebenso vorurteilslos zu sein wie er selbst. Lehrer beeilen sich oft, ihre Schüler dahin zu bringen, etwas zu *wissen*, über die richtigen Antworten zu verfügen wie über einen Besitz. Aichhorn dagegen konnte sich am Kopf kratzen und sagen: Tja, wir können diesen straffälligen Jungen von dieser Seite betrachten, wir können ihn aber auch von jener Seite betrachten, und vielleicht gibt es noch mehr Seiten. Damit forderte er uns heraus: Könnt ihr das auch, immer aufs neue das Bild scharfstellen, den Gesichtswinkel ändern, den eigenen Standpunkt berichtigen? Es ist schon richtig, entweder hat man Intuition, oder man hat sie nicht – doch ein Lehrer mit Intuition wird diese Gabe seinen Schülern vermitteln wollen, und so werden auch sie mit der Zeit ›intuitiv‹ werden. Ich glaube, *das* ist es, was ein Lehrer intuitiv macht – er behält diese Gabe nicht für sich, denn damit vermittelt er seinen Schülern die Vorstellung, es sei ohnehin alles hoffnungslos, da man mit diesem wunderbaren und erstaunlichen Talent entweder geboren wird oder eben nicht.

Ich kannte Lehrer, die ihm sehr ähnlich waren. Das waren nicht unbedingt die Gescheitesten bei den Examina an den Universitäten – wo man so viele dazu bringt, aus Ehrgeiz ›höhere‹ Ambitionen zu verfolgen. Doch sie waren außerordentlich gescheit auf ihre eigene Weise... Wenn ich manchmal höre, ein Kind sei ›gescheit‹, dann würde ich die Eltern, den Sozialarbeiter, den Arzt oder Lehrer gerne fragen: Wie meinen Sie das? Ich will die Sache nicht verkomplizieren; ich möchte nur wissen, ob sie damit sagen wollen, das Kind sei gut in der Schule, oder ob sie andere Qualitäten meinen – Lebendigkeit im Umgang mit Menschen, die Fähigkeit, sie zu verstehen und aufmerksam mit ihnen zu kommunizieren. *Diese* Art von Gescheitheit ist es, die ich bei jenen Lehrern angetroffen habe – und ich glaube, von ihnen können wir immer etwas lernen, genau wie die Kinder, die sie unterrichten.«

Diese Bereitschaft, sich aus dem breitestmöglichen Spektrum von »Quellen« Unterweisung zu holen und den Begriff des »Wissens« (der »Gescheitheit«) sehr weit auszulegen, beseelt auch ihre Vorträge für Lehrer, und vor allem deren Schluß. Hier teilt sie den Zuhörern die schriftlichen Äußerungen eines Kindes mit, das seinen Gefühlen darüber Ausdruck verleiht, »was die Erwachsenen Unrechtes tun«. Der erste Satz ist bereits ein Weckruf: »Erwachsene hört, falls Ihr's wissen wollt!« Der Junge erhebt Protest und hält zugleich ein Plädoyer. Er will, das Menschen seines Alters (auch er selbst) gehört und respektiert werden, anstatt daß man ihnen fortwährend Anweisungen erteilt und ihnen das Recht abspricht, ihren eigenen Weg zu gehen. »Sie können manches besser als Ihr«, behauptet er sogar. Schließlich ist er aufgebracht und wütend über die scheinbar unablässigen Reden von Eltern, Lehrern und anderen, die Kinder nach seinem Gefühl viel zu oft bevormunden. Seine Mahnung an sie (also an uns) lautet: »Redet nicht immer so viel und laßt die Kinder auch mal zu Worte kommen!«

Weiter zeigt Anna Freud, wie sich die Äußerungen dieses Kindes zu den Werten verschiedener sozialer und kultureller Welten verhalten. Einige Lehrer wären über das Verhalten des Jungen sicherlich empört. (Er äußerte überdies »Schimpfreden über Gott«.) Ein »konservativer Erzieher der alten Schule« dürfte den Wunsch verspüren, den Burschen hart zu bestrafen, um ihm zu seinem eigenen Besten klarzumachen, daß das Maß voll ist. Andererseits wird sich ein »moderner Pädagoge« dem Jungen mit den größten Hoffnungen zuwenden und in ihm vielleicht sogar einen »künftigen Führer und Befreier der Massen« sehen. An dieser Stelle ihrer Ausführungen kam eine gewisse Spannung auf. Denn schließlich gehörten zu dieser letzteren Kategorie auch einige ihrer Kollegen, ganz zu schweigen von jenen, welche die psychoanalytische Erfahrung selbst als wichtigen Schritt zur Befreiung des Individuums betrachteten und die gerade damals hofften, psychoanalytisches Wissen auf sämtliche sozialen und politischen Probleme anwenden zu können. Vielleicht betrachteten auch einige der Horterzieher die junge Dozentin und deren Arbeit mit Kindern als potentiell befreiend durch den Einfluß, den sie auf ihre eigene berufliche Arbeit ausübte.

Doch Anna Freud lehnte nicht nur die »alte Schule« ab, sondern auch den »modernen Pädagogen«. In bezwingendem, narrativen Tonfall teilte sie ihren Zuhörern mit, was sie für die letzte psychologische Wahrheit dieses Jungen hält: Er sei ein »harmloser kleiner Feigling« – eine Beschreibung, die mit dem psychoanalytischen und psychiatrischen Jargon, den man weltweit in Fachzeitschriften findet, wohl kaum in Einklang zu bringen ist. Der Junge »schrickt zusammen, wenn ein Hund ihn anbellt«, er fürchtet sich, »abends über den dunklen Korridor zu gehen«, und ist »gewiß nicht imstande... auch nur einer Fliege etwas zuleide zu tun«. Wir erfahren dann auch, welchen Ursprung die rebellische Aufschneiderei dieses Jungen hatte, die er seinem erträumten, doch bald aufgegebenen Roman anvertraute. Er war zu Hause und in der Schule ziemlich streng erzogen worden und hatte »einen als Schock wirkenden ärztlichen Eingriff« durchgemacht. Er bekam, wie bei Jungen üblich, Angst vor sexueller Verstümmelung, »die Angst, die wir in der Psychoanalyse als Kastrationsangst bezeichnen«. Diese Angst richtete der Junge nun gegen jegliche Autorität: Wer die Macht hat, hat auch die Macht, zu strafen, zu verstümmeln, zu kastrieren. Tief verstört von solchen Ängsten, tat der

Junge alles, um gegenüber anderen wie gegenüber sich selbst als sorglos und gelassen zu erscheinen. Je mehr er in Versuchung geriet, sich sexuell mit sich selbst zu beschäftigen, desto mehr Angst hatte er, für diese Versuchungen bestraft zu werden – oder überhaupt für jeden unabhängigen Schritt, der in seinen Augen etwas zu tun hatte mit seinem Kampf um ein Gleichgewicht zwischen seinen sexuellen Interessen und den dadurch hervorgerufenen schweren Beklemmungen. Seine »ganz harmlosen Angriffe auf die Autoritäten« deutet Anna Freud als psychologischen Trick eines Kindes, das versucht, im Dunkeln zu pfeifen (in diesem Fall: am hellichten Tage zu schreien), um nicht vollends in Panik zu verfallen. Dann geht sie von der klinischen Analyse über zu einem beherrschten, knappen Plädoyer im Namen des Jungen: »Was er braucht, ist... weder Bewunderung seiner Bestrebungen, noch Strenge und Einschränkungen.«

Mit anderen Worten: Man sollte ihn nicht als Opfer eines überholten Erziehungssystems sehen, aber auch nicht als viel versprechenden Reformer, dessen kindliche Konflikte und Bekenntnisse gute Vorzeichen einer künftigen politischen Rolle sind, da eine neue Generation von Aktivisten gegen alte Loyalitäten und eine abgewirtschaftete Politik vorgehen wird. Anna Freud zog auch nicht den Schluß – wie das heute viele tun würden –, daß der Junge eine »Therapie« brauche. Sie fordert »eine Ermäßigung seiner Angst«, doch sie gibt keine direkte und definitive Empfehlung, den Jungen in eine psychiatrische Klinik oder zur psychoanalytischen Behandlung zu schicken. Sie dringt lediglich darauf, daß diese »Ermäßigung« erreicht werde, »auf welchem Wege immer«. Die psychoanalytische Behandlungsmethode sei *eine* Möglichkeit, doch »die Schilderung dieser Methode, der Kinderanalyse, überschreitet schon den Rahmen dieses Kurses«. Es ist tatsächlich interessant, wie zurückhaltend und unprätentiös sie über die Entwicklungsmöglichkeiten dieses Kindes spricht: »auf welchem Wege immer«. War das ein bloßer rhetorischer Kunstgriff, das Bestreben, nicht zu selbstsicher und überheblich aufzutreten? Hatte sie wirklich *verschiedene* Möglichkeiten in Betracht gezogen, diesem Jungen zu helfen, und die Kinderanalyse war nur eine davon?

Als ich ihr diese Fragen stellte, antwortete sie mit der für sie typischen Entschlossenheit: »Nein, das war kein rhetorischer Kunstgriff.« Dann ging sie auf die zweite Frage näher ein: »Ich hoffte, etwas mitzuteilen, was diesen Lehrern von Nutzen sein könnte. Das war meine Absicht. Ich hielt mich nicht für eine ›Autorität‹. Der Junge, von dem ich ihnen erzählte, erhob Einwände gegen die ›Autorität‹, doch ich hatte nicht das Gefühl, diese Autorität zu repräsentieren, die er anprangerte und der er sich aus Furcht widersetzte. Schließlich hatten viele Leute in Wien und anderswo – viele wichtige Leute – den Eindruck, die Psychoanalyse ziele auch darauf ab, Autorität zu untergraben. Als ich diese Vorträge hielt und auch noch von dem Jungen erzählte – das war dann die doppelte Dosis.«

Sie hielt inne, lächelte und fuhr dann fort: »Ich hatte das Gefühl, es wäre gegenüber diesen Lehrern nicht fair, ihnen von einem Jungen zu erzählen, der Schwierigkeiten hat, und dann zu sagen: Ich weiß, wie man ihn aus den Schwierigkeiten herausbekommt, da hilft nur eine Analyse, und damit basta. Dieser Junge führte intensiv Tagebuch und war äußerst begierig darauf, seinen Fall anderen vorzutragen. Vielleicht hätte ein Lehrer sein Vertrauen gewonnen – wie es auch ein Analytiker versucht hätte. Vielleicht hätte der Lehrer dem Jungen geholfen, sich weniger bedroht zu fühlen – was wiederum auch der Analytiker versucht hätte. Ich glaube nicht, daß – zumindest damals – viele Lehrer herausbekommen hätten, was den Jungen quälte; jedenfalls nicht so wie wir. Doch Kinder gehen auf ihre eigene Weise mit ihren Problemen um, und wenn sie einen verständnisvollen Lehrer haben, um so besser, dann werden sie noch eher damit fertig.

Ich wollte diesen Lehrern den Wert der Psychoanalyse vermitteln; und ich versuchte, ihnen zu zeigen, wie wir bestimmte Verhaltensweisen einschätzen, die sonst schwer verständlich oder völlig verwirrend erscheinen. Doch ich wäre als Vortragende nicht besonders glaubwürdig gewesen, wenn ich ihnen erzählt hätte, daß es für Jungen wie diesen und für all die anderen Kinder, deren Schwierigkeiten sie kannten, nur eine Hoffnung gibt: *uns* aufzusuchen. Es gab nicht genug von ›uns‹, es gibt nicht genug, und es wird niemals genug geben. Und außerdem erhebt sich die Frage: Wie steht es eigentlich um ›uns‹ – was *ist* eigentlich unsere Rolle gegenüber diesen Kindern und ihren Lehrern? Eine wichtige Frage!«

Sie bat um etwas Zeit, um über diese Frage nachzudenken, über die sie doch schon so viel gegrübelt hatte. Stets hatte sie Lehrer dazu ermutigt, mit Menschen wie ihr eng zusammenzuarbeiten, sobald die Probleme eines Kindes gemeinsame Anstrengungen verlangten. Doch sie wollte nicht, daß die Unterschiede der beruflichen Praxis derart verwischt würden, daß Lehrer und Kinderanalytiker sich gegenseitig im Wege stehen. Denn es besteht die Gefahr, daß die Angehörigen dieser beiden Berufsgruppen sich in akademischen Finessen verheddern und damit ihre eigenen Verantwortlichkeiten und Fähigkeiten aus den Augen verlieren.

»Analytiker übersehen möglicherweise die normalen Veränderungen, die mit jedem Kind vor sich gehen – ihre Fähigkeit, einem Problem zu ›entwachsen‹. Lehrer wiederum übersehen vielleicht die irrationalen Seiten des Lebens und kümmern sich um ein Kind, das Schwierigkeiten hat, in einer Weise, daß es immer schlimmer wird statt besser. Man muß beide Seiten bedenken: Dem Analytiker fehlt die Perspektive des ›gesunden Menschenverstands‹ oder – wie man auch sagen könnte – die ›Längsperspektive‹ auf die Veränderungen, die Kinder von Natur aus durchmachen, darunter auch Kinder, die heute schwer gestört scheinen und denen es morgen schon viel besser geht. Der Lehrer wiederum regt sich über ein Kind auf, sagt ihm, es solle mit diesem oder jenem aufhören, nur um dann festzustellen, daß das Kind gar kein Interesse hat, damit fortzufahren.«

Ich fragte sie, ob sie mit der Formulierung »auf welchem Wege immer« vielleicht auch Disziplin gemeint habe. »Disziplin ist sicher wichtig. Ich weiß, daß einige Lehrer Psychoanalyse mit ›Permissivität‹ oder Hedonismus gleichgesetzt haben. Das haben wir in Wien zu hören bekommen und in London, und Sie haben es sicher in Amerika zu hören bekommen. Für diesen Vorwurf gibt es durchaus Gründe, denn einige von uns scheinen vergessen zu haben, daß Kinder ein Bedürfnis nach Ordnung, Kontrolle und Berechenbarkeit haben – und nach dem, was Sie unter ›Disziplin‹ verstehen. Doch einige Kinder können auf ›Disziplin‹ nicht in der Weise reagieren, wie Lehrer sich das vorstellen. Es gibt Kinder, die immer wilder werden, je mehr man sie unterdrückt. Einige verlieren jegliche Rationalität, wenn man versucht, sie durch ›Disziplin‹ gefügig zu machen. Wenn einem Kind innere ›Disziplin‹ fehlt und wenn es nicht willens oder nicht fähig ist, auf die Bitte einzugehen, ›disziplinierter‹ zu sein – was soll ein Lehrer dann machen? An welchem Punkt wird der Lehrer resignieren und sagen: Ich habe es versucht, aber es hat nichts gebracht?

Jahrelang haben wir uns mit Lehrern getroffen und uns ihre Probleme angehört; und manchmal hatten wir kaum etwas zu bieten außer der Erkenntnis, wie unangenehm manche Kinder sein können. Doch die meisten Kinder sind nicht unangenehm; und diese sind es, die den Lehrern das Selbstvertrauen geben, um auch mit den unangenehmen umgehen zu können. Eine Lehrerin sagte einmal zu mir: ›Ich habe *ein* Kind in der Klasse, das mich verrückt macht. Doch ich habe zwanzig Kinder, die mir das Gefühl geben, daß ich weiß, was ich tue, und daß ich es gut mache. Diese Kinder helfen demnach ihrer Klassenkameradin, indem sie *mir* helfen, Geduld mit ihr zu haben und nicht alles, was sie sagt, persönlich zu nehmen.‹ Schön, das auf diese Weise zu sehen, dachte ich. Als wir das Mädchen dann übrigens kennenlernten und erfuhren, was sie in der Schule machte und sagte, empfahlen wir keineswegs eine Psychotherapie oder eine Analyse. Am besten schien es uns, mit der Lehrerin zu arbeiten. Sie schien die Sache gut im Griff zu haben. Außerdem vermuteten wir, daß jenes Mädchen in seiner mißlichen Situation keineswegs ›eingeschlossen‹ war, daß es vielmehr kooperativ und sensibel genug war, um von der zusätzlichen Zeit mit der Lehrerin, die es für sich gewonnen hatte, zu profitieren. Sehen Sie, das meinte ich, als ich den Ausdruck ›auf welchem Wege immer‹ gebrauchte. Ein Lehrer, ein Elternteil, ein Verwandter oder ein Nachbar kann plötzlich eine wichtige Rolle im Leben eines gestörten Kindes spielen, und in welcher Weise das passiert, hängt vom Kind ab – was der Junge oder das Mädchen tut und sagt –, aber auch davon, wie ein bestimmter Erwachsener darauf eingeht.«

Meine Fragen zu der abschließenden »Forderung« an jene Horterzieher in ihrem vierten Vortrag führten zu längeren Diskussionen. Vor allem bemühten wir uns sehr um das Problem, wie man Kindern mit psychischen Schwierigkeiten helfen kann, wenn die Möglichkeiten der Behandlung begrenzt sind. Nach einiger Zeit wurde mir klar, wie sehr sie sich den Lehrern verpflichtet fühlte, die sie in all den Jahren in Österreich und in England kennengelernt hatte, und mit wieviel Respekt sie deren Fähigkeit betrachtete, mit Kindern emotional wie verstandesmäßig zu arbeiten. Sie *betrachtete* sich nicht nur als Lehrerin, die Kinderanalytikerin geworden war, sondern hörte auch tatsächlich niemals auf zu unterrichten. Und auch die Beratungsgespräche, die sie mit bestimmten Lehrern führte, gehörten stets zu ihrer Arbeit – das waren Lehrer, die in den Heimen arbeiteten, die sie während des Zweiten Weltkriegs und danach leitete, außerdem solche, die in der Hampstead-Klinik um Rat fragten, oder es waren Gespräche im Zusammenhang mit einem Kind, das in Behandlung war. Einige dieser Lehrer folgten ihrem Beispiel, ließen sich unter ihrer Schirmherrschaft psychoanalytisch ausbilden und wurden zu Analytikern, die in der Folge eine andere Art von Unterricht praktizierten.

Als wir uns bei anderer Gelegenheit einige Bilder und Zeichnungen von Kindern ansahen, die ich ihr mitgebracht hatte, kamen wir auf den Kunstunterricht zu sprechen – welchen Wert und welchen Zweck er habe. Sie fragte mich, ob ich viel Zeit darauf verwendete, die Kinder danach zu fragen, was sie sich beim Zeichnen oder Malen denken. Das bejahte ich – vielleicht ein bißchen zu schnell. Denn ihre Antwort war überraschend: »Es geht immer darum, ein Gleichgewicht zu erreichen, nicht wahr?«

»Sicher«, sagte ich, wobei ich mich fragte, was sie wohl meinte. Sie erklärte es: »Mit einer Zeichnung will ein Kind sowohl sich selbst als auch Ihnen oder mir etwas mitteilen. Andererseits, wer will schon ständig den Atem eines anderen im Nacken spüren? Ich habe das schon zu hören bekommen: ›Frau Freud, drängen Sie mich doch nicht so!‹ Ich erinnere mich sehr gut an das Mädchen. Sie muß zu oft das Gefühl gehabt haben, ich verhalte mich wie ihr Lehrer und nicht wie ihre Analytikerin. Es ist bisweilen gut, zuzuhören und relativ schweigsam zu sein, selbst bei Kindern, die sich eine aktivere Person wünschen als zum Beispiel einen Analytiker, der mit Erwachsenen arbeitet. Manchmal ist es wiederum gut, uns selbst und die Kinder durch eine Bemerkung zu überraschen. Jenes selbe Mädchen, das mir gegenüber ziemlich schnell ›pampig‹ werden konnte, sagte einmal, nachdem ich ihr etwas erklärt hatte, ich sei ›als Lehrerin in Ordnung‹. Sie war stets ein wenig mißgünstig – doch diese Worte waren von ihr als riesiges Geschenk an mich gemeint, und ich war mehr erfreut darüber, als sie vielleicht gemerkt hat, obwohl ich dankbar lächelte und sie an meiner Miene erkennen konnte, daß sie mich erreicht hatte.«

Jemanden nicht nur zu »erreichen«, sondern an ihn »heranzukommen« – das war für sie stets das Wesentliche. Immer wieder machte sie deutlich, daß Unterrichten für sie ein doppeltes Lernen bedeutet: Zunächst lernt man dadurch, daß man sich auf die Schüler vorbereitet, und dann lernt man *von* ihnen, während man mit ihnen arbeitet. Beständig hob sie die Fähigkeit der Kinder hervor, *uns* zu unterrichten. Als ich zum Beispiel einmal ein Bündel Bilder und Zeichnungen, die wir besonders lange und eingehend betrachtet hatten, zurück in meine große schwarze Aktentasche packte, sagte sie: »Die Kinder haben uns ja gut versorgt heute.« Da war ich doch etwas verdutzt. Ich hatte ja schon ähnliche Kommentare von ihr gehört, als es darum ging, daß Kinder gleichsam zu unseren Ausbildern werden, wenn sie uns »aufklären« und sogar anleiten. Doch diese Bemerkung im lockeren Tonfall der Freude und Zufriedenheit überraschte mich ein wenig – und ihr nächster Satz nicht minder: »Da haben sie uns die Tricks gezeigt – mit diesen Zeichnungen und Bildern.« Zweifellos, sie hatten uns psychologisch an die Hand genommen, das wollte sie damit wohl sagen, doch in diesem Augenblick sah und hörte ich etwas anderes vor mir: eine ältere Lehrerin, die sich angesehen hatte, was Schulkinder von acht, neun oder zehn Jahren ihr vorführten, die sich davon herausgefordert und auf die Probe gestellt fühlte (welche Bedeutung kann man darin erkennen?), die sich schließlich »erbaut« fühlte (wenn sie die Bedeutung gefunden hatte), aber auch unter die Fittiche dieser Jungen und Mädchen genommen, als Mensch ein Stück »vorangebracht«, wie es den Worten oder Bildern anderer bisweilen gelingt. Und wiederum eine Lehrerin, die von ihren Schülern mit sich selbst konfrontiert wurde, während diese in der Tat durch Anna Freud und durch sich selbst »gut versorgt« waren – kleine Künstler und Lehrer, die schnell heranwachsen.

III. KAPITEL

Die Theoretikerin

Es ist nicht die analytische Arbeit, die so schwer ist,
die kann man mit einigem Menschenverstand bewältigen;
es ist der ständige Umgang mit menschlichen Schicksalen.

Anna Freud an Lou Andreas-Salomé, 19. August 1926

In der bewegenden Würdigung ihres Freundes, Kollegen und
Lehrers August Aichhorn schreibt Anna Freud: »Statt für
seine Fragen fertige theoretische Antworten zu suchen, ging
Aichhorn gleich nach dem Abschluß seiner Ausbildung zur
praktischen Tätigkeit auf dem Gebiet der Psychoanalyse über.«
Weiter schildert sie seine anhaltenden Bemühungen sowohl als
Therapeut von schwer gestörten und häufig äußerst wider-
spenstigen straffälligen Jugendlichen als auch als psychologischer Berater von Sozialarbeitern, Polizeibeamten und anderen, die mit diesen »Verwahrlosten« schwer zu kämpfen hatten
(und sich häufig vergeblich bemühten). Ihre Bemerkungen
über Aichhorns Beziehung zur Theorie laufen darauf hinaus,
daß hier jemand alle möglichen interessanten Gedanken und
Einfälle hatte, ohne sich jedoch ausschließlich damit zu befassen oder gar zu versuchen, daraus eine *raison d'être* zu machen. Auch stützte er sich nicht auf Theorien anderer, so daß er
– und sei es auf indirektem Wege – aus theoretischen Formulierungen und Verallgemeinerungen hätte ableiten können, was
im Leben *wirklich* von Bedeutung ist. Vielmehr begann er mit
»praktischer Tätigkeit«, das heißt mit tagtäglichen Bemühungen, die, wie sie findet, nur sehr schwer darzustellen sind.

Zwanzig Jahre, nachdem sie diesen Nachruf verfaßt hatte,
fragte ich sie, ob sie einen besonderen Grund gehabt habe, diesen Gegensatz herauszustellen – den Gegensatz zwischen dem
Theoretiker und jemandem, der sich mit der konkreten psych-

iatrischen oder psychoanalytischen Behandlung von Patienten oder mit der Beratung von Leuten aus anderen Berufen befaßt. Sie antwortete nicht sogleich, und ich hatte das bestimmte Gefühl, daß meine Frage sie verdutzte oder irritierte. »Ich erinnere mich nicht, welche Gründe ich hatte. Doch ich bin sicher, daß ich vor allem versuchte, Aichhorns Leben Gerechtigkeit widerfahren zu lassen.«

Es folgte eine ungewöhnliche Pause, die ich als Rüge interpretierte – als wollte sie mir auf diese Weise zu verstehen geben, daß sie meine Frage durchschaute und daß ihr klar war, daß ich damit eigene Zwecke verfolgte. Doch hier war ich im Irrtum. Aichhorns Arbeit habe sie stets beeindruckt, fuhr sie fort, vor allem seine erstaunliche Fähigkeit, sich mit Jugendlichen zu befassen, die von anderen aus Gründen der Bequemlichkeit kurzerhand als »ungeeignet« für eine Psychoanalyse oder für eine andere Behandlung weggeschickt wurden. Ausführlich beschrieb sie seine Vorzüge: seine offensichtliche Flexibilität und Findigkeit als Analytiker, seine Fähigkeit wie seine Bereitschaft, Risiken einzugehen, Regeln zu verändern und sogar eigene Regeln zu schaffen, nur damit es voranginge mit jenen Jugendlichen, welche die Welt der Erwachsenen mit Argwohn betrachteten, einschließlich aller Ärzte, Rechtsanwälte und Sozialarbeiter. Dann kam sie wieder auf das Thema Theorie zu sprechen: »Aichhorn war ›theoretisch‹ auf seine eigene Art. Er beobachtete sorgfältig die Jugendlichen, mit denen er arbeitete, er versuchte, herauszubekommen, *wie* man mit ihnen arbeiten kann, und das war alles andere als einfach. Häufig erklärte er mir, in der ersten Phase der Behandlung sei die Arbeit mit Straffälligen so, als arbeite man mit viel jüngeren Kindern: Man muß ihnen zeigen, daß man ihnen wohlgesinnt ist, und auch bereit sein, sich ihnen nützlich zu erweisen. Später, manchmal viel später, kommt es dann zu jener Art von ernsten Gesprächen, wie sie sich in der Psychoanalyse abspielen – über die eigenen Eltern, über Träume und Assoziationen. ›Würde ich versuchen, einige dieser Jugendlichen zu einer regulären Analyse zu drängen‹, sagte er mir einmal und lachte dabei, ›dann würden sie mir entgegnen, ich solle mich doch selber noch ein wenig analysieren lassen.‹

An diesen Augenblick erinnere ich mich noch sehr gut – und Sie verstehen sicher, warum: Diese Äußerung ließ viel über ihn erkennen und vor allem darüber, *wie* seine Leistung zustande kam. Er hatte Sinn für Humor; er wußte, wie man Leuten näherkommt, um ihr Vertrauen zu gewinnen; er konnte selbstkritisch sein; er hatte keine Furcht, in sich selbst etwas von dem wiederzuerkennen, was er bei anderen behandelte, und doch vergaß er nicht den Unterschied zwischen sich und denen, die er behandelte oder zu behandeln versuchte. ›Jeder von denen ist anders‹, sagte er einmal zu mir, und mit Sicherheit glaubte er das auch. Für jeden, der mit schwer gestörten (und andere verstörenden) Straffälligen erfolgreich arbeiten will, dürften das die richtigen Grundsätze sein. Er muß nicht der große Theoretiker sein; er tastet sich vorwärts, hofft das Beste, macht sich Sorgen um das, was auf ihn zukommt – doch nicht mit dem großen Blick fürs Ganze.«

Natürlich war ihr klar, daß Aichhorn sich durchaus den »großen Blick fürs Ganze« und ein grundlegendes Verständnis für »widerspenstige« oder straffällige Jugendliche erarbeitet hatte. Während meiner Assistenzzeit in der Kinderpsychiatrie arbeitete auch ich ziemlich intensiv mit straffälligen Jugendlichen und vor allem mit Mädchen im Alter von zwölf bis 17 Jahren, die rauhesten und wildesten von allen, die in einer sogenannten »Besserungsanstalt« eingesperrt waren. Es verging kaum eine Woche, in der ich nicht die Schriften Aichhorns zu Rate zog, entweder aus eigenem Impuls oder weil ein Supervisor mir dazu riet. Diese Supervisoren zitierten Aichhorn auch häufig mit Kapitel- und Seitenangabe: seine Auffassungen, seine Erfahrungen, seine Schilderungen klinischer Fälle, seine Beschreibungen bestimmter Typen von Jugendlichen. Doch diese Schriften kamen mir nie wie theoretische Texte vor – eher wie die essayistischen Schriften eines bedeutenden Klinikers.

Dies ungefähr sagte ich auch Anna Freud, und sie verstand, was ich meinte. Doch auch sie wollte zu dieser Frage Stellung beziehen: »Aichhorn ist nicht Fenichel[1] – wenn es das ist, was Sie meinen. Doch die Theorie kennt ihre eigenen Freuden. Einigen Autoren theoretischer Aufsätze liegt viel daran, die Leser für sich zu gewinnen, anderen weniger. Manche liefern zahlreiche klinische Beispiele, andere überhaupt keine. Ich glaube, es ist fair, wenn man klarstellt, welche Vorlieben man hat – dazu hat jeder das Recht. Es braucht kein Entweder-Oder zu sein; man kann allgemeine Aussagen machen und sie durch klinische Falldarstellungen absichern – also ein Argument oder eine theoretische Position auf diese Weise illustrieren oder überhaupt erst zur Geltung bringen. Das passiert fortwährend... Wir haben doch alle diese Seminare besucht, wo die Sprache manchmal ziemlich ›dicht‹ wird und die Gereiztheiten nicht minder. Ich glaube, das passiert aus dem gleichen Grund, warum Leute auch in Gerichtssälen sich so erregt und ›abwehrend‹ verhalten: Dort beruft man sich auf Gesetze, und da erinnern sich viele von uns der Freuden der Jugend – als wir uns über Regeln hinwegsetzten. Wenn ein Analytiker einen Patienten beschreibt, dann erfährt man die persönliche Geschichte eines Menschen; wenn er aber eine Theorie verkündet, dann ist damit häufig die implizite Frage an den Zuhörer verbunden: Stimmen Sie zu oder nicht? Die Versuchung ist groß, den Kopf zu schütteln und nein zu sagen. Ich gebe zu, es gibt auch die andere Versuchung, ja zu sagen. Formulieren wir es so: Ein Theoretiker ist jemand, der versucht, etwas auf der Ebene allgemeiner Prinzipien zu verstehen und mitzuteilen.«

Nach einer Kaffeepause fragte sie mich, was ich vom eben Gesagten halte. Ich antwortete, daß ich dem kaum widersprechen könne, daß mir aber die Sprache mancher Theoretiker so undurchdringlich scheine, daß es schwerfällt, *nicht* ärgerlich zu werden. Sie lächelte und hakte nach: Sagte ich das aus ästhetischem Mißfallen, oder gab es »persönliche« oder »emotionale« Gründe für meine Reaktion? »Beides«, sagte ich und lachte. Sie lächelte wieder, und es schien, als seien wir am Ende dieses Seitenpfads angelangt. Doch nun wurde sie selbst etwas »persönlicher« und sogar »emotionaler«. Sie sprach über die Zwanglosigkeit, mit der sich ihr Vater zwischen illustrativen Beispielen aus seiner Praxis oder seinem eigenen Leben (etwa seine Träume) und allgemeinen Aussagen hin- und herbewegte – über die Essays, die ihm während seines gesamten Arbeitslebens so stetig aus der Feder flossen. Auch machte sie einige interessante – und für mich unerwartete – Bemerkungen über die Entwicklung der psychoanalytischen Ausbildung und deren Einfluß auf die »Theoriebildung«.

Hier einige Auszüge aus dieser Beinahe-Vorlesung: »Ich habe den Eindruck, daß *dichte* Theorie – also die Art von Theorie, die Sie nicht so zu mögen scheinen und die keine Verbindung zu klinischen Tatsachen hat – für uns immer wichtiger wird. Ich weiß nicht genau, warum das so ist. Vielleicht ist sie für einige von uns gleichbedeutend mit ›Wissenschaft‹. Vielleicht hat unsere Auswahl von Kandidaten damit zu tun, und wir kümmern uns vor allem um diejenigen, die Gesetzmäßigkeiten vortragen und analysieren, während wir die Dichter und Erzähler nicht für uns einnehmen. Ich dachte immer, gerade Ärzte müßten doch eigentlich Interesse an mehr Falldarstellungen haben, doch viele Ärzte fühlen sich von dichter Theorie nicht im mindesten abgestoßen. Meiner Erfahrung nach findet Aichhorn seine Anhänger heutzutage [1971] eher unter Sozialarbeitern, Pflegepersonal und Kinderärzten, die kein Interesse daran haben, ihre Intelligenz so einzusetzen, wie die Theoretiker uns das abverlangen... Sie sind ganz erfüllt von ihren Patienten und von der Erinnerung an Patienten, mit denen sie früher einmal gearbeitet haben, sie wollen mehr für sie tun, und sie wollen mehr tun für diejenigen, die ihnen noch folgen werden, und *dafür* wollen sie psychoanalytisch ausgebildet werden – nicht, um sich hinzusetzen und Ideen zu entwickeln und auszutauschen. Natürlich gibt es viele Psychologen, die darin versiert sind, auch viele Psychiater – die haben ihre medizinisch-praktische Ausbildung nur ›absolviert‹ und sind froh, von dieser Art klinischer Tätigkeit wegzukommen; und wenn sie ihre psychiatrische Ausbildung beginnen, vergessen sie vielleicht, wie wertvoll jene klinische Sichtweise sein kann. Denn jeder Fall ist anders. Das ist das Motto, das man im Gedächtnis behalten muß; dann wird man, glaube ich, ziemlich vorsichtig mit ›allgemeinen‹ Aussagen.

Aber wenn ich so weitermache, verplaudere ich mich noch ins Uferlose. Es wäre doch eine Ironie, würde ich heute eine Theorie aufstellen über Theoriebildung und über Theoretiker – wer sie sind und warum sie das machen. Ich denke, die meisten von uns denken einmal so und dann wieder so, wenn wir Patienten empfangen oder an Seminaren teilnehmen, in denen es um die Diskussion von Theorien geht. Wir verfolgen mit größter Aufmerksamkeit alles, was ein Patient sagt oder tut, und ab und zu treten wir einen Schritt zurück und fragen uns: Worauf läuft das alles hinaus, wie ist diese Person im Vergleich zu anderen, die wir schon erlebt haben oder deren Beschreibung wir aus Zeitschriften oder Lehrbüchern kennen? Wahrscheinlich gehen wir nicht alle auf *gleiche* Distanz – der eine hält an einem bestimmten Punkt inne, während der andere über alle möglichen theoretischen Konstrukte nachdenkt, sogar während sein Patient weiterspricht oder während er mit Spielzeug oder mit Farben beschäftigt ist. Man sagt, daß jeder anders ist; wenn das stimmt, dann gilt wahrscheinlich auch, daß jeder eine andere Haltung gegenüber der Theorie einnimmt und sie anders einsetzt.«

Während dieser letzten Worte kam mir in den Sinn, was sie zu Beginn des 3. Kapitels ihres wegweisenden Buchs *Das Ich und die Abwehrmechanismen* schreibt. Zuvor hat sie den Leser daran erinnert, daß das Ich »die Stätte der Beobachtung« ist, und sie hat mit atemberaubender Klarheit »die Verwertung der analytischen Technik zum Studium der psychischen Instanzen« erläutert – ein Überblick über die Ziele der Analyse und die Hindernisse, die sich ihr entgegenstellen. Nun soll es um

»die Abwehrtätigkeit des Ichs als Objekt der Analyse« gehen, doch zunächst unterbricht sie die recht abstrakte Darstellung und schreibt: »Die langwierigen und umständlichen theoretischen Auseinandersetzungen des letzten Kapitels lassen sich im Praktischen in wenige einfache Sätze zusammenfassen.« Ich erinnerte mich daran, wie ich zum ersten Mal auf diesen Satz stieß. Die Lektüre des Buchs war uns von einem psychoanalytischen »Lehrer« (so hieß das Ende der fünfziger Jahre merkwürdigerweise) aufgetragen worden. Schon damals wunderte ich mich über das Wort »langwierig«: Ein Analytiker, der sich um eine klare theoretische Darstellung bemühte, würde diesen Ausdruck gewiß nicht zufällig gebrauchen, und um so bemerkenswerter war er bei jemandem, der so auf das einzelne Wort achtete, der so sensibel gegenüber der Sprache und ihren Bedeutungsnuancen war. So dachte ich damals, und so denke ich noch heute.

Wir blieben noch ein wenig beim Thema »Theorie« und sprachen über jenes spezifische Gleichgewicht in den Schriften ihres Vaters: auf der einen Seite die persönliche Stimme des Arztes und seiner Träume oder die Stimme des Patienten, der unter Alpträumen leidet; auf der anderen Seite der Meister der prägnanten, rationalen Analyse menschlicher Beziehungen, der bestrebt ist, allgemeine Aussagen so zu formulieren, daß sie einem gebildeten Publikum ohne weiteres verständlich sind. Noch immer dachte ich über ihre Bemerkung zu den »langwierigen und umständlichen theoretischen Auseinandersetzungen« nach, zögerte jedoch, sie danach zu fragen; statt dessen sprach ich über eine gewisse »Spannung« in einigen Texten Freuds: zwischen dem scharfsichtigen Autor, der ständig um Klarheit im Sinne seiner Leser bemüht ist, und dem Theoretiker, der Ideen zusammenfügt und sie sowohl mit formalem Ebenmaß als auch mit dem Gewicht der Bedeutung auszustatten sucht. Sie nickte, doch ein spöttisches Lächeln verriet mit, daß ihr das Wort »Spannung« nicht entgangen war. Ich versuchte, in allgemeinere Gefilde überzugehen und selbst ein wenig theoretisch zu werden: Diese »Spannung« gehöre zur emotionalen Erfahrung vieler, die soziale oder psychologische Beobachtungen anstellen. Denn einerseits möchten sie der menschlichen Besonderheit und Komplexität gerecht werden, andererseits aber auch das, was sie sehen und hören, in theoretischen Konzepten und Vorstellungen integrieren.

Sie reagierte lebhaft auf diese nicht besonders originelle Bemerkung. Ich hatte befürchtet, sie werde meine Skepsis in bezug auf eine bestimmte Art von Theoriebildung beanstanden, und wollte daher das Thema abschließen. Statt dessen gab sie mir eine offene und bewegende Erklärung zu ihrer eigenen Laufbahn als Theoretikerin: »Mancher Geist funktioniert mit Theorie besser, mancher weniger gut. Einige lieben es, Theorien zu entwickeln, andere können dem überhaupt nichts abgewinnen – sie haben nicht einmal Lust, darüber nachzudenken. Ich kenne Analytiker, die gerne Theorien diskutieren, die es aber niemals auf sich nehmen würden, darüber zu schreiben. Natürlich gibt es immer welche, die darüber schreiben – und die sich nur wohl fühlen, wenn über *ihre* Schriften diskutiert wird, nicht über die anderer. Einer meiner Patienten, ein Schriftsteller, sprach einmal über die ›Eitelkeit‹, die er bei anderen Romanautoren erkannte, wenn diese über ihre Arbeit redeten. In dieser Stunde hatte er zunächst von seiner eigenen ›Eitelkeit‹ erzählt – vom Kampf gegen seinen Narzißmus, der, wie wir allmählich erkannten, die Folge einer Kindheit war, in der man ihn viel zu viel allein gelassen hatte. Seine Eltern hatten sich scheiden lassen; sein Vater ging nach Südfrankreich und später nach Südamerika, und seiner Mutter war es sehr um ihr eigenes Leben zu tun – sie machte erfolgreich Karriere, und es war ihr wichtig, von Männern umgeben zu sein.

Dieser Patient stellte nun die ›Eitelkeit‹ der Schriftsteller jener Art von Emotionen gegenüber, die, wie er glaubte, unter Psychoanalytikern vorherrschend waren. Selbstverständlich fragte ich ihn, was für ›Emotionen‹ das seiner Ansicht nach seien – doch er konnte über uns nichts Spezifisches aussagen.

Er versicherte mir, wie ›gut‹ wir seien, und wiederholte dann, wie ›schlecht‹ dagegen die Schriftsteller seien – er selbst eingeschlossen. Ein zweites Mal forderte ich ihn auf, genauer zu sagen, was es mit dieser ›Schlechtigkeit‹ auf sich habe. Da kam er wieder auf das Thema der ›Eitelkeit‹ zu sprechen, und allmählich fiel mir an ihm eine gewisse Überheblichkeit auf: Begabt seien die Schriftsteller, aber eitel, eitel und nochmals eitel, mehr als alle anderen – eine Art von Vollkommenheit geradezu! Ich erinnere mich, wie ich in mich hineinlachte – ›Eitelkeit‹ gibt es auch bei uns, und nicht zuwenig. Er bat mich, mehr dazu zu sagen, doch ich wollte nicht zuviel mitteilen, ich wollte, daß *er* noch weiter über dieses Thema sprach. Immerhin erwähnte ich, daß auch wir schriftstellerisch tätig sind. Unser Schreiben sei aber ›anders‹, erwiderte er rasch. Natürlich bat ich ihn, mir den Unterschied zu erklären, und das tat er dann auch: Ich bekam einen Vortrag darüber zu hören, wie viel seiner selbst ein Schriftsteller in seine Erzählungen oder Romane einfließen läßt, während ›ihr‹ – damit meinte er alle, die ›wissenschaftliche Texte‹ verfassen – über ›die Wahrheit‹ schreibt, über ›eure Entdeckungen‹.

Wieder mußte ich verstohlen lachen. In bezug auf Leute wie mich, antwortete ich ihm, scheine mir diese Unterscheidung doch ziemlich großzügig, *zu* großzügig. Weiter ging ich nicht darauf ein; doch Monate später kamen wir erneut auf dieses Thema und waren nun in der Lage, ein völlig anderes Gespräch darüber zu führen. Es kam für ihn nicht überraschend, als ich nun erklärte, daß ›Eitelkeit‹ auch unter psychoanalytischen Autoren anzutreffen sei – schließlich sind auch sie Menschen. *Er* entwirft Romane, bringt sich selbst ein in das, was er tut, seine Talente, seine Fehler und Schwächen; *wir* entwerfen Theorien – jedenfalls einige von uns –, und dabei findet der gleiche Akt des ›Investierens‹ statt. Als ich diesen Vergleich gezogen hatte, schien mir, als habe ich damit mehr gesagt, als ich eigentlich wollte. Manchmal, wenn ich gegenüber Theorien etwas skeptisch werde, halte ich mich strikt an das Gesagte, so wie mein Patient. Auch ich mache mir Gedanken über die ›Eitelkeit‹, den Ehrgeiz und die hohe Selbsteinschätzung von Theoretikern – vor allem, wenn zuwenig getan wird, um die Theorie mit den tatsächlichen Schicksalen der Menschen zu konfrontieren, also zu prüfen, ob sie sich klinisch bestätigen läßt.«

Dem wollte ich bestimmt nicht widersprechen. Was ich da vernommen hatte, hatte ich schon früher gehört und würde es wieder hören: jene Seite Anna Freuds, die – da war ich mir ganz sicher – jene Bemerkung über die »langwierigen und umständlichen theoretischen Auseinandersetzungen« in *Das Ich und die Abwehrmechanismen* veranlaßt hatte. Doch die beiden Kapitel, die sie so streng kritisierte, sind gar nicht so langwierig und erst recht nicht umständlich. Sie sind kurz (insgesamt weniger als 25 Seiten), lebendig und klar geschrieben – eine prägnante und gut gegliederte Darstellung der Grundlagen psychoanalytischer Arbeit. Zu einer Zeit (1936), da noch nicht allzu viele psychoanalytische Autoren sich die Mühe gemacht hatten, zu erklären, was in einer Analyse eigentlich vor sich geht, skizzierte sie »Widerstände«, denen der Analytiker begegnet; die Strategien, die er einsetzt, um das Aufkommen von Ängsten zu vermeiden; das Entstehen der sogenannten »Übertragungsneurose«, wobei der Patient auf den Analytiker mit Gefühlen und Verhaltensweisen reagiert, die früher auf die Eltern bezogen waren, während der Analytiker in den inneren Kampf dieser Gefühle verwickelt wird und nun seinerseits auf eine Art und Weise reagiert, die ihren Ursprung nicht in der Kindheit des Patienten hat, sondern in der Kindheit jener Person *hinter* der Couch. Obgleich sie sich in ihrer Rolle als große Theoretikerin nicht ganz wohl fühlte – von daher ihre rechtfertigende, wenn nicht sogar selbstkritische Bemerkung –, ließ sie sich nicht davon abhalten, jenes Buch zu vollenden, das zu einem bedeutenden theoretischen Beitrag werden sollte: Eine eindringliche und präzise Untersuchung des Ichs, dessen Bedeutung auf neue und überzeugende Weise herausgestellt wird

– geschrieben für Analytiker, die sich bis dahin ganz auf das unbewußte Triebleben, das »Es«, konzentriert hatten.

»Irgendwie war bei vielen Analytikern die Meinung entstanden«, schreibt Anna Freud, »man sei ein um so besserer wissenschaftlicher und therapeutischer Arbeiter innerhalb der Analyse, auf je tiefere Schichten des Seelenlebens man sein Interesse richte.« Mit diesem herrlich unbestimmten und unschuldigen »irgendwie« – ein Wort, das sie häufig gebrauchte – vermeidet sie eine längere Diskussion des Einflusses, den bestimmte Vorstellungen und Theorien unter bestimmten Umständen auf bestimmte Menschen ausüben. Natürlich hatte dieses »irgendwie« mit dem Hervortreten ihres Vaters als eine der bedeutendsten intellektuellen Figuren des 20. Jahrhunderts zu tun. Es war gar nicht zu vermeiden, daß sie dabei auch an die gesamte Reihe seiner Werke dachte, bis hin zu seinem letzten wichtigen theoretischen Versuch, *Das Ich und das Es*, der 1923 erschien, dreizehn Jahre vor ihrem eigenen Buch. In dieser Arbeit zeigt sich der Kliniker und Theoretiker Freud stark beeindruckt von der Macht und der Gewalt des Es sowie – auf der anderen Seite – von der Verletzlichkeit des Ichs. Letzteres nennt er »ein armes Ding, welches unter dreierlei Dienstbarkeiten steht und demzufolge unter den Drohungen von dreierlei Gefahren leidet, von der Außenwelt her, von der Libido des Es und von der Strenge des Über-Ichs«. Doch ist er auch bemüht zu zeigen, was das Ich dagegen unternehmen kann: »Das Ich entwickelt sich von der Triebwahrnehmung zur Triebbeherrschung, vom Triebgehorsam zur Triebhemmung.« Ausführlich geht er auf das Problem der Sublimation ein – jener bedeutsame und doch alltägliche Sieg, den Millionen von Ichs in ihrem Kampf gegen Millionen von Es erringen. Gerade die von Freud so schwer erkämpfte Psychoanalyse (einschließlich der von ihm verfaßten Werke) bezeugt, was eines dieser Ichs gegen eines jener Es zu erreichen vermochte. Die von Freud gern gebrauchte militärische Metaphorik kommt hier im Namen all derer zum Einsatz, denen seine Selbstanalyse letztlich zugute kommen soll – durch Vermittlung seiner Nachfolger: »Die Psychoanalyse ist ein Werkzeug, welches dem Ich die fortschreitende Eroberung des Es ermöglichen soll.«

Je größer die Macht, die dem Es zugesprochen wird, desto größer die Bewunderung, die wir denen entgegenbringen, die mit diesem Es kämpfen: die Psychoanalytiker und ihre Patienten, die in ihre Fußstapfen treten. Doch der wachsende Ruhm und Erfolg der Psychoanalyse innerhalb der bürgerlichen Welt des Westens ließ schließlich Zweifel daran aufkommen, ob das Es tatsächlich ein allgegenwärtiger und mächtiger Protagonist ist, vor dem alles andere als schwächliche Opposition erscheint, die ständig nahe daran ist, gestürzt zu werden. Ironischerweise bezeugen viele Patienten Freuds genau das Gegenteil: die ungeheure Macht von Ich und Überich über das Triebleben. Freuds »Eros« und »Thanatos« übten zwar erheblichen Druck auf diese Menschen aus, doch kann keine Rede davon sein, daß einer dieser mutmaßlichen Triebe die Macht an sich gerissen hätte. Der Preis dafür mag die Neurose gewesen sein, dieser nach Freud weitverbreitete Zustand – doch das Ergebnis war ein Es, das viel zu gehemmt, eingeengt, in Schach gehalten war, das viel zu gründlich »zivilisiert« war, oft bis zu einem Punkt, da die Patienten überhaupt kein Sexualleben mehr hatten und ihre aggressiven Energien gründlich eliminiert oder in so unheroische Eigenschaften wie Schüchternheit, Bescheidenheit oder Ängstlichkeit transformiert waren.

Ende der zwanziger, Anfang der dreißiger Jahre begann Freud, sich mehr mit Thanatos zu beschäftigen, der nicht nur erneut Einfluß auf seine Schriften zu nehmen schien, sondern auch auf die Welt Hitlers, Mussolinis und Stalins. Währenddessen blieb eine wachsende Zahl von Analytikern dabei, das Es abzuwehren, vor allem den Trieb Eros – stets ein ernstzunehmender und würdiger Gegner. In den dreißiger Jahren verschaffte dieser Kampf jedem Analytiker einen Abglanz von Freuds wachsendem Ruhm – und die Ehre, als mutiger Kliniker und als (selbsternannter) Jünger eines klugen Mannes betrachtet zu werden, der zunehmend als Seher, ja als Ikone des 20. Jahrhunderts galt. Sich selbst als Objekt tiefster Verehrung zu erleben dürfte Freud jedoch nicht sehr überrascht haben, nicht einmal Anfang und Mitte der dreißiger Jahre. Schon viele Jahre zuvor hatte er seinen frühesten Mitarbeitern Ringe ausgehändigt – als wolle er ihre Verbindung mit mystischen Banden besiegeln: einsame Sucher verborgener Wahrheiten in einer fremden, abweisenden Welt. Wie zu erwarten war, kam es zu Meinungsverschiedenheiten, und vor dem Hintergrund der intensiven, quasireligiösen Natur dieser Verbindung – der ursprünglich überwiegend jüdische Männer mittleren Alters angehörten, alle aus dem Mittelstand – endeten diese Auseinandersetzungen im »Treubruch«, wonach sich die Abtrünnigen in rivalisierenden »Bewegungen« zusammenschlossen. Dennoch beherrschte der ursprüngliche Kreis auch weiterhin zahlreiche intellektuelle und kulturelle Milieus – auch medizinische, vor allem in den englischsprachigen Ländern und insbesondere in den USA. Während Freud selbst seine Ideen einer sorgfältigen und bisweilen auch grundlegenden Revision unterzog, schlossen sich andere noch enger an ihn an und dienten ihm und seinem Werk mit jener Inbrunst, die man unter agnostisch eingestellten Gebildeten häufig antrifft: An die Stelle der verhaßten *expliziten* Religion tritt bei ihnen ein anderer, ebenso glühender Enthusiasmus.

Die Psychoanalytikerin Grete Bibring, die im Wien der zwanziger Jahre zum Kreis um Freud gehörte, erzählte mir einmal, wie es ihr und ihrem Ehemann Edward Bibring (ebenfalls ein Analytiker) bei ihrer Ankunft in England und später in Amerika ergangen war: »Wir wurden aus unserem Heimatland vertrieben, wo wir zuvor kaum bekannt gewesen waren. Nun kamen wir plötzlich in ein fremdes Land, wo uns die Leute mit Respekt und sogar mit Bewunderung entgegentraten. Für uns eine völlig neue Reaktion. Wir wurden hierhin und dorthin eingeladen, sollten diesen und jenen kennenlernen – ich mußte mich erst mal kneifen: War das dieselbe Welt, in der wir die ganze Zeit gelebt hatten? Nein, es war nicht dieselbe, das begriffen wir allmählich. Wir waren aus tiefster Nacht in den sonnenhellen Tag gelangt. Einmal sagte mein Mann zu mir: ›Diese Aufmerksamkeit, das wird ein bißchen zuviel, findest du nicht?‹ Ja, sagte ich. Eine Zeitlang konnten wir das tolerieren, nach allem, was wir durchgemacht hatten. Doch nun merkten wir, daß diese freundliche Anteilnahme auch eine durchaus zwiespältige Wohltat sein konnte. Wenn die Leute auf jedes Wort achten, einem jedes Wort geradezu von den Lippen lesen – dann muß man auch auf jedes Wort achten, das man spricht. In Wien hatten wir uns einfach getroffen, uns unterhalten, man stimmte einander zu oder auch nicht, man änderte seine Meinung – und außer uns selbst kümmerte sich niemand darum. Doch jetzt, kaum machte ich eine Bemerkung, da zitierten sie die Leute schon, als wäre ich geradewegs der Bibel entsprungen. Ich hatte das Gefühl, den ganzen Tag über ernst bleiben zu müssen, keinen Scherz mehr machen zu dürfen, vor allem nicht über mich selbst.«

Was Grete Bibring nur im Exil erlebte, war Anna Freud 1936 sicher schon seit Jahren vertraut. Als Sekretärin ihres Vaters war sie von der Lobhudelei mitbetroffen, die ihm von allen Seiten entgegengebracht wurde, ungeachtet der in Wien vorherrschenden engstirnigen Feindseligkeit und der sich verschlimmernden politischen Situation. Freud war bereits in die Geschichte eingegangen, und das rief zahlreiche Anhänger, Bewunderer, Möchtegern-Jünger und -Schüler auf den Plan. Jedes seiner Worte war von größter Wichtigkeit, obwohl er selbst seine Auffassungen in bestimmten Punkten änderte, den Schwerpunkt seines Interesses verlagerte und überhaupt in seinen Schriften das fehlbare menschliche Wesen, das er ja zweifellos war, stets zu erkennen gab. Doch begeisterte Rekruten einer intellektuellen »Bewegung« – vor allem, wenn diese auch ein therapeutisches Moment hat – zeigen in den seltensten Fällen eine Spur irdischer Skepsis – und das, obwohl dieselben Menschen in anderen Zusammenhängen außerordentlich skeptisch und sogar zynisch sein können.«Jeden Tag«, fuhr Grete Bibring fort, »bekam ich zu hören: ›Freud hat dieses und jenes gesagt, Freud hat dieses und jenes geschrieben.‹ Dauernd wurde ich als ›eine von Dr. Sigmund Freuds Mitarbeiterinnen‹ vorgestellt; und manchmal hieß es sogar: ›Dr. Freud und Dr. Bibring sagen...‹ Das war, wie ich mir selber sagen mußte, ›einfach zuviel‹.«

Vor diesem Hintergrund gewinnt der folgende Satz, der dritte in *Das Ich und die Abwehrmechanismen*, besondere Bedeutung: »Jeder Aufstieg des Interesses von den tieferen zu den oberflächlicheren seelischen Schichten, also jede Wendung der Forschung vom Es zum Ich wurde als Beginn der Abkehr von der Psychoanalyse überhaupt gewertet.« »Abkehr«: Das ist die Preisgabe der eigenen moralischen, religiösen, politischen oder geistigen Überzeugungen, eine ketzerische Modifikation der eigenen Werte, Glaubensinhalte oder Prinzipien. Diesen Ausdruck im Zusammenhang mit einer Gruppe von Wissenschaftlern zu gebrauchen und damit zu verstehen zu geben, diese hätten gegen ihre Kollegen und Mitarbeiter eine derartige Anklage erhoben, heißt nichts anderes, als zu behaupten, daß die Psychoanalyse schon damals zu einem Glaubensbekenntnis geworden war – während ihr Begründer noch intellektuell auf der Höhe war, zu neuen Formulierungen fand und Ursachen und Wirkungen neu bewertete. Anders gesagt: Die Theoretikerin Anna Freud benannte hier ihre eigenen Werte und Prinzipien – vor allem die einer vorbehaltlosen Prüfung in der Tradition naturwissenschaftlicher Forschung.

Jahrzehnte später suchte sie sich zurückzuversetzen in jene Zeit, da sie von »Abkehr« gesprochen hatte – eine noch junge Psychoanalytikerin, erfüllt von Ideen und Idealen: »Nein, damit wollte ich niemand besonderem einen Rüffel erteilen. Streitsüchtig war ich nicht, eher ironisch. Ich wußte, wieviel Ergebenheit mein Vater bei zahlreichen Leuten damals weckte, und ich wußte, von welch ungeheurer Bedeutung seine Ideen für sie waren: Sie wollten handeln, sprechen und denken wie *er*. Doch ich hatte das Gefühl, sie folgten ihm nicht *aufmerksam* genug, und das war einer meiner Gründe. Außerdem hatte ich den Eindruck, daß die Sache allmählich etwas außer Kontrolle geriet – daß die Psychoanalyse sozusagen ›verkürzt‹ wurde, denn mein Vater war doch immer der Auffassung gewesen, daß wir uns keineswegs auf die Analyse der Triebe beschränken sollten. Schließlich sind wir nicht nur ›Getriebene‹. Um es deutlich zu sagen: Wir mit unserem psychoanalytischen Beruf sind Leute, die Triebe analysieren – und das bedeutet, daß unser Ich ziemlich stark ist (hoffe ich jedenfalls). Wir haben gelernt, das Seelenleben anderer wie auch unser eigenes zu erkunden, und wir tun das mit einem ziemlich robusten Ich, hoffe ich. Wenn wir begreifen wollen, wie wir selbst funktionieren und wie unsere Patienten funktionieren – und das sind häufig sehr fähige und kultivierte Menschen, auch wenn sie ihre ›Probleme‹ haben –, dann sollten wir am besten ein *großes* Netz auswerfen. Und wenn wir das *nicht* tun, sollten wir versuchen, den Grund dafür herauszubekommen. Vielleicht eine ›Hemmung‹?«

Sie unterbrach sich und lächelte, während ich ihren Kommentar auskostete. Aber gleich kam sie wieder auf unser Thema zurück: »Es ist nicht einfach, sich zurückzuversetzen und die Dinge so zu sehen, wie andere sie sahen. Als ich an *Das Ich und die Abwehrmechanismen* arbeitete, ging ich auf die Vierzig zu, wenn ich mich recht erinnere. [Sie war 41, als das Buch veröffentlicht wurde.] Die älteste Gruppe von Analytikern gehörte einer anderen Generation an. Einige waren bereits gestorben, andere waren schon in den Siebzigern oder Achtzigern. Ich wollte deutlich machen, daß die Zeit für neue Untersuchungen gekommen war; sie jedoch erinnerten sich daran, wie schwierig es gewesen war, *ihre* Entdeckungen zu machen, und wie lange die Welt sich taub gestellt hatte – und als sie endlich aufmerksam wurde, gab es einen wütenden Empfang. Wenn man mißverstanden und beschimpft worden ist, wenn die eigenen Motive, die Funktionsweise des Geistes zu ergründen, in Frage gestellt wurden – dann wird man erst einmal zurückschrecken, wenn jemand daherkommt und sagt, die Zeit sei reif für einen neuen Ansatz.«

Ein solcher Versuch, andere zu verstehen, mit denen man nicht einer Meinung ist, fällt nicht gerade leicht – das gab sie später ganz offen zu. Auch rief sie sich (und mir) ins Bewußtsein, daß ein Zuviel an derartigem »Verständnis« jeden Ausdruck eigener tiefempfundener Überzeugungen ersticken kann. »Ich legte einfach los und sagte, was meiner Ansicht nach zu sagen war«, erinnerte sie sich. »Vielleicht hätte ich einige meiner heutigen Argumente auch damals schon vorbringen und damit einen Kontext für meine Äußerungen liefern können. Doch damals ging es mir nicht um ›Kontexte‹ – ich meine, für jene älteren Analytiker. Vielmehr versuchte ich, einen Kontext für meine eigene Generation von Analytikern zu schaffen.«

Sie versuchte, das Ich so genau wie möglich zu kartographieren, seine Funktionsweise (seine »Mechanismen«) zu zeigen und diese theoretischen Behauptungen durch klinische Beispiele zu veranschaulichen. Vor allem ging es ihr darum, einen Teil des Unbewußten für das Ich zu reklamieren und der Auffassung entgegenzutreten, daß Unbewußte sei identisch mit dem Triebleben (jenem »brodelnden Kessel«, wie Freud in einem seiner impulsiveren Momente das Es nannte). Sicherlich sind wir »getrieben« von den Begierden und Rasereien, die Freud metapsychologisch unter dem Begriff des Es zusammenfaßte – jene Impulse und Antriebe, die gewöhnlich nicht unmittelbar an der Oberfläche erscheinen, und wenn sie es doch tun, Unbehagen und Furcht auslösen. Doch unser unbewußtes Leben hat noch eine andere Seite: die raffinierten Manöver, die jeder Mensch von Kindheit an erlernt, um mit jenen Impulsen und Antrieben fertig zu werden. So lernen zum Beispiel manche, sie anderen zuzuweisen, statt sich mit ihrer Gegenwart im eigenen Innern zu konfrontieren. Andere wiederum lernen, sich selbst außerordentlich gut zu kontrollieren und sogar die

Bandbreite der eigenen Interessen und Beziehungen einzuschränken, damit sich jene »Triebe« nicht geltend machen können. Einige geben sich die größte Mühe, die Dinge immerzu auf den Kopf zu stellen: Sie loben, wenn sie eigentlich tadeln wollen, und sie bekunden Zuneigung, wo sie Groll oder Neid empfinden. Viele lernen, die Energie, die mit jenen Trieben verknüpft ist, in der »höheren« Sphäre von Hobbys, beruflichen Tätigkeiten und Interessen wie Kunst, Literatur oder Wissenschaft zum Ausdruck zu bringen. Heutzutage erscheint uns keiner dieser Aspekte der menschlichen Existenz besonders überraschend, denn über mehr als ein halbes Jahrhundert haben Psychoanalytiker sich und uns über jene mentalen Taktiken aufgeklärt: Die nützliche Erfindung von »Projektionen«; die Beschränkungen des Ichs, die uns hilfreich erscheinen; die »Reaktionsbildungen«, aufgrund derer wir uns wie Uriah Heep[3] benehmen, während wir »tief im Innern« jemanden am liebsten prügeln und anschreien würden; die »Sublimationen«, die dafür sorgen, daß wir unsere Leidenschaften als intensive, dauerhafte Bindungen an Kunst und Wissenschaft oder als lebenslange Hingabe an einen Beruf ausleben.

Doch Anfang der dreißiger Jahre maß man diesen Dimensionen unseres Unbewußten noch nicht die Bedeutung bei, die ihnen aufgrund ihres psychischen Einflusses auf unseren Alltag zukommt. In gewissem Sinne hatte die Psychoanalyse als eine Erkundung der *Nacht* begonnen – der Träume nämlich, die unsere sonst verborgenen Sehnsüchte enthüllen. Doch die Nacht erstreckt sich bis in den Tag, wie Freud uns gelehrt hat: unsere Tagträume, die »Versprecher«, die wir aus dem eigenen Munde vernehmen, Fehler beim Lesen, schließlich auch unsere Scherze. Die frühen Psychoanalytiker unter Leitung ihres Obermentors Freud waren ganz damit beschäftigt, diese verräterischen Schatten zu verstehen. Doch das ist längst nicht alles, was wir tun: beim Sprechen bedeutungsvoll straucheln; bei humoristischen Bemühungen uns entlarven; unsere Gedanken und Gefühle frei umherschweifen lassen mit Menschen von der Straße, aus Inseraten oder aus unserer Einbildung – und das alles nur, um unsere privatesten Phantasien zuzulassen. Einen beträchtlichen Teil unserer Zeit leben wir im hellen Tageslicht – als fähige, aktive Männer und Frauen, die bestimmten Menschen verbunden und bestimmten Verpflichtungen treu sind.

Diese Tatsache war es, die Anna Freud gegenwärtig war, als sie ihre Theorie formulierte. Ihr war bewußt, daß das Ich einerseits flexibel und robust, andererseits aber auch überlastet und häufig sogar schwer mitgenommen ist. Denn es ist verwundbar gegenüber den gewaltigen Anforderungen von Biologie, Gesellschaft und Kultur, von neurophysiologischer und historischer Realität, wie sie sich im alltäglichen Leben jedes einzelnen Menschen darstellt: zu Hause, bei der Arbeit, innerhalb der Familie, der nachbarschaftlichen Umgebung und darüber hinaus. Sie zählt »neun Abwehrmethoden« auf, die – wie sie bescheiden anmerkt – »in der Analysenpraxis und -theorie gut bekannt und ausführlich beschrieben« seien. Dabei war ihr eigenes Buch ein mindestens ebenso umfassender und tiefschürfender Versuch in dieser Richtung. Zu jenen neun Mechanismen oder »Methoden« – darunter Projektion, Introjektion, Verdrängung und Reaktionsbildung – fügt sie dann noch eine zehnte hinzu, »die mehr dem Studium der Normalität als dem der Neurose angehört, nämlich die Sublimierung oder die Verschiebung des Triebziels«.

Daß es ihr um mehr geht als um eine Theorie der Abwehrmechanismen, verdeutlicht gerade ihre Betonung der Sublimation, wobei sie daran erinnert, daß die psychoanalytische Theorie sich auch mit der »Normalität« beschäftigen sollte. Um ihre Argumente zu illustrieren, bezieht sie sich fortwährend auf die Schicksale von Patienten, und ohne Zweifel waren es diese Fallgeschichten – besser gesagt, ihr scharfsichtiger, vorurteilsloser Blick darauf –, die ihren theoretischen Neigungen feste Grenzen setzten. So ist sie zum Beispiel an einer Stelle versucht, eine »zeitliche Einordnung« der Abwehrmechanismen vorzunehmen, also abzuschätzen, wann welcher Mechanismus beim

Kind in Erscheinung tritt. Doch davon nimmt sie wieder Abstand unter Hinweis auf theoretische Meinungsverschiedenheiten; es gebe offenkundige Inkonsistenzen und Widersprüche. »Eine zeitliche Einteilung der Abwehrmechanismen müßte also alle Zweifel und Unsicherheiten teilen, die den Zeitbestimmungen in der Analyse heute noch anhaften.« Daß sie hier von »Bestimmungen« spricht, ist natürlich kein Zufall – ein gedämpfter Hieb gegen die unter Psychiatern verbreitete Neigung, um jeden Preis eine Ordnung, eine Struktur einzuführen und zu einer gesicherten Chronologie zu gelangen. Wir alle sind ja stets eifrig bemüht, diese Merkmale dem in unserem Kopf herrschenden »summenden und dröhnenden Chaos« (William James) aufzuzwingen. »Es ist darum vielleicht besser«, schließt Anna Freud, »diesen Versuch einer Klassifikation der Mechanismen nicht weiterzuverfolgen und statt dessen lieber die Einzelheiten der Abwehrsituation selber besser zu studieren.«

Bedenkt man, daß diese Theoretikerin nach einem Drittel des Buches längst deutlich gemacht hat, daß sie den Gegenstand, um den es geht, wirklich beherrscht, dann ist dieser letztere, scheinbar resignative Gedanke geradezu das Gegenteil einer »Bestimmung«, und das mit sehr weitreichenden Implikationen. Ihre Untersuchung der innerpsychischen Kämpfe gewinnt nun einen völlig anderen Charakter: Sie schlägt eine sorgfältige Untersuchung der verschiedenen »Situationen« vor, die bei bestimmten Patienten oder Versuchspersonen bestimmte psychische Reaktionen hervorrufen. Anna Freud besteht also auf »direkter Beobachtung« – so hat sie das später stets genannt –, eine Beobachtung, die besonderen Akzent auf das Familienleben, den sozialen Druck und auf die in Schulen vorherrschende Dynamik legt, wobei es um die Frage geht, welche Situationen einen bestimmten Abwehrmechanismus hervorrufen oder blockieren. In dieser Hinsicht vertritt sie eindeutig einen psychologischen »Environmentalismus« – auch wenn sie und die meisten anderen Psychoanalytiker ganz anders eingeschätzt werden, vor allem von denen, die sich verständlicherweise über die nahezu uneingeschränkte Bedeutung ärgern, welche die orthodoxe Psychoanalyse den »Trieben« und der »Libido« beigemessen hat. Letzteres gilt insbesondere für Freud selbst und seine unmittelbaren Nachfolger. Später hat Erik H. Erikson die psychoanalytische Theorie, die dem Einfluß der »Natur« auf unser Leben absoluten Vorrang gab, zu einer stärkeren Beachtung der »Erziehung« geführt. Doch seine Analytikerin und Lehrerin Anna Freud war es, die für sein (etwa fünfzehn Jahre später publiziertes) Werk die Voraussetzung schuf, indem sie nachdrücklich forderte, das Kind und seine jeweils besondere Welt, auf die sein Ich und seine Libido reagieren, *situationsbezogen* zu betrachten.

Während mehrerer langer Gespräche, die ich in den siebziger Jahren mit Anna Freud führte, kamen wir immer wieder auf diese Stelle in ihrem Buch zurück. Einmal hatte auch ich Gelegenheit, mir ihre Forderung sehr zu Herzen zu nehmen, und davon erzählte ich ihr: Ich lebte in den sechziger Jahren in New Orleans und arbeitete dort mit schwarzen Kindern, die – bisweilen gegen größte Widerstände – die Aufhebung der Rassentrennung an Schulen initiierten. Wie schon erwähnt, war ich damals auch in Analyse und nahm an Seminaren des Psychoanalytischen Instituts teil. Ich versuchte herauszubekommen, was mit schwarzen Kindern passiert, Erstkläßlern, die sich ihren Weg durch den Mob bahnen müssen, um eine Schule zu besuchen, die von weißen Eltern und deren Kindern boykottiert wird. Von diesen Kindern erzählte ich ihr, auch von anderen, die ich im Süden kennengelernt hatte, und dabei kamen auch die von ihnen aufgebotenen »Abwehrmechanismen« ausführlich zur Sprache. Aufmerksam hörte sie mir zu und lauschte auch den von mir auf Band aufgenommenen Interviews, die ich in New Orleans zunächst mit vier schwarzen Mädchen, dann auch mit weißen Kindern nach deren Rückkehr in die Schule gemacht hatte. (Einige Male zeichnete ich auch mein Gespräch mit Anna Freud auf, während sie den Interviews mit jenen Kindern zuhörte – »oral history« auf zwei Ebenen.) Dabei wies sie mich auf bestimmte psychologische Vorgänge hin, die ich noch gar nicht mitbekommen hatte: so zum Beispiel die subtile Art und Weise, wie die öffentliche Anprangerung durch die Menge die Einstellung dieser Kinder gegenüber sich selbst prägte, so daß sie sich in bestimmten Augenblicken unerklärlich »niedergeschlagen« fühlten, trotz ihres tapferen Versuchs, den Kopf hoch zu tragen; oder auch ihre interessante und moralisch provokative Strategie, mit eigenen Sorgen und Ängsten dadurch fertig zu werden, daß sie den Leuten, die sie schikanierten, Mitgefühl und sogar ernste religiöse Besorgnis entgegenbrachten.

Der Kommentar von Anna Freud lautete (wobei ich ihre über einen Vormittag verstreuten Äußerungen zusammenziehe): »Sie haben recht, diese Kinder waren stoisch und, wie sich herausstellte, auch stärker, als Sie für möglich hielten. Es führt zu nichts Gutem, nach Problemen zu suchen, wo niemand welche hat, da gebe ich Ihnen recht. Aber vielleicht könnte man sich diese Kinder doch ein wenig genauer ansehen – nicht, um Probleme zu suchen, sondern um die Wahrheit herauszufinden über die Erfahrung, die sie machten.

Wenn das kleine Mädchen Ihnen sagt, die Leute im Mob täten ihr leid, dann bin ich mir sicher, daß das stimmt. Wenn sie zu Gott betet, damit er diesen Leuten vergeben soll, dann meint sie das auch so. [Dieses Mädchen, Ruby Bridges, hatte in ihren Gebeten Jesus angefleht: ›Bitte vergib diesen Leuten – denn sie wissen nicht, was sie tun!‹ [4]] Ich fürchte manchmal, wenn wir versuchen, so ein Mädchen zu verstehen, dann tun wir ihr auch irgendwie unrecht – als kämen zu den Verwünschungen des Mobs nun noch unsere eigenen hinzu. In der Psychiatrie oder in der Psychoanalyse haben Sie bestimmt schon manche Leute eine technische Sprache benutzen hören, die gegenüber Mädchen wie diesem nicht gerade wohlwollend klingt. Der Mißbrauch eines technischen Jargons kommt häufig vor. Einige von uns fühlen sich nur dann wohl, wenn sie über Pathologie sprechen können, und daher sehen wir alles durch diese Brille. Doch in der Kinderanalyse haben wir immer großes Augenmerk auf die *normale* Entwicklung des Kindes gerichtet; und wenn wir diese Entwicklung analysieren, dann ist es ganz und gar nicht richtig, wenn wir sie herabwürdigen. Wenn das einige von uns dennoch tun – nun, das ist der Lauf der Dinge, das sind dann eben die berühmten faulen Äpfel im Faß. Gut, vielleicht sind es auch noch ein paar mehr. Doch auch wenn es noch so viele sind, dürfen wir uns davon nicht derart verrückt machen lassen, daß wir uns auf *sie* konzentrieren statt auf die Probleme, die uns beschäftigen sollten.

Sie selbst übernehmen diese Einstellung [der technischen Analytiker] ein Stück weit, wenn ich so sagen darf. Es ist, als würden Sie sagen: Diese Art von Analyse färbt auf meine Kinder ab, damit will ich nichts zu tun haben. Warum können wir die Abwehrmanöver dieser Kinder nicht so verstehen, daß wir ihnen damit zugleich Anerkennung zollen – nämlich als Beweis ihrer Überlebensfähigkeit? Die Gebete dieses Kindes sind doch nicht entwertet oder befleckt, nur weil wir bemerken, daß sie für das Kind auch nützlich sind – abgesehen von ihrem moralischen oder geistigen Gehalt.

Wenn das Mädchen mit anderen Mitleid empfindet, dann spielt dabei auch ein wenig Eigenliebe mit. Hätten Sie das Mädchen danach gefragt, dann hätte sie wahrscheinlich gelächelt und gesagt, ja, ich hätte schon gern, daß Gott mir da heraushilft.« Ich wandte ein, daß Ruby über diese Art von Gespräch wahrscheinlich nicht besonders erbaut gewesen wäre; für sie hätte sich das scharf abgehoben von den frommen christlichen Sätzen, die sie von klein auf gewohnt war: »Bete, bete innig für diese weißen Leute, bete, daß der Herr ihnen seine Hand reiche, denn sie haben es sicher nötig« – diese Worte hatte sie wiederholt von ihrem baptistischen Geistlichen gehört.

»Nun gut, vielleicht verstehe ich das religiöse Leben in Rubys Familie nicht. Doch ich habe schon viele Christen gehört, die über ›Gottes geheimnisvolle Wege‹ staunten, und vielleicht würden einige von ihnen zu der Auffassung kommen, daß unsere ›Abwehrmechanismen‹ einfach Teil dieser ›geheimnisvollen Wege‹ sind. Egal was passiert, für einen Gläubigen ist Gott immer daran beteiligt – das haben mir zahllose Gläubige klargemacht. Ruby und ihre Familie würden uns vielleicht als Freunde betrachten, wenn wir ihnen sagten, daß auch das Bewußtsein ein Teil von Gottes Welt ist, daß wir also mit unseren Forschungen versuchen, seine Welt zu verstehen – und daß dies eben unsere Art ist, *ihn* zu verstehen.

Wenn wir jetzt auf wunderbare Weise Gelegenheit hätten, mit diesen Kindern zu sprechen, während sie mit jenem Mob konfrontiert sind, dann würden wir sicher zu erkennen versuchen, auf welche Weise sie sich durchlavieren mit Hilfe der ›Abwehr‹, die ihnen zur Verfügung steht. Waren sie traurig, dann wurden vielleicht die Vorwürfe der Menge zu Selbstvorwürfen. Wenn sie Gott für diesen Mob um Gnade baten, dann baten sie damit vielleicht um Gnade für sich selbst. Wenn sie Ihnen sagten, sie würden dem Geschrei der Menge keinerlei Beachtung schenken und es an manchen Tagen nicht einmal hören, dann haben sie vielleicht nur gelernt, vieles abzublokken, zu ›verleugnen‹, ihre Ichfunktionen irgendwie einzuschränken. Wenn sie stolz waren auf das Mitleid, das sie mit der Menge empfanden, dann gelang es ihnen damit vielleicht, sich selbst davon zu überzeugen, daß Wut, Bitterkeit und Ressentiment, die in ihrem Innern um Ausdruck rangen und doch nur ›unter der Oberfläche‹ gehalten wurden, bei ihnen überhaupt nicht existieren. Natürlich, im Jahr 1960 hätte ich gegenüber diesen Familien darüber ebenso geschwiegen wie Sie, und vermutlich aus denselben Gründen. Das waren doch Leute, die eine furchtbare Zeit durchmachten – ein solcher Druck! Da will man den Bogen sicher nicht überspannen mit Fragen, die in anderer Weise jemanden genauso vor den Kopf stoßen können wie der Mob von der Straße. Zur analytischen Arbeit braucht man ebensoviel Taktgefühl wie Beharrlichkeit – ich fürchte nur, nicht alle von uns haben das gelernt.

Vielleicht intuitiv haben Sie ein wenig Abstand zu diesen Kindern gewahrt, haben zugeschaut, wie sich ihr Leben entwickelt – ohne das Bedürfnis, ihnen jeden Tag, jede Woche oder selbst jeden Monat den Puls zu fühlen. Denn das ist es doch, was wir tun, wenn wir die ›Abwehr‹ begutachten: Wir fühlen den Puls. Hätten Sie von diesen Kindern irgend etwas zu hören bekommen, das Sie beunruhigt hätte, dann wären Sie bestimmt zu ihrem Leibarzt geworden. So jedoch versuchten Sie, Beobachter zu sein, ›Längsschnitt-Beobachter‹, wenn Sie gegen diesen Ausdruck nichts einzuwenden haben. Auch in Hampstead lernten wir nach und nach, die Dinge langfristiger zu sehen. Mit Bemerkungen zur Psychopathologie hielten wir uns zurück, so wie Sie. Wir versuchten, uns nicht nur zu fragen: Was bedeutet dieses und jenes in bezug auf Es, Ich und Überich, sondern auch: Was bedeutet es hinsichtlich der allmählichen Ausprägung des Kindes als eine bestimmte Art von Person. Doch das ist immer noch nicht so ganz klar formuliert. Was ich damit sagen will: Wir haben gelernt, öfter die Luft anzuhalten und uns von den Kindern zeigen zu lassen, wie sie allmählich ›alles zusammenbekommen‹ (ich mag diesen Ausdruck). Auch für Sie ging es ja wahrscheinlich nicht um ein Kind, das seine Zuflucht nimmt zu Projektion, Introjektion, Ich-Einschränkung und natürlich Sublimation; sondern es ging Ihnen um Ruby als ein Kind, das in kleinen Schritten vorankam: in seiner Selbständigkeit, seiner Fähigkeit, mit Menschen umzugehen, seiner Treue gegenüber bestimmten Erwachsenen und gegenüber Gleichaltrigen, seiner Gewissenhaftigkeit, Achtsamkeit und Verläßlichkeit. Das alles hat mit dem Ich zu tun, und das alles sagt etwas aus über die ›Entwicklungslinien‹ des Kindes – das war der Begriff, den wir dafür gebrauchten und der wiederum Teil *unserer* Entwicklungslinie wurde. «

In ihren letzten beiden Jahrzehnten spielte dieser Begriff eine wichtige Rolle im Denken Anna Freuds, und in ihrem letzten großen theoretischen Werk, *Wege und Irrwege in der Kinderentwicklung* (1965), gewinnt er herausragende Bedeutung.

Es gab für sie keinen Grund, die psychoanalytischen Wahrheiten aufzukündigen, zu denen die Generation ihres Vaters gelangt war – vor allem über die stufenweise Entwicklung, die Kinder durchmachen, von der Nahrungsaufnahme über die Kontrolle körperlicher Ausscheidungen bis hin zur sich entfaltenden Sensibilität und Sexualität. Doch sie weigerte sich, ihr Denken völlig von Begriffen wie »oral«, »anal« und »phallisch« beherrschen zu lassen, wie das bei vielen anderen für lange Zeit der Fall war. Damals in den dreißiger Jahren hatte sie die Entwicklung des Ichs betrachtet – seine allmähliche Beherrschung nicht nur des Es, sondern auch der verschiedenen Welten, die Kinder zu bewohnen lernen (Schulen, Spielplätze, Ferienlager usw.). Anfang der sechziger Jahre konnte sie dann etwas beherzter auftreten. »In der analytischen Arbeit«, schreibt sie, »zerlegen wir die psychische Persönlichkeit in ihre Bestandteile und verfolgen gesondert das Schicksal der einzelnen Teilstücke.« In diesem Zusammenhang erwähnt sie beispielsweise die Entwicklung des Sexualtriebs und des Aggressionstriebs. Mit einem Schlag, schnörkellos und mit entwaffnender Lässigkeit werden diese Triebe damit zu »Teilstücken« erklärt, eine radikale Neubewertung ihrer Bedeutung und damit eine gewaltige Herausforderung gegenüber der orthodoxen psychoanalytischen Theorie.

Für Anna Freud geht es um die Einschätzung des Lebens eines Kindes auf einer viel breiteren Basis, als dies bei Psychoanalytikern oder Kognitionspsychologen sonst üblich ist. Zu dieser Einschätzung gehört zum Beispiel der Übergang der »Beziehung zu den Altersgenossen von Egoismus und Gleichgültigkeit zu Freundschaft und Gegenseitigkeit« – eine These, die völlig in Einklang steht mit dem, was ihr ehemaliger Schüler Erik H. Erikson fünfzehn Jahre zuvor in seinem Werk *Kindheit und Gesellschaft* formuliert hatte. Solche Bemerkungen, wie auch zahlreiche Texte Eriksons, halfen mir zu verstehen, was jene Kinder, die ich in den sechziger Jahren kennenlernte, eigentlich zustande brachten (ganz abgesehen von der Aufhebung der Rassentrennung an sämtlichen Schulen einer Stadt): Sie entwickelten einen Sinn für etwas, das ihre Leute bisher abgelehnt hatten, das sie als junge Bürger nun aber in Angriff nehmen mußten, nämlich den langen Marsch aus einer gesetzlich erzwungenen, rassischen Egozentrik zu einem Wissen um »andere«, zu einer alltäglichen Erfahrung mit jenen »anderen«, verbunden mit einer Vielzahl individueller Bedeutungen und Konsequenzen. In einer prägnanten und zwingenden Passage konstatiert Anna Freud (hier spricht wieder die Anti-Theoretikerin): »Die sich ergebenden ›Entwicklungslinien‹ sind alles eher als theoretische Abstraktionen. Was sie zu vermitteln versuchen, sind wahrheitsgetreue Bilder von der Entwicklung des Kindes und seiner Leistungsfähigkeit.«

Diese wahrheitsgetreuen Bilder sind es letztlich, die Anna Freud ihr ganzes Leben lang sich zu vergegenwärtigen suchte (auch die ursprüngliche Bedeutung des Begriffs »Theorie« war ja die einer »Betrachtung« der Dinge); das war *ihre* Art und Weise, dem Leben der Kinder vollste Aufmerksamkeit zu schenken – so daß deren sexuelle Entwicklung, ihre moralischen Kämpfe, ihre wachsenden sozialen und intellektuellen Fähigkeiten jeweils anerkannt und auf überzeugende Weise formuliert werden. So riskiert sie zum Beispiel Begriffe wie »emotionales Selbstvertrauen« oder »Verantwortlichkeit für den eigenen Körper«. Auch gibt es einen wunderbaren Abschnitt über das von Winnicott eingeführte, wohlbekannte »Übergangsobjekt« (wobei das Kind von der Bindung an die Mutter zur Bindung an »Objekte« wie Bettdecken oder Plüschtiere übergeht und diesen Gefühle entgegenbringt, die bisher unmittelbar auf die Mutter gerichtet waren), außerdem über die Bedeutung des Spiels für Kinder und über die Art und Weise, wie es auf das Arbeitsleben eines Menschen vorausweist: Was wir spielerisch einüben (Konkurrenz *und* Kooperation), das müssen wir bald auch bei der Arbeit erlernen. Auch hier bewegte sie sich auf einem Gebiet, das Erikson noch genauer erforschen sollte; von hier aus war ein klinischer Blick auf Kinder möglich, der sie nicht aus ihrem sozialen, kulturellen, historischen, ethnischen, rassischen und familialen Zusammenhang gewaltsam herauslöste, hier war es nicht mehr nötig, im Namen der Psychoanalyse mit ominösen Begriffen aufzutrumpfen, die eine unwiderrufliche »Pathologie« verkünden.

Für Anna Freud war die psychoanalytische Theorie mehr als eine bloße intellektuelle Liebhaberei oder eine Versuchung. Sie hatte niemals an einer Universität studiert, sie hatte nie gelernt, sich für einen Professor vorteilhaft in Szene zu setzen – auch nicht *als* Professorin. Als sie heranwuchs, liebte sie Gedichte, Romane und Erzählungen, und einige Zeit versuchte sie, auch selbst welche zu schreiben. Ihr Vater war ein brillanter Theoretiker, der sich in seinen Schriften nicht nur als Psychoanalytiker, sondern auch als tiefer analytischer Denker zeigte; doch er war auch als Arzt ein kluger Pragmatiker: Ihm ging es darum, daß es für seine Patienten voranging. Und er war ein glänzender Essayist mit der gewinnenden Gabe zur erzählenden Darstellung. Seine Tochter folgte diesem Beispiel; sie hatte keine Schwierigkeiten oder Hemmungen, sich auf Theorie einzulassen. Manchmal allerdings zeigte sich eine kaum verhüllte Abneigung, wenn sie das Bild und die Anspielung gegenüber den dichten Formulierungen der Sozialwissenschaften vorzog, die konkrete menschliche Erfahrung gegenüber dem Wortreichtum aufeinandergeschichteter Abstraktionen.

Anna Freud war Theoretikerin in dem Sinne, wie ein Dichter Theoretiker sein kann: Durch die Metapher, das Gleichnis, versuchte sie sich der erstaunlichen und uferlosen Vielfalt des Lebens zu bemächtigen. Die Theorie war für sie eher ein Ruheplatz denn ein Endzweck, und wenn sie Theorie »produzierte« oder mit anderen diskutierte, versuchte sie alles, um sich Augenmaß und Ironie zu bewahren. »Ich hoffe«, sagte sie zu mir und meiner Frau Jane, »unsere Ideen und Spekulationen werden Ihnen beiden nützlich sein, wenn Sie versuchen, diese Kinder zu verstehen. Doch vielleicht werden *sie* es sein, die Ihnen

Stoff zum Nachdenken geben.« Wir hörten sie sehr gern in dieser Weise sprechen, mit ihrer bescheidenen Stimme, ihrer vorsichtigen Haltung gegenüber den eigenen Gedanken, ihrer Bereitschaft, andere auf ihre eigene Weise lernen zu lassen, gleich, ob von Kindern oder von Kollegen. Zweifellos gab es in ihrer Beziehung zur Theorie auch andere Seiten: Sie konnte Positionen, die sie um jeden Preis aufrechterhalten wollte, zäh verteidigen, und sie konnte auch eine scharfe Kritikerin von Positionen, Theorien und Mutmaßungen sein, die anderen lieb und teuer waren – doch insgesamt bewegte sich ihr Denken stets aus den Höhen der Orthodoxie hinab ins Flachland der klinischen Praxis, wo all diese Kinder leben, jedes ausgestattet mit dem Keim menschlicher Besonderheit und Komplexität, jedes mit einer »Entwicklungslinie«, einer einzigartigen Geschichte.

IV. KAPITEL
Die »Heilerin«

Alle Analytiker sind wißbegierig, sehr wißbegierig,
aber nicht alle Analytiker sind Heiler.

Anna Freud

Verschiedentlich unterhielten sich meine Frau Jane und ich mit Anna Freud über die Arbeit, die wir während der ereignisreichen Jahre der Bürgerrechtsbewegung, später dann in den Gettos der Städte im Norden mit schwarzen Kindern und Jugendlichen leisteten. Wir hoben den ungeheuren Mut hervor, den einige dieser Kinder gezeigt hatten, ihre Entschlossenheit, sich trotz größter Benachteiligung moralisch und psychisch zu behaupten. Anna Freud hörte aufmerksam zu, hatte doch auch sie sich in Wien jahrelang um Kinder aus armen Verhältnissen gekümmert, und ähnlich dann in London. Jedesmal nun, wenn ich über die Abwehrmechanismen dieser Kinder nachdachte, sprang Anna Freud unfehlbar ein und machte in wenigen Sätzen klar, was dieser Junge oder jenes Mädchen mit einer bestimmten Äußerung gemeint hatte oder was er mit einem Bild oder einer Zeichnung hatte sagen wollen (viele dieser Werke brachten wir nach New Haven, um sie ihr zur Begutachtung vorzulegen). Eines Tages jedoch sagte Jane zu ihr: »Das war ein hohes Privileg, diese Kinder zu kennen. Sie haben uns nicht nur eine Menge beigebracht – sie haben uns auch viel *gegeben*: Sie sind ›Heiler‹. Trotz all ihrer Probleme versuchen sie, freundlich uns gegenüber zu sein, wenn wir sie besuchen. Das ist sehr bewegend.«

Ich dachte, nun würden wir gleich wieder »zur Sache« kommen und weiter über jene Abwehrmechanismen diskutieren; schon war ich dabei, ein weiteres Bild eines Kindes hervorzuholen, das eine Rassenauseinandersetzung in Albany im Süden

Georgias intensiv veranschaulichte – da antwortete Anna Freud ernst und mit einer gewissen Lebhaftigkeit auf die Bemerkung meiner Frau. Während der nächsten halben Stunde führten sie eine recht ungewöhnliche Diskussion über den heilsamen Einfluß, den Kinder untereinander oder gegenüber ihren »bedürftigen« Eltern oder Lehrern ausüben können – und auch uns gegenüber, die wir sie beobachten und behandeln. Dabei bemerkte Anna Freud: »Das ist ein Thema, mit dem wir uns in der Psychoanalyse nur selten unmittelbar befassen. Wir schreiben über ›Probleme‹ und über ›Variablen‹, doch bei Begriffen wie ›Heilung‹ wird uns unbehaglich zumute. Einige Kollegen würden dabei wohl gleich an ›Übertragung‹ denken, und damit könnten sie sogar recht haben, denn viele Kinder haben gelernt, sich gegenüber ihren Eltern ›heilsam‹ zu verhalten, so daß sie dann natürlich zu ihren Analytikern eine ähnlich Beziehung aufbauen wollen. Doch selbst wenn es so wäre, sollten wir unser Interesse darauf richten, wie das eigentlich vor sich geht, daß ein Kind zum ›Heiler‹ wird. Dann bekämen wir auch eine Vorstellung davon, auf welche Weise bestimmte Erwachsene ›heilen‹.

Viele Ärzte und auch viele Analytiker sind nicht in erster Linie ›Heiler‹. Sie wollen etwas wissen, etwas herausbekommen, sie haben ihre Freude daran, etwas einzuordnen – doch sie leisten nicht das, was Sie offenbar meinen, wenn Sie vom ›heilsamen Einfluß‹ dieser Kinder sprechen. Es kommen einem Begriffe wie ›Empathie‹ in den Sinn – doch was ist deren Wurzel? Warum zeigen manche Kinder Mitleid und Einfühlung schon in jüngsten Jahren, wie Sie es ja erlebt haben, während andere einfach zu sehr mit sich selbst beschäftigt sind? Ich glaube nicht, daß wir diese Frage beantworten können, indem wir von ›narzißtischen‹ und weniger narzißtischen Kindern sprechen [eine Unterscheidung, die ich zum Entsetzen meiner Frau vorgeschlagen hatte]. Es ist richtig, und es folgt ja schon aus dem Begriff, daß ein hochgradig narzißtisches Kind keine Lust haben wird, sich an die Stelle eines anderen zu versetzen; doch es gibt viele Kinder, die *nicht* übermäßig mit sich selbst beschäftigt sind und die dennoch die Sorgen anderer nicht an sich heranlassen. Die Kinder, die Sie beschreiben, scheinen irgendwie ›inspirierend‹ gewesen zu sein, ist es das, was Sie meinen? War es das, was Ihnen so ›bewegend‹ vorkam, so ›heilsam‹?«

Eine Weile bewegten wir uns im Kreis. Sie war ziemlich hartnäckig und geradezu begierig darauf, herauszufinden, was Jane und mir »heilsam« erschienen war und was bestimmte Menschen dazu befähigt, eben diese Leistung zu erbringen. Begriffe wie »Identifikation« und »Bewußtsein« kamen ins Spiel. Sie sprach über »Reaktionsbildung«, aber auch über die Herausforderung, die eine von Rassentrennung beherrschte Welt für die Eltern der von uns geschilderten Kinder bedeutet haben muß. »Ich war noch nie im Süden, doch ich stelle mir vor, daß dort viele schwarze Kinder lernen müssen, sich selbst ›umzupolen‹ – also ›lieb‹ zu sein, wenn in Wirklichkeit ganz andere Gefühle in ihnen arbeiten. Damit meine ich nicht nur ein bewußtes ›Liebsein‹, sondern eine grundlegende Verkehrung von Ärger und Wut in permanente Liebenswürdigkeit. Unter solchen Umständen kann es natürlich leicht dazu kommen, daß die Opfer noch einen Schritt weiter gehen und das Gefühl bekommen, sie hätten *verdient*, was ihre Herren und Peiniger ihnen in Form von Strafe oder Verachtung antun. Es wäre interessant, dies mit dem Vorgang des ›Heilens‹ in Zusammenhang zu bringen: ein Mensch, der solche Anstrengungen unternimmt, andere zu verstehen und sich einen Reim auf deren Verhalten zu machen, daß er spricht wie sie, reagiert wie sie, sogar ihre Meinungen und Sichtweisen übernimmt, ganz gleich, wie feindselig sie ihm gegenüber sind, gegenüber seiner Rasse, seinen Leuten. Das ist zwar nicht ›heilsam‹, aber es zeigt, wie man auch aufgrund von Furcht und Angst einen regelrechten Sprung in Richtung anderer Menschen machen kann.«

Sie unterbrach sich und schien einige Sekunden lang ganz in ihre Gedanken versunken. Ich hatte nicht das Gefühl, daß wir

118

damit irgendwohin gelangten, wo wir nicht schon viele Male gewesen waren. Jane war jedoch anderer Meinung. Sie legte den größten Nachdruck auf den Unterschied zwischen der angstvollen »Identifikation mit dem Aggressor«, der kriecherischen Beschwichtigung eines Unterdrückers, und jener Art von Erfahrung, die sie gemacht hatte, als sie auf dem Höhepunkt des Kampfs um Bürgerrechte schwarze Kinder kennengelernt und unterrichtet hatte. Anna Freud äußerte sich dazu auf recht interessante Weise – für uns überraschend und auch ziemlich hilfreich: »Ich denke, wir sprechen hier über etwas anderes. Ich sollte noch einmal auf den Begriff ›Inspiration‹ zurückkommen. Sie haben ihn zuerst gebraucht, dann ich, aber er ist uns nicht richtig klargeworden. Diese Kinder, denen Sie begegnet sind, waren bereits weitgehend ›zivilisiert‹, und das ist keine geringe Leistung – vor allem, wenn die Gesellschaft versucht, sie ›außen vor‹ zu halten, das heißt in einem ›unzivilisierten‹ Zustand. Von vielen ihrer Feinde werden sie sogar mit Tieren verglichen, wir haben das ja alle gelesen. Es ist ihre moralische Leistung, die Sie so bewundern – also eben nicht nur, daß sie höflich sind, sondern ›durch und durch gütig‹ [so hatte Jane es formuliert]. Wenn ein Kind diese Eigenschaft zeigt, merken wir auf, wir sind beeindruckt – es ist *inspirierend*. Vielleicht gehört das in viel höherem Maße zum ›Heilen‹, als einige von uns Analytikern glauben – die Stärke, die unser eigenes Bewußtsein erlangt, wenn es mit dem eines anderen in Berührung kommt, der höchsten Respekt und Bewunderung verdient. So viele Kräfte, so viele Anforderungen zerren an uns – und da sind nun diese Kinder und all das, was sie derart niederdrückt, und dennoch setzen sie sich ein für die Werte, die ihre Eltern sie gelehrt haben, und wir sind beeindruckt. Sie helfen uns, in ihre Fußstapfen zu treten – wie es ja manchmal auch geschieht.«

Kurz darauf kehrten wir zu den Zeichnungen und Bildern zurück, doch die Worte Anna Freuds sind mir im Gedächtnis geblieben. Da saß nun eine über siebzigjährige Kinderanalytikerin vor uns, die sich dem Ende ihrer lebenslangen Arbeit mit und für Kinder näherte – und blickte über ihre Einsichten, über die bloße Lösung neurotischer Probleme hinaus auf etwas gänzlich anderes: auf die Inspiration und damit auf eine Art von Heilung, die von manchen Menschen ausgehen kann.

Nicht daß diese Kinder kleine Heilige gewesen wären; sie hatten durchaus ihre wilden Augenblicke, ihre irritierenden und provozierenden Seiten – wie auch jeder erwachsene »Heiler« seine schwachen Punkte hat. Indessen, als sie sprach, dachte ich an ihre eigenen Kämpfe während des Krieges in London, ihre langen Bemühungen um Kinder, die Konzentrationslager überlebt hatten, ihr Interesse an blinden Kindern (das sie mit Dorothy Burlingham teilte), ihre große Wißbegierde in bezug auf mutige Kinder, die ihr eigenes Leben riskierten, um andere zu retten, ihre Versuche mit Kindern aus armen Verhältnissen im London der siebziger Jahre, schließlich ihre Arbeit an der Yale Law School gemeinsam mit Joseph Goldstein, Jay Katz und Albert Solnit – in der Hoffnung, daß »das beste Interesse des Kindes« in Gerichtssälen, bei Scheidungen, Pflegschaften und Adoptionen berücksichtigt werde. Sie wäre die erste gewesen, den »wissenschaftlichen« Aspekt all dieser Aktivitäten hervorzuheben; doch scheint mir, daß sie auch alles daran gesetzt hat, um eine implizite *moralische* Botschaft zu vermitteln. Indem sie anderen in ihrem offensichtlichen Leid zur Seite stand, handelte sie ebenso wie die Kinder, die meine Frau geschildert hatte: Ein gewisses Maß an Heilung, Lebenssinn und Lebensziel, entdeckte sie bei anderen und zugleich für sich selbst.

In einem Diskussionsbeitrag von 1976, der unter dem Titel *Bemerkungen über Probleme der psychoanalytischen Ausbildung* veröffentlicht wurde, erinnert sie ihre Kollegen daran, daß es in den frühen Jahren der Psychoanalyse keinerlei ausgearbeitete Zulassungsverfahren für Ausbildungskandidaten gab; vielmehr »wurde diese Auswahl größtenteils von den Betreffenden selbst vorgenommen; wir wählten uns selbst für den Beruf des Analytikers aus, und zwar im wesentlichen auf der Grundlage eines besonderen Faktors – nämlich einer brennenden Neugier dafür, wie menschliche Wesen funktionieren, wodurch sie normal funktionieren oder abnorm leiden und was sie schließlich von Kindern zu Erwachsenen werden läßt.« Doch die Lehrerin in ihr wußte, daß »Neugier« auf eine Weise befriedigt werden muß, daß derjenige, der anfangs neugierig war und später aufgeklärt wird, sich dadurch psychisch und moralisch verändert. Nachdem sie die verschiedenen »Probleme« behandelt hat, welche die moderne analytische Ausbildung mit sich bringt – die Gefahren einer hierarchischen, autoritären Ausbildung, die Lehranalyse als Unterpfand für den Karrierewillen des Kandidaten, die mehrdeutige Funktion des Lehranalytikers als Ausbilder, Gutachter und Therapeut –, kommt sie plötzlich von den Schwierigkeiten und »Problemen« völlig ab (die das Hauptthema der Diskussion gewesen waren) und bewegt sich in eine ganz andere Richtung: »Über die positive Seite haben wir sehr wenig gehört, und ich denke, daß wir – oder Sie – in dieser Diskussion den Vorgang des Lernens unterschätzt haben. Ich glaube nicht, daß irgendein Lernprozeß ohne eine persönliche Bindung an den Lehrer abläuft und ohne eine bleibende Identifizierung mit ihm zurückzulassen. Das ist nicht nur in der Analyse so, sondern von der frühen Kindheit an und bleibt es das ganze Leben hindurch, so lange wir lernen. Darum meine ich, daß es außer Identifizierung, Übertragung und Indoktrinationen noch ein anderes Attribut der Lehranalyse gibt, das ich als Inspiration bezeichnen würde.« Charakteristischerweise führt sie zunächst einige Beispiele dafür an, um dann knapp, aber wirkungsvoll das Ergebnis einer gelungenen Lehranalyse zu benennen: »eine bleibende Identifizierung mit etwas Gutem, eine Inspiration, die zurückbleiben darf« – was sie klar abgrenzt gegenüber konventionelleren Beschreibungen dessen, was in einer Analyse stattfindet oder stattfinden sollte. Schließlich eine interessante rhetorische Frage: »Hätten sie wirklich all das zusammen mit ihrer Übertragung auflösen und hinter sich lassen sollen?«

Damit wirft sie den Fehdehandschuh in die Runde: Es ist die Frage nach dem *Wesen* der psychoanalytischen Behandlung, nach ihren Zielen und nach dem erhofften Resultat. Mit dieser Erklärung gegenüber ihren Kollegen, die aus verschiedenen Ländern nach Haslemere / Surrey (England) gekommen waren, geht sie nicht nur über die Frage der analytischen Technik hinaus, sondern sprengt sogar den üblichen Diskussionsrahmen hinsichtlich der Wirksamkeit der analytischen Behandlung. Für sie kann als letztes therapeutisches Kriterium nicht das Maß an »Einsicht« gelten, die ein Patient erlangt hat, nicht einmal das Maß an Harmonie zwischen den drei »Agenten« Es, Ich und Überich, sondern vielmehr der Gesamtcharakter der Person, die aus der Analyse hervorgeht.

»Verstand und Wissen spielen im kindlichen Leben nur eine untergeordnete Rolle«, schreibt sie in *Kriegskinder* – eine Erinnerung daran, daß Kinder vom »Realitätsprinzip« nicht übermäßig viel halten. Doch es kommt vor, daß in der chaotischen Welt der Emotionen die offenkundige Gleichgültigkeit des Kindes gegenüber den allzu bedrängenden und gefahrvollen Realitäten auf beeindruckende Weise zu eigener Bedeutung und Würde gelangt. Zur Frage von »Verstand und Wissen« im Leben des Kindes führt Anna Freud aus: »Wenn die reale Gefahr unlustvoll wird, ist es für das Kind natürlich, das Interesse von ihr abzuziehen und auf den lustvolleren Bereich seiner eigenen Wünsche, Spiele und Phantasien zu richten.« Dafür liefert sie sogleich ein erstaunliches Beispiel: »Ein uns nahestehender Erzieher schildert die folgende Szene, während eines Fliegerangriffes in einem Straßenunterstand beobachtet. Ein kleiner Schuljunge und seine Mutter hatten im Unterstand Deckung genommen und horchten, anfangs beide sehr ängstlich, auf den Lärm der explodierenden Bomben. Nach einer Weile dauerte es dem Jungen zu lang, und er begann, sich in ein mitgebrachtes Geschichtenbuch zu vertiefen. Die Mutter störte ihn mit aufgeregten Ausrufen immer wieder beim Lesen. Er kehrte nach kurzer Unterbrechung immer wieder zu seiner Geschichte zurück, bis schließlich der Mutter die Geduld riß und sie ihn anfuhr, nicht anders, als ob es sich um eine vernachlässigte Schulaufgabe handelte, er solle endlich ›sein Buch weglegen und auf die Bomben aufpassen‹.«

Angesichts dieser hübschen kleinen Parabel fragt man sich, ob unser bisweilen so hochgeschätztes, schlaues Bewußtsein wirklich das ist, als was es angepriesen wird. Der Junge »erledigte« bestimmte Dinge auf seine eigene Weise, und das gar nicht schlecht. Was könnten wir von ihm lernen? Vielleicht stellt sich heraus, daß er in mancher Hinsicht weiser war als seine allzu wachsame Mutter, entdeckte er doch gegen die Zwangslage, in der er sich fand, sein eigenes Heilmittel. In gewissem Sinne führt Anna Freud uns diesen Jungen vor, um zu zeigen, wie vorsichtig man mit überkommenen Weisheiten umgehen sollte. Er ist ganz und gar »Verleugnung«, »entwicklungsbedingte Unzulänglichkeiten« schränken ihn ein – und doch erweist er sich als weitaus fähiger, mit der »Realität« fertig zu werden, zu deren Beachtung ihn seine Mutter ängstlich drängt.

Der Zusammenhang zwischen dieser Geschichte aus dem »Blitzkrieg« und der Kritik an der psychoanalytischen Ausbildung ist leicht zu erkennen. In beiden Fällen ist die vorurteilslose Klinikerin Anna Freud fähig, alle Lehren und Theorien, deren Bedeutung ihr durchaus bewußt ist, im entscheidenden Augenblick beiseite zu lassen und ihre eigene menschliche Wahrheit zu finden – eine Wahrheit, die für uns, die wir mit Kindern arbeiten oder junge Psychiater analytisch ausbilden, eine Fülle von Hinweisen enthält. Sicherlich wollen wir »Verstand und Wissen« vermitteln, und wir wollen unseren Patienten und »Schülern« helfen, die Turbulenzen der Übertragung erfolgreich durchzustehen. Aber wir wollen ihnen (und uns) noch etwas anderes geben. Was genau das ist? Vielleicht die Überlegenheit eines Kindes, das ein Buch liest, während verrückt gewordene Erwachsene andere Erwachsene bombardieren und ängstliche Erwachsene ihre ungeteilte Aufmerksamkeit einer solchen Realität widmen. Oder die Überlegenheit eines Analysanden, der von seinem Analytiker für alle Zeiten »inspiriert« ist, Übertragung hin oder her.

Gegen Ende ihres Lebens sprach Grete Bibring einmal ausführlich über die Analytiker und die Unterschiede zwischen ihnen als *Therapeuten*. Sie unterschied zwischen »Ingenieuren« und »Heilern«, zwischen solchen mit »großen technischen Fertigkeiten« und solchen mit »Herz und Seele«. Sie hob hervor, daß es dabei nicht um ein Entweder-Oder ginge, sondern um eine entsprechende »Verteilungskurve«. »Die meisten von uns sind in der Lage, mit bestimmten Patienten einigermaßen erfolgreich zu arbeiten. Doch das bringt uns auf die Frage: Was versteht man eigentlich unter einer ›einigermaßen erfolgreichen Analyse‹? Man hat es ja heutzutage mit den verschiedensten Analytikern und Patienten zu tun. Ich habe Kandidaten erlebt, die kurz vorm Examen standen, nachdem ihr Analytiker ihnen gesagt hatte: ›In Ordnung, die Analyse ist beendet‹, sie hatten also ihre Kurse und ihre Kontrollanalyse absolviert, und dennoch mußten einige von uns einen Aufschrei oder zumindest einen tiefen Seufzer unterdrücken. Natürlich, das wissen Sie ja, wenn wir uns unter den Lehranalytikern umblicken, dann könnte man manchmal wirklich seufzen oder losschreien, von den Kandidaten ganz zu schweigen. Ich denke noch immer, es gibt zwei große Klassen von Analytikern: Die einen wollen in den traditionellen Grenzen der Analyse arbeiten und hoffen, daß die Neurose des Patienten allmählich der Einsicht zugänglich wird – das sind die ›Lösungen‹, von denen wir sprechen. Dann gibt es aber noch andere, deren Patienten ebenfalls ›Lösungen‹ erleben – aber darüber hinaus noch etwas anderes. Ich weiß nicht, wie ich es genau ausdrücken soll – der Geist des Analytikers geht ein Stück weit in den Geist des Patienten ein. Vielleicht müssen wir einfach zugeben, daß einige von uns nicht besonders viel ›Geist‹ haben, so daß der Vorgang, von dem ich eben sprach, zwischen ihnen und ihren Patienten auch nicht stattfindet.

Es gibt noch eine andere Trennlinie zwischen Analytikern, über die wir uns noch nicht genügend Gedanken gemacht haben. In den vergangenen Jahren habe ich zahllose Stunden in Gremien zugebracht – endlose Gespräche über die Eigenschaften, auf die wir bei unseren künftigen Psychoanalytikern achten sollten. Die Kandidaten sollten *diese* Charakterstruktur und dann wieder *jene* Charakterstruktur haben. Wenn ich an uns selbst zurückdenke, so frage ich mich manchmal, ob bei einigen der heutigen psychoanalytischen Institute auch nur einer von uns zugelassen worden wäre. Doch bei all diesen Diskussionen über die ›Zulassung‹ und über den ›idealen Kandidaten‹ scheint mir nicht besonders viel darüber nachgedacht worden zu sein, daß es einen Unterschied gibt zwischen denen, die schon mit Kindern gearbeitet haben, und allen übrigen – wie auch einen Unterschied zwischen denen, die Kinderpsychoanalytiker werden wollen, und denen, die an diesem Gebiet kein Interesse haben. Ich weiß, in jeder Gruppe von Bewerbern gibt es eine Reihe von ›Charaktertypen‹. Doch nach ein paar Jahrzehnten in diesem ›Geschäft‹ habe ich das Gefühl, man sollte auf jemanden, der mit Kindern gearbeitet hat oder arbeiten will, besonderes Augenmerk haben. Es ist ein längerer Weg dorthin, man braucht ein paar Jahre mehr, und wir haben nicht viele, die das wollen, die wirklich *interessiert* daran sind. Unter diesen jedoch finde ich etliche, die liebenswürdig und gutmütig sind – im allgemeinen mehr als unter den anderen Bewerbern. Ich denke, es liegt auf der Hand: Sie sind mehr ›wie Kinder‹, und das meine ich als Kompliment. Anna Freud hat einmal zu mir gesagt: ›Alle Analytiker sind wißbegierig, sehr wißbegierig, doch nicht alle Analytiker sind Heiler.‹ Daran denke ich häufig, wenn ich Kandidaten befrage. Es geht dabei nicht unbedingt darum, wem der Vorzug zu geben ist. Es gibt Menschen, die sehr wißbegierig sind und doch gravierende Charakterschwächen haben; aus ihnen würden keine guten Analytiker;

und es gibt andere, die hoch motiviert sind, andere zu heilen, und ebenfalls gravierende Charaktermängel aufweisen – das wären gefährliche Kandidaten. Wir müssen das Gesamtbild betrachten. Wenn man ganz ehrlich ist: Was geschieht denn eigentlich, wenn man diese ganzen Bewerbungen durchsieht? Man sagt zu sich selbst und zu den Kollegen: *Dies* finde ich wichtig für die Analyse, *so* sollten wir möglichst sein, *diese* Art von Arzt sollte in diesem Büro sitzen und den Patienten zuhören.

Doch wir machen auch Fehler, und ich bin mir nicht sicher, ob die schärfste Beurteilung dies verhindern könnte. Es ist wohl eher so, daß eine rigorose Bewertung zu einer bestimmten Art von Fehler verleitet, eine eher lockere Beurteilung zu einer anderen Art. Anna wollte eine separate Ausbildung für Kinderanalytiker; sie befürchtete, daß Leute, aus denen sehr talentierte Kinderanalytiker werden könnten, von vielen Instituten nicht akzeptiert würden. Und damit hatte sie recht. Sie bildete Lehrer aus, Krankenschwestern, Sozialarbeiter – talentierte Menschen, die keine Zeugnisse mitbrachten, sondern nur sich selbst. Jawohl, Menschen wie sie selbst. Wir hingegen bilden Ärzte aus, und das ist etwas anderes. Es gibt ein Buch von Freud, das wir bisher nicht besonders ernst genommen haben: *Die Frage der Laienanalyse.*[2]

Kann man denn auf Kinder längere Zeit sauer sein? Wer mit Kindern arbeiten will, muß fähig sein, Kinder zu ›nehmen‹, von ihnen etwas zu empfangen, sonst wird er auf die Nase fallen – oder ganz mit dieser Arbeit aufhören. Kinder verstehen sich über uns lustig zu machen – und das machen sie viel besser als jene seltenen Analysepatienten, die es schaffen, genügend Mut und Feindseligkeit zusammenzuraffen, um uns ›Bescheid zu stoßen‹. Ich habe mich schon gefragt, warum wir nicht über getrennte Wege für Kinder- und Erwachsenenanalytiker nachdenken – obwohl es einige gibt, die beides sein wollen und lieber die jetzige Stufenfolge durchlaufen: Psychiatrie, Kinderpsychiatrie, Psychoanalyse, Kinderanalyse. Haben Sie schon einmal gehört, was Anna Freud davon hält? Sie sagt, daß wir in Amerika Großeltern zu Kinderanalytikern ausbilden. Sie selbst arbeitete schon mit Kindern, als sie Ende Zwanzig, Anfang Dreißig war. In diesem Alter sind heutzutage Medizinstudenten.

Sie war stets eine ernsthafte Persönlichkeit, doch hatte sie auch Sinn für Humor – einen *leisen* Sinn für Humor. Sie liebte es, Geschichten wiederzugeben, die Kinder ihr erzählt hatten. Sie erkannte, wie ›weise‹ Kinder sein können, und nach dieser Eigenschaft suchte sie bei ihren Patienten. So machen wir das eben – wir bringen Charakterzüge unserer Patienten ans Licht, die mit unserer eigenen Persönlichkeit, unserem eigenen Charakter in Zusammenhang stehen. Würde ich einige ihrer Patienten behandeln, ich bin sicher, daß mir dann andere Dinge auffallen würden, und vielleicht würden sie mir gegenüber auch andere Dinge enthüllen. Sie hatte stets das größte Interesse an ihren Patienten – wie die meisten oder alle von uns –, doch sie ging noch einen Schritt weiter: Sie war ganz für sie da. Die meisten waren Kinder; sie strickte für sie, brachte ihnen Spiele bei, zeigte ihnen, wie man bestimmte Sachen macht. Sie wurde eine wichtige Person in ihrem Leben, wie auch wir im Leben unserer Patienten, egal welchen Alters. Doch wie ich schon sagte: Sie mußte darüber hinausgehen. Bei Kindern lehnt man sich nicht einfach zurück, paßt auf und läßt den Patienten erzählen, was ihm in den Sinn kommt, man schaut nicht einfach zu, wie sich die Übertragung entwickelt. Man muß mit ihnen spielen und sich die Beziehung zu ihnen *verdienen*. Man muß erfinderisch sein, vielseitig, pragmatisch, vital, oder, wie Anna einmal sagte, es muß einen ›der Teufel reiten‹ mit den Kindern, damit man herausbekommt, welche Art von Teufel *sie* quält. So würden die wenigsten von uns sprechen – in der Öffentlichkeit tut sie es ja auch nicht. Doch sie kann sehr lustig mit den Kindern umgehen – und über sie erzählen. Sie scheint sich an *alles* zu erinnern, was sie gesagt und getan haben, und es scheint ihr großes Vergnügen zu bereiten, darüber zu sprechen. In gewissem Sinne sind es natürlich ›ihre‹ Kinder, doch ist sie ihnen gegenüber niemals zu besitzergreifend, und das muß man ihren therapeutischen Fähigkeiten wirklich hoch anrechnen. Denn es ist eine besondere Herausforderung, genau zu wissen, wann man bei Kindern Distanz halten muß.

Sie ist eine Analytikerin, die ›heilt‹. Manche bemühen sich so gründlich wie möglich, bestimmte Dinge herauszubekommen, und ihre Patienten haben sich selbst erforscht bis zum letzten i-Tüpfelchen, wenn sie die Analyse beenden. Doch etwas ganz anderes ist es, wenn der Analytiker als eine bestimmte Person hervortreten will, wenn er nicht nur *für* jemanden steht [in der Übertragung], sondern *als* er selbst. Heute steht sie für ihren Vater – jedenfalls sehen viele sie so –, doch im Umgang mit ihren Patienten ist sie eine leidenschaftliche, tatkräftige und sensible Person. Sie ist nicht nur Freuds Tochter, sie ist *sie selbst*, und bei den Kleinen zählt es sowieso nicht viel, die Tochter eines Professors zu sein. Was sie an ihr mögen, ist ihre Art, Kinder *sehr* ernst zu nehmen und ihnen zu zeigen, daß sie keine Mühe scheut, damit sie sich mit ihr wohlfühlen. Sie will ihnen zeigen, daß sie es wert ist, Zeit mit ihr zu verbringen. Denn Kinder sind sehr bedacht auf ihre Zeit, sie überlassen sie nicht einfach jemandem, wenn sie nicht die Erfahrung gemacht haben, daß das eine gute Sache ist. Sie kann *sie selbst* sein – und das ist sie mit Haut und Haaren –, sie kann aber auch sich selbst ganz beiseite lassen und das sein, was die Kinder wollen und brauchen. Sie kann beides, und das ist eine seltene Gabe. Außerdem ist sie großzügig: Sie widmet sich so vielen Kindern wie überhaupt möglich, und das neben all ihren anderen Verpflichtungen.«

Diese Beschreibung stimmt überein mit dem, was selbst eine beiläufige Begegnung mit Anna Freud vermittelt – auch wenn man sie nur aus einem ihrer klinischen Seminare kennt. Man spürt die leidenschaftliche Anteilnahme an ihrem Beruf, an einem bestimmten Kind, an den Diskussionen über Kinder, an den Gesprächen mit anderen, die mit denselben Kindern zu tun haben (ihre Ärzte, Lehrer, Krankenschwestern, Sozialarbeiter). Ich erinnere mich an ein langes und eindrückliches Gespräch mit ihr über die besonderen Probleme von Kindern, deren Mütter unverheiratete Teenager sind.[3] Sie war natürlich sehr besorgt darüber, daß damals in den siebziger Jahren dieses Phänomen in den amerikanischen Großstädten immer häufiger zu beobachten war; und wäre sie heute noch am Leben, dann würden die Statistiken sie noch viel mehr beunruhigen. Doch bei der Bestürzung über diese Tatsache hielt sie sich nicht lange auf, sondern begann sofort zu überlegen, was man *tun* kann, wie man die Sache anpacken kann, und erst dann, gleichsam als nachträgliche Überlegung, versuchte sie auch eine psychoanalytische Erklärung. Ich hatte genau das Gegenteil erwartet, nämlich einen längeren Ausflug in die Theorie – Bemerkungen über die »primitive« psychische Struktur vieler dieser jungen Frauen, über ihre Neigung zum »Agieren« (ein Verhalten, daß sich auch durch die erste Schwangerschaft und Geburt kaum ändert), über die ungünstige Prognose in psychologischer, sozialer und ökonomischer Hinsicht. Doch an dieser traditionellen Form der Reflexion zeigte sie zunächst kein erkennbares Interesse. »Lassen Sie uns doch mal laut darüber nachdenken, was man tun könnte«, mahnte sie – worauf ich am liebsten geantwortet hätte: Das habe ich schon, jedoch leider vergeblich. Doch schon fing sie an mit dem »Nachdenken« und brachte mich dazu, mir die Sache nun auch noch einmal durch den Kopf gehen zu lassen. Soviel »Durchblick« hinsichtlich der Rassenprobleme und der sozialen Schwierigkeiten amerikanischer Gettofamilien hatte ich ihr absolut nicht zugetraut. Ihre energischen und findigen Kommentare (die ich aus mehreren Gesprächen zusammengezogen habe) hörten sich etwa so an: »Es hat keinen Zweck, daß wir versuchen, über ihre ›Pathologie‹ zu reden. Je länger wir uns dabei aufhalten, desto hoffnungsloser wird die ganze Situation. Wir müssen diese jungen Frauen aufsuchen und sie fragen, wie wir uns nützlich machen können. Ich kann mir vorstellen, daß es ziemlich schwer sein wird, mit ihnen zu sprechen, doch sie haben ihre Schwächen, und wir haben unsere. Wir könnten damit beginnen, daß wir *unsere* mitteilen. Wir könnten sagen, daß wir mit Kindern und ihren Eltern arbeiten, daß wir Hilfe leisten wollen, daß uns manchmal ziemlich viel einfällt, wie wir uns nützlich machen können, manchmal aber auch nicht, und daß wir uns dann eben an die Leute selbst wenden und sie danach fragen.«

Sie hielt inne, und ich entschloß mich, ihr einige der Situationen zu präsentieren, in die ich dort geraten war: dieses völlige Schweigen, egal, was ich sagte und fragte, welche Taktik und welche Tricks ich auch immer versuchte; dieses mürrische Schweigen, angesichts dessen man auf die Uhr schaut und überlegt, wie man auf höfliche Weise, doch möglichst schnell hier wegkommt; die offene Skepsis, die Feindseligkeit, manchmal sogar Unverschämtheit: Da wird der Fernseher aufgedreht oder telephoniert. Ich glaube, ich wollte ihr Lob, ihr Mitgefühl; oder ich wollte sie auf die gleiche Weise auf die Probe stellen, wie ich mich selbst oft genug auf die Probe gestellt fühlte und jämmerlich versagte. Vielleicht wollte ich Rechenschaft nicht nur von ihr, sondern von der ganzen Kinderpsychiatrie und Kinderanalyse: Was um Himmels willen können wir denn überhaupt tun angesichts der scheinbar zahllosen Schranken, die »uns« von »ihnen« trennen, ganz gleich, was wir vorhaben – sind doch ihr Leben, ihre Voraussetzungen, ihre Ambitionen und Erwartungen den unseren so völlig fremd, ja geradezu entgegengesetzt.

Sie beeilte sich nicht, zu antworten. Sie betrachtete ihre Hände, dann schaute sie auf einen Tisch mit Büchern und Schreibpapier, der in der Nähe stand. Dann blickte sie mich erneut an und sah, daß mir schon etwas unbehaglich geworden war angesichts der völligen Trostlosigkeit meiner Schilderung des Gettolebens und der Reaktionen, auf die man sich als Kopfarbeiter gefaßt machen muß, wenn man hier »intervenieren« will. Sie goß mir Kaffee ein, reichte mir noch ein Stück Kuchen und sagte dann: »Ich weiß nicht, was ich tun würde. Sicher würde ich mich am liebsten umdrehen und gehen. Doch ich bezweifle, daß ich das wirklich könnte. Ich denke, ich würde versuchen, aus dem Gefühl der Hilflosigkeit und Unbeweglichkeit herauszukommen, ich würde mich umschauen, dann würde ich aufstehen und versuchen, etwas zu tun. Müßte der Fußboden mal wieder gefegt werden? Gibt es am Herd etwas zu tun? Und wie steht's mit dem Einkaufen? Ich würde mein Strickzeug mitbringen. Ich würde versuchen zu zeigen, daß ich an den Leuten Interesse habe und daß ich bereit bin zu arbeiten.«

Ich unterbrach sie und erklärte ihr, daß ich bei einigen von uns weißen Akademikern aus der Mittelschicht einen gewissen Übereifer sehe. Was bedeutet es für diese Leute, wenn wir voller Tatkraft, Ideen und Erwartungen zu ihnen kommen? (Das klang nun allerdings, als wollte ich ein Urteil über sie fällen, als seien das die Eigenschaften, die *ihnen* fehlten – eine Einladung zu weiterer Resignation, Passivität und Hilflosigkeit.) Was wir angeblich zu ihren Gunsten unternehmen (und wahrscheinlich eher *uns* dient), ist doch nur eine weitere Version des »noblesse oblige«, mit all den Begleitrisiken auf beiden Seiten – weiße Arroganz und Blasiertheit, schwarze Unterwürfigkeit, die sich schnell in Ressentiment, Verbitterung oder sogar Wut verkehren kann.

Sie hörte mir zu und nickte lebhafter als sonst. Als die Reihe wieder an ihr war, sprach sie ein wenig gemessener und zögernder als zuvor. Sie versuchte, dem Rechnung zu tragen, was sie eben gehört hatte, vertrat ihren Standpunkt jedoch nicht weniger energisch: »Das Risiko, daß unsere Absichten mißverstanden werden, ist immer gegeben – bei unseren Patienten, die reich und zugleich arm sind, bei Weißen wie bei Schwarzen. Wir sind doch stets bereit, uns über andere unsere eigenen Gedanken zu machen, selbst über diejenigen, die uns am nächsten sind, und vielleicht gerade über sie... Denken Sie doch daran, wenn wir jemanden zu Hause aufsuchen oder wenn die Leute zu uns in die Klinik kommen, dann sind wir ihnen fast übergangslos sehr nahe. Denn wir sprechen mit ihnen über persönliche Dinge, über ihre Kinder, über ihr Einkommen oder darüber, was sie zum Leben brauchen, über ihre Schwierigkeiten zu Hause, mit der Sozialfürsorge, den Gerichten, den Schulen, den Bewährungshelfern, den Berufsberatern – die Liste ist lang, wie Sie wissen, und häufig sind das überwiegend oder sogar ausschließlich Leute einer anderen Rasse, aus einer anderen sozialen Klasse oder einer anderen Gegend. Nehmen wir an, eine reiche, weiße, gebildete und erwachsene Person sucht mich auf – selbst dann gibt es zahlreiche Möglichkeiten, sich mißzuverstehen, die üblichen Projektionen und Wahrnehmungsstörungen. Wenn wir bedürftig sind oder Schmerzen haben, sind wir verletzbar. Wir fühlen uns schwach und schämen uns, und diese Gefühle laden wir bei jemand anderem ab oder sogar bei einer ganzen Gruppe. Wir finden Sündenböcke. Wir verwandeln unsere Frustrationen in Wut, oder wir machen aus einem, der unser Freund sein möchte, einen absoluten Feind. Weil wir bereit sind, von uns selbst das Schlechteste zu denken, scheint uns, daß andere das schon an unserer Stelle tun – ein ziemlich trauriges Resultat sowohl für den, der diese emotionale Kettenreaktion durchmacht, wie auch für den, der dadurch völlig falsch eingeschätzt und somit selbst zum Opfer wird, zumindest für einige Zeit und manchmal für ziemlich lange.«

Sie brach plötzlich ab. Ich folgte ihrem Gedankengang und war beeindruckt davon, obgleich die Grundannahmen wohlbekannt waren: Es war die Psychologie von Angst, Abscheu vor sich selbst, Haß und Vorurteil. Sie atmete tief auf und änderte dann ein wenig den Kurs: »Wenn ein Kind zu uns kommt, und wir versuchen, ein Bündnis herzustellen, dann gehen wir das gleiche Risiko ein – daß nämlich jeder Versuch, Vertrauen zu erlangen und Befürchtungen zu zerstreuen, der Versuch, eine Grundlage der Kommunikation zu schaffen und sogar unsere ›Nützlichkeit‹ zu demonstrieren, beim Patienten nur auf gesteigerte Angst und Furchtsamkeit trifft. Und bevor man es mitbekommt, passiert das gleiche mit dem Analytiker. Denn bei diesen Dingen ist es ein ständiges Hin und Her: Sie versuchen einem anderen gegenüber freundlich und offen zu sein; Sie werden abgewiesen und gehen in Deckung; nun wird *dies* zum Bestandteil des Gleichgewichts, denn der andere bemerkt es; also intensivieren Sie Ihre Versuche, doch auch das wird wiederum bemerkt, und nun vielleicht schon mit gesteigertem Mißtrauen: Wieso strengt sich der Doktor so an? Nach einer Weile stecken Sie in einer Sackgasse – so nannte das die Mutter eines Kindes, das ich behandelte. Sie war Journalistin und hatte einen Sinn fürs Dramatische. Sie kam immer wieder zu uns und sagte: ›Wir haben beide versucht, offen miteinander zu sprechen, doch es dauerte nicht lange, dann waren wir in einer Sackgasse.‹ Wenn ich sie darum bat, mehr über dieses ›Gespräch‹ und die ›Sackgasse‹ zu erzählen, dann redete sie wie ein Maschinengewehr, und die Abfolge war immer die gleiche: Kind ist mutlos und zurückgezogen; Mutter macht freundliche Annäherungsversuche; Kind weist sie ab – eine Wiederholung früherer Zeiten, als das Kind allein gelassen worden war und die Mutter bei ihrer Rückkehr versuchte, Wiedergutmachung zu leisten, nur um dann von ihrem Kind auf Distanz gehalten zu werden. Also: Mutter gibt sich noch mehr Mühe; Kind entscheidet, das sei alles Theater und nicht ernst zu nehmen, zieht sich noch weiter zurück; schließlich geht Mutter hoch und springt dem Jungen fast an die Gurgel – was sie dann vornehm als ›Sackgasse‹ bezeichnet.

Die große Lösung konnte ich ihr nicht bieten, doch ich sagte ihr, je weniger sie spreche, wenn sie sich ihrem Kind zu nähern suchte, desto besser, dann würden sich die Probleme wohl von selbst lösen. Ich ermutigte sie, zärtlich und rücksichtsvoll zu sein, *ohne* es allzusehr herauszukehren – was schwierig für sie war, denn sie war schon ein bißchen Schauspielerin, und selbst ein einfaches Gespräch mit mir wurde manchmal zur ›Vorstellung‹. Sie steigerte sich immer sehr hinein, merkte es dann schließlich und sagte es auch, doch bis dahin hatte sie immer schon viel mehr geredet, als sie eigentlich sollte. Doch immerhin konnten wir einen gewissen Erfolg verbuchen, bei ihr wie auch bei dem Jungen. Wir versuchten, dem Jungen zu der Einsicht zu verhelfen, daß seine früheren Erfahrungen ihn noch immer plagten und ihn überempfindlich machten; und der Mutter versuchten wir klarzumachen, was der Junge damals empfunden hatte und noch immer empfand – welche Empfindung immer wieder geweckt wurde, wenn sie ihn mit Aufmerksamkeit überhäufte.

Dieses Wort ›überhäufen‹ erwies sich in unseren Gesprächen mit ihr tatsächlich als das entscheidende. Eines Tages sagte sie, es sei ihr bewußt, daß sie den Jungen manchmal zu sehr mit Aufmerksamkeit überhäufte und daß sie es lernen müsse, mütterlich zu sein, ohne das so stark zu betonen. Ich erinnerte sie daran, was sie uns schon bei einem früheren Besuch erzählt hatte: Wenn sie von irgendeinem Auftrag zurückkam, überhäufte sie ihren Sohn mit Geschenken, und häufig zeigte er überhaupt kein Interesse daran, oder er schnappte sie sich, riß die Verpackung auf, machte ein grämliches Gesicht oder schaffte es, das Ding beim Spielen in kürzester Frist kaputtzumachen. Gerne hätte ich gewußt – und das sagte ich ihr auch –, ob ihr Sohn heute nicht selbst ein klare Verbindung herstellen könne zwischen dem damaligen ›Überhäuftwerden‹ mit Geschenken und dem jetzigen ›Überhäuftwerden‹ mit Aufmerksamkeit und Anteilnahme. Sie war nicht sofort überzeugt – doch kurze Zeit später machte sie sich diesen Zusammenhang selbst klar. Sie beobachtete, wie ihr Sohn bei bestimmten Gelegenheiten auf sie reagierte, und sie rief sich einige seiner früheren Reaktionen ins Gedächtnis, und eines Tages stimmte sie mir zu: ›Frau Freud, ich glaube, da ist ein bißchen was dran.‹ Von dieser robusten und kritischen Reporterin war das ein großes Kompliment.«

Anna Freud kam dann wieder auf die Welt der Gettos zu sprechen, über deren massive Probleme wir uns unterhalten hatten. Im Getto, sagte sie, fühlen sich viele Eltern ebenso schwach, hilflos und verletzbar wie Kinder, und für Kinder werden sie auch von denen gehalten, die keine Verwendung für sie haben, und manchmal sogar von Sozialarbeitern und Leuten von der Wohlfahrt, die sie aufsuchen. Wenn sie auf diese Weise die psychoanalytische Arbeit mit Kindern neben die Bemühungen sozialer und politischer Aktivisten oder professioneller Betreuer stellte – allen geht es darum, den Gettofamilien zu einem besseren Leben zu verhelfen –, dann war ihr durchaus bewußt, daß man das für gönnerhaft oder herablassend halten konnte, obgleich die Analogie ihrer Ansicht nach durch bestimmte psychologische Wahrheiten begründet war: »Immer wenn ich einen Patienten sehe, versuche ich mir ins Bewußtsein zu rufen, was ihn (oder sie) zu mir geführt hat; ich denke daran, wie empfindlich die Menschen sind, wenn es um sie selbst geht – immer fürchten sie, von anderen ausgenutzt zu werden. Das ist auf unserem Arbeitsgebiet ein wirkliches Problem: Wir haben die meiste Zeit mit Menschen zu tun, die uns brauchen – und das sind genau diejenigen Menschen, welche die meiste Angst haben, daß andere sie ausbeuten oder auf sie herabsehen, und diese Angst richtet sich natürlich gegen uns. Wir müssen immer weitermachen und unsere Möglichkeiten nutzen, und wissen doch genau, daß es während der Behandlung immer zwei Schritte nach vorn und einen zurück geht (hoffentlich nicht umgekehrt!) und daß es so und nicht anders läuft: Ganz gleich, wie schlau wir sind und wie genau wir uns die ›Psychodynamik‹ zurechtgelegt haben, egal wie freundlich und taktvoll wir sind – es bleiben Zweifel, böse Befürchtungen und Schlimmeres, was sich gegen uns wendet. Die Wirklichkeit sieht doch häufig so aus: Die Leute, die Hilfe brauchen – sei es eine Therapie, eine Analyse, soziale oder politische Hilfe –, sind abhängig, sie sind aus dem Gleichgewicht, deprimiert oder sogar verzweifelt; das ist es, was die Leute in städtische Ämter gehen läßt, wenn sie arm und arbeitslos sind, oder zum Analytiker, wenn sie persönliche Probleme haben. Auf der anderen Seite wollen aber genau diese Leute nicht das Gefühl haben, daß andere sozusagen auf ihre Kosten leben – daß es also anderen gutgeht, weil sie auf ›die Neurotiker‹ oder auf ›die Armen‹ herabblicken können. Wir möchten ja bei den Menschen, denen wir helfen wollen, den Eindruck vermeiden, wir lebten ›auf ihre Kosten‹ (wenn es wirklich nicht so ist), und doch setzen wir uns aus ihrer Sicht nur allzu leicht ins Unrecht: ein bestimmtes Wort, eine Bemerkung, ein Angebot, ein Vorschlag, und schon ist es passiert. Also kommt es auf jedes Wort an, und selbst wenn wir das wissen, können wir straucheln – entweder, weil jemand nur darauf wartet, daß wir straucheln, oder weil wir nicht mehr ganz so wachsam sind und irgend etwas tun oder sagen, das allzu leicht mißverstanden werden kann.«

Sie sprach noch lange weiter über dieses Thema, und ich war beeindruckt vom Ausmaß und der Intensität dieser Selbstprüfung – von der Bereitschaft einer älteren, berühmten Analytikerin, nicht nur die Probleme anderer aufs Korn zu nehmen, die in der Kommunikation und in den zwischenmenschlichen Beziehungen für Störungen sorgen, sondern auch ihre eigenen (*unsere* eigenen) Anfechtungen und blinden Flecke. Sie versuchte offenbar, das komplizierte Auf und Ab unserer wechselseitigen Verstrickungen immer wieder aufs neue zu untersuchen – die Art und Weise, wie Rasse, soziale Klasse und Unbewußtes uns zu diesem und jenem Gefühl bewegen. Diese Art von Selbstbeobachtung verfolgte sie jedoch mit einem bestimmten Ziel, einer Hoffnung: daß man nämlich mit der so erlangten Selbsterkenntnis etwas anfangen kann, eine Verbesserung der Behandlung, sensiblere soziale und politische Eingriffe oder vielleicht eine Kombination von beidem.

Jahre später dachte ich an diese Unterhaltung zurück – an die Tiefe des Gefühls, die sie im Gespräch zeigte, ihre Energie beim Austausch von Gedanken, die Reichweite ihres Intellekts, mit dem sie ein höchst komplexes und verwickeltes Problem überblickte, und vor allem an ihren offenkundigen Impuls zu helfen. Ich las das Buch eines ihrer jungen Analysanden aus den späten zwanziger Jahren, *Eine Kinderanalyse bei Anna Freud,* ein außergewöhnliches Dokument über eine ihrer ersten Kinderanalysen. Der Autor ist Peter Heller, der damals als Neunjähriger in Wien lebte und heute Literaturwissenschaft in den Vereinigten Staaten lehrt. Das Buch enthält auch Anna Freuds ausführliche Berichte über ihre Arbeit mit dem Jungen, außerdem seine Gedichte, Zeichnungen, Kurzgeschichten und psychologischen Selbstbeschreibungen. »Meine Erinnerung sagt mir«, schreibt Anna Freud, »daß diese Bemerkungen [über die Fortschritte des Jungen] sehr viel ausführlicher sind als die über jede andere meiner Kinderanalysen. Denn über diesen Fall hielt ich einen recht langen Vortrag vor der Psychoanalytischen Vereinigung in Budapest.« Recht wertvoll sind auch Peter Hellers Bemühungen, sechzig Jahre später diese Analyse zu rekonstruieren. Er versucht, sich an Anna Freud zu erinnern und herauszufinden, was in seinem Leben geschehen war, was die Analyse veranlaßt hatte, wie es während der Analyse zuging, als er seine Träume erzählte und mitteilte, was ihm durch den Kopf ging, als er sein Herz ausschüttete in Form von Zeichnungen, Erzählungen und bewegenden Gedichten. An Anna Freud erinnert er sich so: »Ich sehe den reinen durchdringenden Blick und höre die reinigende Stimme und die Deutungen Anna Freuds, die ich als Kind mehr liebte und verehrte als alle anderen Menschen.« An anderer Stelle blickt er zurück auf sein kindliches Selbst, als sei es eine fremde Person. Er schreibt: »Anna Freuds Fähigkeit, auf diesen Buben so einzugehen, wie sie es in der Analyse getan hat; ihn so zu verstehen, aufzuklären, aus sich herauszulocken und über sich hinauszubringen, scheint sie mir im besten Licht zu zeigen, in ihrer einzigartig klaren, oft überklaren Intelligenz, ihrem Humor, ihrer Fähigkeit zu einem reinigenden, kathartischen Eingehen, das keine ›collusion‹, keine Brüderschaft mit Schwächen zuläßt und ihnen doch gerecht wird. Auch hier tritt das moralistisch-moralinische Element bei ihr etwas zutage, das aber durch den Stand des Erwachsenen als Erzieher gerechtfertigt erscheint.«

Wenn man Anna Freuds Bemerkungen liest, mit denen sie Peter Hellers Träume und Zeichnungen sowie seine Äußerungen während der Analysestunden kommentiert, dann fällt einem auf, wie naiv-pragmatisch und distanziert diese junge Analytikerin war – und doch war sie zugleich auch fürsorglich und empfänglich. Ein wenig moralisch mag sie gewesen sein – das war sie auch später –, doch von Zimperlichkeit und Puritanismus war sie weit entfernt: Ihre Bemerkungen enthalten viele kluge Deutungen der Lüste, Eifersüchte und Ekstasen des Jungen. Die verschiedenen Körperfunktionen und -geräusche werden völlig ungezwungen notiert und mit dem kleinen Patienten erörtert; und auch die Art und Weise, wie sie über sexuelle Dinge oder über die gemeinen und häßlichen Seiten des Lebens spricht, verrät eine kultivierte, entspannte, ja sogar gelassene Haltung gegenüber der menschlichen Natur. Anna Freud war von einer grundlegenden »weltlichen« Toleranz – das Ergebnis einer tagtäglichen Konfrontation mit der rücksichtslosen Offenheit, die Jungen und Mädchen einer verständnisvollen Person wie ihr bisweilen entgegenbringen. Meine Frau Jane und ich sahen bei Anna Freud durchaus eine gewisse Strenge, auch eine Rechtschaffenheit, die manchmal, wenn sie zur Selbstgerechtigkeit tendierte, auch anstrengend werden konnte. Doch Peter Heller stellte sie als Kind auf die Probe mit seiner wilden Sinnlichkeit und seinen Wutausbrüchen, und das machte sie keinesfalls zur zänkischen Gouvernante, ganz im Gegenteil: Er erweckte bei ihr eine ähnliche Offenheit, und sein Leid löste bei ihr keine richterliche Reserviertheit aus, sondern Großzügigkeit und Verständnis. Ich wünschte, diejenigen unter uns, die mit »Moralin« behaftet sind, träfen so oft wie nötig auf einen Peter Heller; das würde uns ab und zu vom Thron herunterholen.

Schon früh hob Anna Freud hervor, wie wichtig es ihr als Analytikerin ist, »mit positiver Übertragung zu arbeiten«. Das ist unter Analytikern keineswegs selbstverständlich. Selbst diejenigen, die mit Kindern arbeiten, entschließen sich bisweilen dazu, weniger die enge Beziehung oder die wohltuende Zusammenarbeit mit ihrem Gegenüber in den Mittelpunkt zu stellen. Statt dessen werden sie zu Stellvertretern für die gefürchteten, abgelehnten, verhaßten Personen im früheren Leben ihrer Patienten, und damit helfen sie diesen Patienten zu verstehen, was damals los war. Es gibt alle möglichen Arten von »Heilern«, und einige unter denen, die mit den negativen Aspekten der Übertragung arbeiten, sind vielleicht gerade die mutigsten und stärksten. Doch gibt es auch eine beträchtliche Zahl von Psychiatern und Analytikern, die bei ihrer Tätigkeit offenbar eine besondere Begabung dafür haben, bei anderen Abneigung zu erwecken. Das sind Männer und Frauen, die nicht besonders warmherzig, freundlich oder großzügig sind und daher höchstwahrscheinlich nicht die Zuneigung ihrer Patienten wecken; das führt dann dazu, daß sie in einer nicht ganz sauberen Analyse »die negative Übertragung durcharbeiten«.

Bei ihrer Arbeit mit Patienten wie auch bei ihren verschiedenen Forschungsprojekten versuchte Anna Freud stets, eine Verbündete zu sein für diejenigen, die sie behandelte oder beobachtete – allerdings eine Verbündete, die sich das Recht vorbehielt, zu sagen, was zu sagen war, eine Verbündete, die sich nicht mit Beschönigungen aufhielt, wenn man im Interesse der Wahrheit auch einmal Verbitterung konstatieren mußte. Ich glaube, einen wesentlichen Zug ihrer Persönlichkeit – nämlich die »Heilerin«, die ihre mütterliche Wärme mit nachdenklicher Zurückhaltung maskiert – habe ich erlebt, als wir uns, wie erwähnt, über einige der schwarzen Kinder unterhielten, die ich im Süden kennengelernt hatte: Kinder, die Spießruten laufen mußten, um in eine Schule zu gelangen, in der die Rassentrennung erst kürzlich aufgehoben worden war. Ähnlich war es, als ich ihr die ersten Interviews vorführte, die ich Anfang der siebziger Jahre mit Kindern aus den Favelas von Rio de Janeiro gemacht hatte.[4] Diese Jungen und Mädchen lebten unter den miserabelsten Bedingungen, die man sich vorstellen kann. Einige waren schlicht Straßenkinder, die in provisorischen

Hütten oder in Seitengassen hockten und versuchten, immer wieder eine Nacht zu überstehen; am Tage bettelten sie, »drehten Dinger« oder vertrieben sich die Zeit mit Spielen und Wettkämpfen, bei denen sich oft eine Mischung von Sinnlichkeit und Treulosigkeit zeigte. Ich sah, daß Anna Freud entsetzt war über das, was diese Kinder sagten, taten oder zeichneten – obwohl sie als »Veteranin« unzähliger Kinderanalysen natürlich wußte, daß der »Primärprozeß« (also die Wünsche und Phantasien, die von sogenannten »normalen«, »reifen« oder »erwachsenen« Personen unter der Decke gehalten werden) bei privilegierten Kindern und Erwachsenen nicht weniger schokkierend ist als bei jemandem, der buchstäblich im Schmutz lebt. Nachdem ich zwei Stunden lang praktisch einen Monolog gehalten hatte, unterbrochen nur durch gelegentliche Zwischenfragen, ließ sie sich in ihrem Sessel zurückfallen und erwiderte mit Leidenschaft: »Angesichts all dessen, was Sie erzählt haben, sind wir so hilflos – da geht es uns wie diesen Kindern. Sie können nicht viel unternehmen, um ihre Welt zu verändern, und wir auch nicht. Manche Leute sagen mir, es gebe Probleme, die nur von seiten einer Regierung gelöst werden könnten, doch die brasilianische Regierung scheint nun wirklich kein Interesse daran zu haben, die Probleme dieser Kinder zu lösen. Wir wissen doch, wie viele Kinder auch in England oder in den Staaten in Schwierigkeiten sind, und jeder hebt die Hände und sagt, jemand anderes solle versuchen, die Situation zu bessern.

Als wir noch alle jung waren und begannen, mit Kindern zu arbeiten, glaubten wir, auf diese Weise würden wir die Welt verändern. Wir glaubten, wir würden einigen Kindern dazu verhelfen, besser zu leben, besser zu *sein*; und mit dieser Besserung ihres emotionalen Zustands würden sie wiederum anderen helfen, und bald würde der Unterschied sichtbar werden – in einem Häuserblock nach dem anderen. Ich fürchte, da waren wir naiv. Es gibt einfach zu viele Leute gegenüber einer Handvoll Analytiker. Und in vielen Ländern existieren wir übrigens gar nicht – und wenn doch, dann bekommen wir nur Kinder zu Gesicht, deren Eltern eine Menge Geld haben. Wir wissen, daß es auch bei diesen reichen Kindern viele Probleme gibt, und vielleicht können wir überhaupt nur mit *solchen* Problemen fertig werden. Doch wenn ich an diese Favela-Kinder denke, dann will ich etwas unternehmen. Ich weiß nicht was – aber irgend etwas. Das ist bezeichnend für uns, sehr bezeichnend: helfen zu wollen, ohne zu wissen, was man überhaupt tun kann.«

Ich fühlte mich gedrängt, ihr eine Frage zu stellen: »Was würden Sie tun, wenn Sie nach Rio kämen, und man würde Sie bitten, den Leuten einen Rat hinsichtlich der Favela-Kinder zu geben?« Sie runzelte die Stirn. »Ich würde mich genauso hilflos fühlen, wie Sie sich gefühlt haben müssen. Sie fragen mich, was ich tun würde – aber ich habe ja gehört, wie hilflos Sie sich fühlten, und mir ging es genauso, sogar in England, und was hätte ich denn dann in Brasilien zu bieten? Vielleicht haben wir gar keine andere Wahl als zuzugeben, daß wir bestimmte Dinge *nicht* können. Das ist allerdings nicht leicht – nicht, wenn man sich dessen bewußt zu bleiben versucht, wie die Armen leben, oder wenn man sogar hinfährt und es sich selbst ansieht. Das Problem beim ›Ansehen‹, so wie Sie es getan haben, besteht darin, daß es Konflikte heraufbeschwört, aber nicht notwendigerweise auch die Mittel liefert, diese Konflikte zu lösen. Sie wollen Rio de Janeiro verändern, aber dazu haben Sie nicht die Macht. Sie wissen, was diese Kinder brauchen – eine Familie, Nahrung, Obdach –, doch Sie haben nicht die Macht, ihnen das zu verschaffen. Sie haben nur die Möglichkeit, zu schreiben und andere zum Nachdenken zu bringen. Doch wahrscheinlich ist Ihnen inzwischen klar, daß selbst dann, wenn Tausende Ihre Worte lesen, letztendlich auch diese Leser nichts unternehmen werden – sie werden sich so hilflos fühlen wie Sie.«

Das war ein überaus realistischer Kommentar, der mich nur um so hilfloser machte, und doch konnte ich mir die Frage nicht verkneifen: »Was würden Sie denn tun, wenn Sie langfristig in einer Stadt wie Rio de Janeiro leben würden?« Kaum ausgesprochen, hätte ich diese Frage am liebsten zurückgezogen und mich dafür entschuldigt. Denn sie hatte mir ja schon zu verstehen gegeben, daß sie meine Frustration verstand und sie sogar selbst empfand. Rasch blickte sie mich an, und für ein paar Sekunden schaute sie mir direkt in die Augen. Ich hatte das Gefühl, nun sei eine Rüge fällig; die strenge Sittenlehrerin war offenbar drauf und dran, ihren Studenten beim Kragen zu packen und ihm klarzumachen, daß ein bestimmtes Gebiet bereits abgegrast war, und das reichte doch wohl. Doch wieder einmal befand ich mich im Irrtum über ihre Gefühle und Gedanken, denn als sie nun sprach, schien ihre Stimme eher Schmerz zu verraten als Ungeduld oder Verdruß, und ihre Züge waren eher melancholisch als mißbilligend. »In etwas anderer Form habe ich mir diese Frage auch schon gestellt, vorhin, als wir uns unterhielten. Das heißt, ich habe sie mir nicht *direkt* gestellt, ich habe meiner Phantasie freien Lauf gelassen und mir vorgestellt, ich sei nach Brasilien geflogen und wäre jetzt in Rio de Janeiro. Ich würde hier eine Weile bleiben wollen und fragte mich daher, was jetzt zu tun sei. Ich stellte mir vor, ich würde hier jemanden kennen, den ich anrufen kann und fragen, was eine Analytikerin wie ich hier machen kann. Viel weiter bin ich allerdings nicht gekommen. Ich konnte mir die Person nicht bildlich vorstellen, mit der ich sprach, und das bedeutet ja auch schon etwas. Das nächste, woran ich dachte – und das konnte ich mir nun doch bildlich vorstellen: Ich würde versuchen, ein Heim zu gründen, so wie es Frau Burlingham und ich während des Zweiten Weltkriegs gemacht haben. So weit bin ich gekommen ... Ginge ich wirklich nach Brasilien, dann wäre das vielleicht tatsächlich der Punkt, bis zu dem ich käme, und ich wäre glücklich, so weit zu kommen: ein Heim für diese Slumkinder.«

Sie sah mir an, was ich darüber dachte, und antwortete auf meinen unausgesprochenen Einwand: »Sie haben recht: Selbst wenn wir hundert oder zweihundert Kinder hätten, blieben immer noch Hunderttausende übrig, die wir *nicht* im Heim hätten. Ich weiß noch, wie schwer es uns in London fiel, jemanden abzuweisen, und doch mußten wir das tun.« Sie schwieg, scheinbar in Erinnerungen versunken. Auch ich erinnerte mich, und zwar an eine Passage aus ihrem Buch über *Anstaltskinder*, in der sie und Dorothy Burlingham über den Andrang der Bewerber um den notgedrungen begrenzten Raum sprechen. Einige Tage später las ich die Stelle nach: »Die meisten dieser Bitten waren so dringlich, daß es sehr schwer war, sie abzulehnen. Es schien uns einfach nicht richtig, dem einen Kind ein Leben unter verhältnismäßig sicheren und angenehmen Umständen zu verschaffen, und dann der nächsten Mutter zu erklären, daß wir ihrem Kind nicht das gleiche bieten können.« Anna Freud und ihre Mitarbeiter drückten immer wieder ein Auge zu, machten Ausnahmen, schoben hier und da noch ein Kind dazwischen, taten, was sie konnten, um Notfälle aufzunehmen – wohl wissend, daß die Situation *aller* einem Notfall gleichkam: Kinder, die kein Zuhause mehr hatten, die in Notunterkünften krank geworden waren, deren Väter im Krieg waren und deren Mütter arbeiten mußten. Ihre Bemerkung in den Berichten über diese Heime läßt die gleiche moralische Pein erkennen, die sie offenbar auch empfand, als sie versuchte sich vorzustellen, wie sie inmitten des unermeßlichen Leids und des Chaos der brasilianischen Favelas ein briefmarkengroßes psychologisches Schutzgebiet absteckte. Auch ein Brief, den sie mir 1969 schrieb (siehe Anhang, Seite 264 f.) zeigt, daß die Misere einer riesigen Zahl unterprivilegierter Kinder vielleicht außer Reichweite der Psychoanalyse, nicht aber jenseits ihrer tiefen Anteilnahme war.

Was Anna Freuds Beziehung zum Leid der vielen Kinder betraf, die sie schließlich kennenlernte, so sagte mir jene moralische Pein mehr darüber als alles andere. Die Tränen, die sie darüber in ihrem Leben immer wieder vergossen haben muß, zeigte sie nicht – sie deutete sie nicht einmal an. Daß sie während des »Blitzkriegs« diese Kinderheime geführt hatte und später auch ein Heim für Kinder, die das Konzentrationslager überlebt hatten – diese Tatsache *selbst* war ihre ganz persönliche Stellungnahme, nicht anders als jene Phantasie über Brasilien. Durch ihre Arbeit als Kinderanalytikerin wollte sie all das an »Heilung« leisten, was ihr überhaupt möglich war, und auf *jede* Weise, die ihr möglich war: mit einzelnen Analysanden; in öffentlichen Einrichtungen für Kinder; in Ausbildungsprogrammen, um die Zahl der psychologisch einfühlsamen Männer und Frauen zu erhöhen, die mit Kindern arbeiten; und schließlich durch die Beratung anderer (zum Beispiel Lehrer, Krankenpfleger, Sozialarbeiter), die ihrerseits den Kindern viel zu bieten haben, die jedoch immer wieder in Schwierigkeiten und in Sackgassen geraten und daher selbst ein wenig »Heilung« brauchen.

Jene »Heim-Phantasie« war aber für sie noch keineswegs erledigt. Früher einmal hatte ich ihr von einigen Nonnen erzählt, die am Fuße einer Favela in Rio de Janeiro, die ich besonders gründlich kennenlernte, eine Schule und ein Krankenhaus führten. Damals schien sie nicht besonders interessiert daran, doch nun, Jahre später, kam sie wieder auf diese Nonnen zu sprechen: »Vielleicht sind sie der Schlüssel; Sie könnten hinfahren, mit ihnen arbeiten und ihnen ihr Geheimnis abschauen.« Ich wartete, ob sie fortfahren würde, doch sie schwieg. Das Wort »Geheimnis« schien mir etwas befrachtet, daher antwortete ich: »Diese Nonnen scheinen überhaupt keine Geheimnisse zu haben. Sie arbeiten Tag und Nacht, und wenn man sie besucht und mit ihnen ißt (und Wein trinkt), dann erzählen sie, sie hätten nicht das Gefühl, daß das irgendwohin führt – dennoch sei es eben das, was für sie zu tun sei.«

»Nun, *das* ist ihr Geheimnis«, gab sie zurück. »Wenn man einigermaßen seinen Frieden damit gemacht hat, *was* man tut, *warum* man es tut, was man kann und was man *nicht* kann – dann hat man auf jeden Zweifel eine Antwort. Man hat dann gelernt, zu sich selbst zu sagen: Was ich nicht kann, habe ich akzeptiert, und ich denke, ich weiß, was ich auf eine Weise tun kann, die es mir ermöglicht, dabei auch zu bleiben.« Ich fragte mich, ob sie von dem, was sie da sagte, wirklich überzeugt war. Plötzlich lächelte sie und fügte hinzu: »Ich glaube, wenn ich nach Brasilien ginge, dann hätte ich zunächst überhaupt keine bestimmten Pläne – außer, zu diesen Nonnen zu gehen und sie zu bitten, mich für einige Zeit zu unterrichten, damit ich eines Tages eine Möglichkeit finden würde, mit den Kindern dort zu arbeiten.« Ich dachte daran, was mir Dorothy Day einmal gesagt hatte, als sie sich auf die Möglichkeiten und Grenzen ihrer Arbeit besann, die sie in den von ihr eingerichteten Suppenküchen an der Lower East Side leistete: »Das erste ist, daß man weiß, was man *nicht* kann; als nächstes muß man diejenigen finden, die einem beibringen, *was* man tun kann – dann kann man sich hinstellen und anderen helfen, sich hinzustellen.«[5] Das ist eigentlich ein Bild aus der Kindheit: Kinder, die sich selbst beibringen, zu stehen, und dann anderen helfen, zu stehen. Und der »Heiler« als jemand, der auf jede eitle Selbstgewißheit verzichtet, der zurückkriecht in die Kindheit und dann aufs neue lernt, sich aufzurichten, Seite an Seite mit anderen.

V. KAPITEL
Die Leitfigur

Viele von uns waren politisch sehr aktiv...
Die Psychoanalyse versprach uns nicht nur
»Befreiung« um ihrer selbst willen, sondern
auch die Möglichkeit, auf die »Befreiung«
anderer hinzuarbeiten. Politische Aktivitäten,
sozialer Aktionismus, das waren wichtige Dinge in
unserem Leben... vor allem für diejenigen, die
an Kindern und Erwachsenen interessiert waren:
Aus ihnen wurden Analytiker, die der Welt in
vielfältiger Weise geholfen haben.

Grete Bibring

Weder als Arzt noch als Intellektueller war Sigmund Freud ein Einzelgänger. Er pflegte intensive Freundschaften mit Kollegen, und zwar vor wie nach dem Beginn seiner Mitte der neunziger Jahre einsetzenden Laufbahn als »erster Psychoanalytiker«. Seine Verbindungen mit Breuer und Fließ sind heute Gegenstand biographischer Legenden, ebenso wie die Beziehungen zu Jung, Adler, Ferenczi, Abraham, Sachs, Jones und Reik: eine ganze Reihe von Namen, die durch ihre Verbindung zu Freud in die Geschichte eingegangen sind. Diese komplizierten Beziehungen zu Männern und Frauen, die sich entschlossen hatten, mit Freud zu arbeiten und Anteil an seinen Gedanken zu nehmen, beruhten jedoch nicht auf bloßer Geselligkeit, auch nicht auf »Charisma«. Vielmehr hatte er schon frühzeitig die Gründung einer *Bewegung* im Sinn – daher die von ihm initiierten regelmäßigen Zusammenkünfte mit Kollegen, daher auch die Ringe, die er jenen wenigen ausgewählten Menschen überreichte, die sich als erste um ihn sammelten. In seinen Vierzigern, im ersten Jahrzehnt dieses Jahrhunderts, wurde er – der bis dahin der Welt unbekannt war – zu einer Leitfigur.

Denn er war nicht nur darauf aus, die Psyche zu erforschen und über seine Erkenntnisse oder Vermutungen zu schreiben, sondern ihm lag ebenso daran, daß andere sich an diesen Forschungen beteiligten und, noch wichtiger, sich ihm als Praktiker anschlossen und ihre Patienten mit einer neuen, originellen und anspruchsvollen Methode behandelten.

Als ich 1969 an einer biographischen Studie über Erik H. Erikson arbeitete, besuchte ich Heinz und Dora Hartmann, die beide als Analytiker arbeiteten. Heinz Hartmann war der Supervisor von Erikson, als dieser noch am Psychoanalytischen Institut in Wien ausgebildet wurde; daher war es wichtig für mich, mit Hartmann über Erikson zu sprechen, der nun, ungefähr vierzig Jahren später, recht prominent geworden war. Auch Hartmann selbst war für die Geschichte der Psychoanalyse eine außerordentlich wichtige Figur: ein Analysand Freuds, ein origineller und überzeugender Theoretiker, einer der Lehrer von Anna Freud, eine umfassend gebildete Persönlichkeit. Seine Würde und Kultiviertheit verschafften ihm den beträchtlichen und nahezu ungeteilten Respekt anderer – und das in einem Beruf, dessen Geschichte von Cliquen, Abspaltungen, sich bekämpfenden Schulrichtungen und groben Polemiken geprägt ist.

Hartmann hatte nicht mehr lange zu leben; ganz offen sprach er mit mir über seine Herzprobleme, während wir – in ihrer komfortablen New Yorker Wohnung in der Fifth Avenue – gemeinsam mit seiner Frau Dora einen guten Sherry kosteten. Es war, als würden wir mit einem Schlag zurückversetzt in ein früheres Jahrzehnt unseres Jahrhunderts, in eine ganz eigentümliche Ecke der europäischen Welt: »Freuds Praxis war sein Laboratorium, seine Forschungsbibliothek. Im Sprechzimmer machte er seine Entdeckungen. Seine Patienten erzählten ihm von ihren Problemen, und er versuchte herauszubekommen, was deren Ursache war. Und wenn er glaubte, es herausbekommen zu haben, schrieb er Aufsätze und Bücher. Denken Sie daran, daß er ein Arzt war, der sich an andere Ärzte wandte: *Dieses* habe ich herausbekommen, und *auf diese Weise* habe ich es herausbekommen, und wenn es euch interessiert, könnt ihr versuchen, mit euren Patienten ähnlich vorzugehen. Das war ein wesentlicher Zug Freuds. Ich bin mir nicht sicher, ob das in den Biographien über ihn schon genügend beachtet wurde: wie sehr ihm daran gelegen war, daß andere mit ihm diskutierten, und, noch wichtiger, daß sie Patienten so erlebten, wie er sie erlebte, so daß auch Stoff zur Diskussion gegeben war. Die klinische Seite war in seinem Leben außerordentlich wichtig, und er wollte kein Kliniker sein, der völlig auf sich allein gestellt ist. So hatte er zum Beispiel auch mit Breuer gearbeitet. Das gehörte zur Tradition der großen Männer, die ihre Größe mit anderen teilen. Es gibt welche, die damit zufrieden sind, ganz allein ›groß‹ zu sein. Andere brauchen Begleiter – ja, richtig, und auch ein Publikum. Aber ich bin mir nicht sicher, ob ›Publikum‹ das treffende Wort ist – es paßt, aber das ist noch nicht alles. Ein Arzt will nicht nur seine Gedanken anderen mitteilen... ein Arzt will mit anderen Ärzten *arbeiten*, er will mit ihnen darüber sprechen, was die Patienten sagen und tun, wie es ihnen geht. Freud wollte sich mit anderen Analytikern zusammensetzen und Gedanken austauschen, keine Frage; doch er wollte auch *Erfahrungen* austauschen. Es stimmt, er war eine eindrucksvolle Person, und er inspirierte andere. *Charisma* ist das richtige Wort dafür, das hatte er, obwohl er klein war und nicht zu den begnadeten Rednern gehörte. Doch er lernte auch von anderen, und es war ihm angenehm zu wissen, daß das, was er tat, andere auch taten. So ist das nun mal bei uns Ärzten.

Es ist richtig, daß er sich auch für die ›Laienanalyse‹ einsetzte. Doch das ist ein ganz anderes Thema; es ist wichtig, gehört aber nicht zur Sache. Sie müssen sich in jene Zeit zurückversetzen; stellen Sie sich Freud zu Beginn dieses Jahrhunderts vor. Wenn man heutzutage über ihn spricht, im letzten Drittel des Jahrhunderts, in Amerika – dann ist das freilich schwierig. So vieles ist passiert. Jetzt kennt ihn jeder, und für jeden ist sein Einfluß etwas Selbstverständliches. Aber das war kein Mann, der Bücher schrieb und dann auf Rezensionen wartete. Das war kein Mann, der irgendwo eine schöne, feste Professur wollte, um derentwillen man dann zu ihm aufschauen sollte. Allerdings wollte er kritische Akzeptanz, er wollte jene Art von akademischer Akzeptanz, die weniger interessanten Leuten ohne weiteres entgegengebracht wurde, das stimmt. Doch seinen großen Kampf zu Beginn seiner Laufbahn, den führte er um – ja, was ist das richtige Wort dafür?«

Hier unterbrach er sich länger als gewöhnlich. Er konnte lebhaft und sehr anregend sprechen, und obwohl sein deutscher Akzent ziemlich ausgeprägt war, sprach er mit bezwingender Klarheit. Ich mußte stets schnell und entschlossen sein, wenn ich ihn unterbrechen oder unser Gespräch in eine andere Richtung lenken wollte. Doch jetzt durchsuchte er seinen englischen Wortschatz vergeblich. Seine Frau Dora kam ihm schließlich zu Hilfe: »Er wollte, daß andere mit ihm sprechen – er fühlte, daß er allein war.«

»Das ist richtig«, sagte er, »doch da passierte noch mehr. Er wußte, wieviel scharfe Kritik er auf sich zog. Er wurde als *outcast* betrachtet, als Pornograph, das ist keineswegs zuviel gesagt, und zwar von zahlreichen ›seriösen‹ Leuten aus den Universitäten, der katholischen Kirche, dem Berufsstand der Mediziner, der ziemlich konservativ war. Dieser Jude mit seinen komischen oder verrückten Ideen über Sex! Ich denke, er hoffte, wenn nur ein paar wenige die psychiatrische Praxis auf seine Weise betrieben, dann würden sich die Dinge besser anlassen.«

Er zögerte merklich, und als er fortfuhr, war es, als habe jemand zu ihm gesprochen, eine provozierende Äußerung getan, auf die er nun seinerseits eingehen müsse: »Er war ein Kämpfer, ohne Frage. Und er war nicht bereit, die Sache damit bewenden zu lassen, daß er eine Entdeckung gemacht und darüber geschrieben hatte. So läuft es ja gewöhnlich bei uns Ärzten; wir machen unsere Forschung, und dann schreiben wir einen Aufsatz oder vielleicht ein Buch. Freud hatte etwas anderes vor.«

Erneut Schweigen. Ich fragte mich, ob diesem urbanen, kultivierten und gebildeten Menschen wirklich die Worte fehlten, weil seine Gedanken weiter reichten als seine Fähigkeit, Englisch zu sprechen, oder ob ihm selbst nicht ganz klar war, was er eigentlich sagen wollte. Da griff erneut Dora Hartmann ein: »Sein erster Kreis – das waren Anhänger. Denk daran, daß er ihnen Ringe gab. Sie waren wie eine kleine Armee.«

Sie wollte das noch näher ausführen oder vielleicht auch sich korrigieren, doch das erledigte schon ihr Mann für sie, höflich, aber mit einigem Nachdruck: »Eine *kleine* Armee, eine *sehr* kleine. Das waren nur eine Handvoll Leute, eine Gruppe von Außenseitern. Dieses militärische Bild – nun, irgendwie paßt das schon auf die geschichtliche Situation. Freud führte einen Krieg im Namen dessen, woran er glaubte, und das tat er entschieden *nicht* allein. Er wollte andere neben sich wissen – einige nannten uns den ›Freud-Kreis‹, andere waren etwas weniger nett. Als ich begann, mich für Psychoanalyse zu interessieren, erklärte mir ein Freund, ich werde wohl jetzt zum ›Anhänger‹. Das war sarkastisch gemeint und sollte mich beschämen – als hätte ich die Unabhängigkeit meines Denkens eingebüßt. Ich wollte mit ihm darüber streiten, ich wollte mich verteidigen, doch ich stand da und sagte nichts als: ›Ja.‹ Er schaute mich an und fragte sich, was da wohl passiert sei. Offenbar wollte er, daß ich mich dafür entschuldigte oder zu rechtfertigen versuchte – oder ihm zeigte, daß er unrecht hatte. Aber ich sagte mir: Ich bin glücklich, daß ich diese neue Welt des Wissens entdeckt habe, ich werde meinen Weg gehen, und wenn er so darüber reden will, laß ihn. Ich glaube, damals hatten viele von uns keinerlei Furcht vor dem Gedanken, daß Freud unser Leben verändert hatte – mit seinen Ideen, aber auch mit dem, was wir daraus zu machen lernten: der Praxis der Psychoanalyse. Er *war* unsere Leitfigur.«

In den dreißiger Jahren war Anna Freud Analytikerin geworden, eine Lehrerin von Analytikern, Autorin psychoanalytischer Aufsätze und Bücher. Und sie war diejenige Analytikerin, der Sigmund Freud in persönlicher Hinsicht am nächsten stand: Er war ihr Vater, ihr Patient (er litt Schmerzen aufgrund seiner Krebserkrankung, und sie pflegte ihn ausdauernd), ihr Lehrer, Analytiker und Reisebegleiter. Die Psychoanalyse war jetzt keine oppositionelle Wiener Bewegung mehr. Anfangs hatte man sie als eine Gruppe von überwiegend jüdischen Ärzten betrachtet, die sonderbare Phantasien hatten, häufig auf skandalöse Weise verbunden mit Sex, mit körperlichen Funktionen und Freuden, die von Ärzten und Professoren, geschweige von gewöhnlichen Bürgern noch niemals erörtert worden waren. In den zwanziger Jahren jedoch kamen Leute aus ganz Europa und aus Amerika nach Wien, und Freud wurde bereits zu einer lebenden Legende, während seine Vorstellungen noch immer heftig und lautstark bekämpft wurden. Institute wurden gegründet, Zeitschriften blühten auf – und die Kontroversen nicht minder. An die Stelle von Streitigkeiten wie die zwischen Freud und Jung oder zwischen Freud und Adler, die mit einem konsequenten und völligen Abbruch aller Beziehungen endeten, traten jetzt vergleichsweise gemäßigte Differenzen und Debatten, bloße Meinungsverschiedenheiten, unterschiedliche Schwerpunkte und Nuancen.

In der oben zitierten Passage aus *Das Ich und die Abwehrmechanismen* sind solche Verschiebungen des Blickwinkels ausdrücklich erwähnt: Hier geht es einerseits um die »Konservativen«, die das Augenmerk stets und vor allem auf die Triebe lenken wollten, auf deren Kampf um Ausdruck, und andererseits um Neuerer wie Anna Freud und Heinz Hartmann (später auch Erik H. Erikson), die ihre eigene Art von Forschung betreiben wollten – wozu jede Generation das Recht und die Möglichkeit hat. Natürlich gibt es keine Institution ohne eine gewisse Spannung zwischen den Generationen – obgleich Freud als *elder statesman* in bezug auf seine Ideen weit weniger borniert, eifersüchtig und unbeweglich war wie einige seiner

Landsleute, die am Anfang Seite an Seite mit ihm gekämpft hatten und gar nicht daran dachten, der nachfolgenden Generation von Analytikern Platz zu machen (von denen viele aufgrund von Hitlers Politik über die Kontinente verstreut waren). Doch trotz der noch bestehenden Differenzen brachte der schließliche Triumph Freuds über seine frühen Gegner (oder Rivalen) ihm die unbestrittene Führerschaft in einer weltweiten Bewegung ein – einer Bewegung, die intellektuelle, medizinische und therapeutische Ziele verfolgte. Schon lange vor dem Aufstieg der Nazis an die Macht war er der international »bedeutende Jude«, als den Auden ihn später gefeiert hat. Er war alt und krank geworden, aber er war eine Ikone, auf die – wie es nicht anders sein kann – andere eifersüchtig ihren Anspruch anmeldeten.

William Carlos William, kein psychoanalytischer Theoretiker, aber ein scharfer Beobachter seiner amerikanischen Landsleute und ärztlichen Kollegen, hat einmal die »psychoanalytische Szene von Manhattan«, ziemlich schonungslos geschildert[1]: »Damals [Ende der dreißiger Jahre] waren viele der Autoren, mit denen ich befreundet war, in Analyse. Sie sprachen über ihre Analytiker, als seien es Götter – und über Freud sprachen sie, als sei er der Gott der Götter. Sie erzählten mir, daß sie sein Bild jeden Tag sahen, nämlich in den Sprechzimmern ihrer Analytiker: der Mann, der die ganze Sache gegründet hatte. Da wurde ich manchmal doch ein wenig störrisch und sagte: ›Hör mal, ich bin Arzt, und bei uns gab es auch schon etliche intelligente Leute, die uns viel erzählt haben, aber wir machen keine religiösen Figuren aus ihnen.‹ Ich übertrieb, doch ich wußte, daß ich da einen empfindlichen Nerv traf. Einige reagierten ziemlich heftig und sprachen über meine Vorurteile und meinen ›Widerstand‹. Ich zuckte mit den Schultern und sagte: ›Okay, wenn ihr auf diese Weise jede Diskussion abschneiden wollt – auch gut.‹ Aber es war doch eine Riesenschande: Intelligente und clevere Leute wurden plötzlich zu Gläubigen. Es ist doch ein Unterschied, sagte ich zu denen, mit denen ich überhaupt noch darüber reden konnte, ob man Patient ist oder gläubiger Anhänger. Sie nickten und beeilten sich dann, mir klarzumachen, wie rational *sie* waren und wie ›gestört‹ *ich* war. ›Du hast Angst‹, hörte ich immer wieder. Und: ›Du brauchst eine Analyse. Das ist die einzige Möglichkeit, zu verstehen, wovon wir sprechen.‹ Ein paarmal fragte ich sie: ›Wer analysierte eigentlich Freud?‹ Da lachten sie und erklärten mir, er sei die eine große Ausnahme gewesen. Das ging mir wirklich auf die Nerven, diese Art, über jeden anderen Menschen und dessen Gedanken hinwegzugehen – und Freud auf dieses lächerliche Podest zu stellen, als sei er in der gesamten Weltgeschichte der einzige gewesen, den man völlig unabhängig von seinen ›Problemen‹ ernst nehmen kann. Ein ›König der Könige‹! Ich habe mich oft gefragt, wie um Himmels willen er damit umgegangen ist, wenn er denn gewußt hat, welch fauler Zauber da in seinem Namen im Gange war.«

Freud bemerkte durchaus, wie ihm von seiten seiner verschiedenen Mitarbeiter und Anhänger geschah. Schon früh, lange bevor jener außergewöhnliche Erfolg sich einstellte, deutete er seine Auseinandersetzung mit Jung sowohl psychodynamisch als auch sachlich. Das war für ihn mehr als eine bloß intellektuelle Meinungsverschiedenheit, und es waren schließlich Jungs »Probleme«, die ihre harmonische Verbindung zerrütteten. Diese Art der Interpretation verstärkte sich noch im Laufe der Jahre und wurde von seinen Anhängern übernommen. Jeder rationale Diskurs, jeder Unterschied in den Auffassungen wurde vernebelt durch das ewige Schreckgespenst eines neurotischen oder gar psychotischen »Agierens«, das als Erklärung für jegliche »Abweichung« herhalten mußte. In der zitierten Passage von *Das Ich und die Abwehrmechanismen* hat Anna Freud auf diese Entwicklung ziemlich deutlich hingewiesen. Unter solchen Umständen kann es zur Herausbildung einer zählebigen Orthodoxie kommen, nicht unähnlich derjenigen, die man auch in religiösen Institutionen antrifft. Freud, der wißbegierige und phantasievolle Wissenschaftler, der ständig versuchte, seinen Ideen eine neue Form zu verleihen, wurde zum hochgeachteten »Gründungsvater« – und in kürzester Zeit wichen Respekt und Bewunderung einer Art von Verehrung, die einen Beigeschmack genau jener neurotischen Aktivität hatte, die er selbst in *Die Zukunft einer Illusion* immer wieder als die Hauptstütze aller Besucher von Kirchen, Moscheen und Synagogen beschrieben hatte.

Dennoch kann man die Freud-Porträts in zahllosen psychoanalytischen Praxen – die in den vierziger und fünfziger Jahren wesentlich zur Atmosphäre psychoanalytischer Behandlungszimmer und Institute gehörten – durchaus auch als Zeichen eines Respekts werten, den sich ein hervorragender »Konquistador« (so hat sich Freud einmal selbst bezeichnet) mehr als verdient hat. Schließlich gab es diese Institute und Praxen überhaupt nur aufgrund seiner geistigen wie emotionalen Errungenschaften und dank seines Entschlusses, diesen Ideen eine dauerhafte institutionelle Form zu geben, sie also von Dutzenden, bald Hunderten und schließlich Tausenden von Menschen Tag für Tag praktisch umsetzen zu lassen. Diese machten sich seine Ideen nicht nur zu eigen, wie es häufig vorkommt, wenn man die Werke eines anderen liest, sondern sie widmeten diesem Denken ihr ganzes Arbeitsleben – eine völlig andere Art von Bindung, die den emotionalen Einsatz mit Sicherheit erhöht: In gewisser Hinsicht wird damit das gesamte Selbstwertgefühl sozial wie ökonomisch aufs Spiel gesetzt.

Freud war nicht nur ein außergewöhnlicher Denker, er war auch ein »politisches« Talent, ein Organisationsgenie. Er legte sich nicht nur mit der bürgerlichen Kultur des 19. Jahrhunderts an, sondern auch mit dem medizinischen Berufsstand, vor allem dem der Psychiater – und das war der Bereich, in dem darüber entschieden wurde, welche Psychotherapien als seriös und welche als rückständig oder unprofessionell zu gelten hatten. Diese Auseinandersetzung wurde gegen die größten Widerstände geführt; es war eine lange, erbitterte Schlacht, die Land für Land, Stadt für Stadt ausgefochten werden mußte, eine

Schlacht um Herz und Verstand jedes einzelnen, der sich entschloß, eine psychoanalytische Ausbildung zu beginnen, und eine Schlacht um die »herrschende Meinung« auf sozialem und kulturellem Gebiet. Schließlich erwuchs daraus die Psychoanalyse als angesehener Beruf, mit psychoanalytischen Instituten, die unmittelbar an medizinische Ausbildungszentren angeschlossen sind und auf verschiedenste Weise zu Universitäten in Beziehung stehen.

In einem im April 1968 im New York Psychoanalytic Institute gehaltenen Vortrag erinnerte Anna Freud ihr aus erfolgreichen Analytikern zusammengesetztes Publikum daran, über welch langen Zeitraum und gegen welchen Widerstand sich ihr Beruf hatte durchsetzen müssen. Die heutige Generation von Analytikern solle sich öfter einmal die frühen Aufsätze Freuds anschauen, denn dies würde ihnen lebhaft vor Augen führen, welche Privilegien sie im Gegensatz zu ihren Vorgängern genießen. Das war ein Tadel an die Adresse erwachsener Männer und Frauen, die doch Jahre damit zugebracht hatten, so ungefähr jedes Wort zu lesen, das Freud je geschrieben hatte. »Die jungen Analytiker unserer Tage erleben die Vorteile ihrer Position, als wären sie selbstverständlich. Ihre sorgfältige Ausbildung an einem anerkannten Lehrinstitut sichert ihnen die Achtung ihrer Berufskollegen und kommt ihnen, zumindest in Amerika, beim Stellenerwerb zugute. Der Aufbau einer Privatpraxis bereitet keine Schwierigkeit. Wer wissenschaftliche Arbeiten schreibt, findet ohne Mühe geeignete Stellen für ihre Veröffentlichung.«

Was sie damit sagen wollte – und das immerhin anläßlich der ›Sigmund Freud-Vorlesungen‹ –, war offenbar dies: Ihr, die ihr mir hier zuhört, habt es wirklich gut, und das in vielerlei Hinsicht, denn ihr habt Geld, Anerkennung und etablierte Absatzmöglichkeiten für eure Ideen. Doch etliche von euch haben etwas vergessen, und es ist mein Recht (meine Pflicht, mein Belieben), euch daran zu erinnern: »Nur der historisch Interessierte kann den Abstand ermessen, der solche Bedingungen von den Lebensumständen der ersten Analytiker trennt. Mißachtung von seiten der Öffentlichkeit, Mißtrauen und Verleumdung von seiten der Kollegen waren damals an der Tagesordnung. Als Vertreter einer noch unerprobten und revolutionären Wissenschaft war diese Generation von Pionieren gleichzeitig anstößig im sozialen Sinn, in schroffem Gegensatz zu den hergebrachten Konventionen ihrer Profession und Klasse und infolgedessen ohne finanziellen Rückhalt oder gesicherte Erwerbsmöglichkeiten.«

Das entbehrte nicht einer gewissen Ironie: Ausgerechnet diesen Zuhörern, die ihre Tage damit verbrachten, ihren Patienten dabei zu helfen, die eigene Vergangenheit wiederzuentdecken und das nur allzu absichtsvoll Vergessene wieder in Erinnerung zu rufen – diesen Zuhörern nun erklärte Anna Freud, sie selbst seien Opfer einer ernsten Erinnerungsstörung. Es sei ihnen einfach entfallen, was andere durchgemacht haben.

Doch was soll das? Was ist denn eigentlich passiert? Man könnte zum Beispiel erwidern, daß das Vergangene vergangen ist und daß es keinen Grund gibt, bei dem, was einmal war, zu verharren – vor allem dann nicht, wenn das Resultat nur in Selbstanklagen besteht oder in einer grenzenlosen Ehrfurcht vor denen, die in einer früheren Epoche lebten. Ein etwas positiverer Einwand wäre, daß die bei dieser Vorlesung Anwesenden sicherlich wissen und sich dessen auch bewußt bleiben, was ihnen geschenkt worden ist, daß sie es jedoch vorziehen, so zu handeln, als sei dies *nicht* der Fall (oder zumindest nicht immer). Eine noch skeptischere, um nicht zu sagen gehässige Antwort würde sich der scheinbar unschuldigen Form der psychoanalytischen Standardfrage bedienen: Was ist der wahre Grund für derartige Bemerkungen, welche geheimen Absichten stecken dahinter?

Freilich hielt Anna Freud diese Vorlesung im Jahr 1968, also zu einer Zeit großer sozialer und politischer Umwälzungen in Amerika. Sie sprach zu umgänglichen und gebildeten Männern und Frauen, die im urbanen und kosmopolitischen Klima Manhattans im großen und ganzen wohlhabende, wenn nicht sogar reiche Patienten empfingen.[2] In derselben Vorlesung bekennt sie offen, »daß die Psychoanalyse im Begriff ist, viel von ihrer Anziehungskraft auf die Jugend zu verlieren. Nach dem Ersten Weltkrieg und besonders in den frühen zwanziger Jahren war die Psychoanalyse vielfach eine Angelegenheit der Jugend... Siegfried Bernfeld, als Vertreter beider Richtungen, der Psychoanalyse einerseits und der neuen Jugendbewegung andererseits, machte es sich zur selbstgewählten Aufgabe, Scharen von Jugendlichen um sich zu sammeln und die ihm willig Folgenden in die neue Denkrichtung einzuführen.« Diese Jugendlichen sahen die Psychoanalyse »in Harmonie mit ihrem revolutionären Streben nach Befreiung von den gesellschaftlichen Schranken, von der bürgerlichen Moral, nach sexuellem Verständnis, in der mißverstandenen Hoffnung auf sexuelles Ausleben«.

Nachdem sie so mit offenkundiger Nostalgie die Zeit ihrer Jugend heraufbeschworen hat, wendet sie sich dem Hier und Heute der späten sechziger Jahre zu, da sie selbst die Siebzig schon überschritten hat: »Daß die jungen Zuhörer von damals heute zu den Alten gehören, ist unvermeidlich; daß die analytische Methode selbst heute aber von der Jugend der Elterngeneration zugerechnet wird, ist bedauerlich. Es hat zur Folge, daß in den Augen vieler Jugendlicher die Psychoanalyse heute nicht mehr den Weg zur Denkfreiheit bedeutet, der sie in Wirklichkeit ist. Statt dessen erscheint sie als ein Instrument der erwachsenen Welt, das dazu gebraucht werden kann, den jungen Menschen seiner Originalität zu berauben und ihn in eine oberflächliche Anpassung an die bestehende Umwelt zu zwingen. Als solches ist sie verdächtig und unerwünscht.« Sie versucht dann, dem Geist der späten sechziger Jahre noch ein wenig näherzukommen und nennt eine weitere Dimension, die mit der Enttäuschung der Jugendlichen an der Psychoanalyse zusammenhängt: »Niemand kann leugnen, daß der Analytiker seinem Analysanden nichts anderes zu bieten hat als Aufklärung über die Vorgänge in seinem eigenen Innern, über seine Konflikte und ihre ungeeigneten Lösungen, über seine selbstzerstörerischen Tendenzen usw. Solche Einsichten sind wertvolle Waffen im Kampf um das eigene Gleichgewicht, sie sind nicht die von der Jugend gesuchten Waffen für den Kampf mit der Elterngeneration, mit der Gesellschaftsordnung, den Konventionen usw.«

Überflüssig zu sagen, daß man das zunehmende Desinteresse an der Psychoanalyse, das Anna Freud den Jüngeren attestiert, auch noch auf andere Weise erklären könnte. Die Frage ist, an *welche* jungen Leute sie und andere, die darüber mit ihr diskutieren, eigentlich denken. Im Jahr 1968 – und das gilt auch heute noch, mehr als zwanzig Jahre später – waren viele jüngere Leute an Psychotherapie und auch an der Psychoanalyse sehr wohl interessiert. Wenn sie sich die letztere nicht leisten konnten, dann die erstere. Es ist auch nicht unbedingt ein Generationenproblem, wie Anna Freud meint. Es gibt einerseits Eltern, die ihren Kindern eine Therapie oder eine Analyse aufdrängen, andererseits Eltern, welche die sozialen oder politischen Bestrebungen ihrer Töchter und Söhne mit psychologischen Mitteln zu diskreditieren suchen – für beides könnte man zahllose Beispiele anführen.

Anna Freud war vielleicht zu taktvoll, denn sonst hätte sie zur Erklärung jener jugendlichen Ernüchterung auch ihre eigenen früheren Äußerungen heranziehen können, in denen sie den Preis nannte, den die ersten Analytiker in unserem Jahrhundert zu zahlen hatten: Ächtung, Statusverlust, soziale und ökonomische Unsicherheit – ganz im Gegensatz zu den Privilegien, welche die heutige Welt den Absolventen einer psychoanalytischen Ausbildung bietet. Jüngere Leute, deren berufliches oder geistiges Leben relativ randständig ist, die sich bestimmter Dinge annehmen, die unpopulär sind oder sogar öffentlich verurteilt werden – zum Beispiel die Friedensbewegung in ihren Anfängen –, werden sich mit anderen, die in einer ähnlichen Situation sind, in höherem Maße politisch und kulturell verbunden fühlen, und sie werden ihnen gegenüber auch mehr Empathie aufbringen. Es geht daher nicht nur um die Jugendlichen, sondern auch um die Loyalitäten und Verpflichtungen der Analytiker. Der Enthusiasmus, den in Wien die Jüngeren gegenüber der Psychoanalyse aufbrachten und den Anna Freud so prägnant schilderte, war doch sicherlich auch eine Reaktion auf bestimmte Einstellungen, welche die Analytiker mit jenen jungen Männern und Frauen teilten. »Auf unsere eigene Weise waren wir Rebellen«, bemerkte Grete Bibring einmal, und als sie versuchte, das Wesen dieses Rebellentums zu erklären, war leicht zu erkennen, warum man damals gemeinsame Sache machte, obwohl die Analytiker und die Anhänger der Jugendbewegung zu verschiedenen Generationen gehörten: »Viele von uns waren politisch sehr aktiv. Wir waren Sozialisten oder ›Liberale‹, die die Gesellschaft verändern wollten. Wir standen auf der Seite der Armen und wollten für ihre Interessen kämpfen. Die Psychoanalyse versprach uns nicht nur ›Befreiung‹ um ihrer selbst willen, sondern auch die Möglichkeit, auf die ›Befreiung‹ anderer hinzuarbeiten. Politische Aktivitäten, sozialer Aktionismus, das waren wichtige Dinge in unserem Leben, nicht für alle, aber für viele, und vor allem für diejenigen, die an Kindern und Erwachsenen interessiert waren: Aus ihnen wurden Analytiker, die der Welt in vielfältiger Weise geholfen haben. Sie arbeiteten mit ›Straffälligen‹, sie halfen Kindern, in gesünderen und stabileren Familien aufzuwachsen, sie sorgten für Verbesserungen in den Schulen, so daß die Kinder dort respektvoll behandelt wurden und besser lernten. Ich glaube, die jungen Leute merkten sofort, daß wir auf ihrer Seite waren.«

Als Anna Freud an jenem Aprilabend des Jahres 1968 über ihr Publikum blickte – nur ein paar Tage später wurde Martin Luther King ermordet, auch Robert Kennedy sollte bald ermordet werden, und Tag für Tag wurden in Asien Amerikaner und Vietnamesen umgebracht –, hat sie vielleicht doch bemerkt, daß dies nicht nur ein Generationenproblem ist, daß es vielmehr damit zu tun hat, was aus einem Berufsstand wird, der an Einfluß, Autorität, Macht und Geld gewinnt. Das sind schließlich genau die Variablen, die sie in ihrer Vorlesung selbst schon gestreift hatte. Junge Leute können dieses historische Ergebnis durchaus ermessen: den Aufstieg der Psychoanalyse zu Ruhm und Erfolg. Doch keinen politischen Rebellen, ob alt oder jung, hätte man eingeladen, um den Mitgliedern des New York Psychoanalytic Institute genau dies zu sagen, und das muß sie gewußt haben. Denn *sie* war dort, weil sie eine der am meisten respektierten Leitfiguren war. In den Jahren vor und nach 1968 bestand ein großer Teil ihrer Tätigkeit in diesen bedeutenden Vorlesungen; sie empfing Applaus, Gratulationen, Ehrungen der verschiedensten Art. Sie reiste von Stadt zu Stadt, von Institut zu Institut, und in vielen Fällen wurde sie auch zum Ehrenmitglied des Instituts ernannt, in dem sie sprach. Auch Ehrendoktortitel bekam sie damals, und sie wurde zu einer in der intellektuellen Sphäre des Westens mehr und mehr gefragten Persönlichkeit.

Als ich in Harvard meinem Studienleiter Perry Miller erzählte, daß ich Anna Freud gehört hatte (das war, wie gesagt, im Jahr 1950), da gab seine unmittelbare Reaktion wieder, was damals Tausende sagten und dachten: »Die Tochter von Freud.« Miller konnte man kaum als Sozialwissenschaftler bezeichnen, doch er wußte Bescheid über die Beziehung zwischen individuellem Talent und kulturellen Werten. »Irgend jemand muß diese Lobhudelei auf sich ziehen, die man Freud in seinen letzten Jahren entgegengebracht hat. Warum nicht seine Tochter, die sein Werk weitergeführt hat?« Ich glaube nicht, daß ich damals wirklich verstand, was Perry Miller damit zum Ausdruck bringen wollte – er, der so viel über den kulturellen Puritanismus wußte, dessen Zweck es ist, das Triebleben in Fesseln zu halten.

Freud wurde für das weltlich gesinnte Bürgertum zu einer Ikone, und gleichzeitig wurde sein radikaler Blick auf unsere

Triebe und Begierden in gewissem Sinne getrübt, um nicht zu sagen ausgelöscht. Man feierte ihn, während man seine »Ideen«, nun ihrer machtvollen Implikationen beraubt, im Schutz von Abstraktionen endlos deklamierte. Die scharfe Opposition, die er und seine Kollegen nährten, hatte etwas Redliches, eine unvoreingenommene Empfänglichkeit für grundlegende psychologische Wahrheiten, die in eindrucksvollem Kontrast steht zu der bereitwilligen Aufnahme, welche die Psychoanalyse heute vielerorts findet. Anstelle von Unruhe und Furcht bei denen, die tief in ihrem Innern wissen, welche Nerven die Psychoanalyse bloßgelegt hat, finden sich heute oberflächliche Klischees und intellektuell aufpoliertes Geschwätz. Und wie die Gesellschaft als Ganzes den psychologischen Radikalismus der Psychoanalyse durch deren beflissene Vereinnahmung neutralisierte – wobei tiefschürfende und aufrüttelnde klinische Erfahrungen und soziale Beobachtungen in eine trübselige »kultivierte« Plauderei übergingen –, so durchlief auch die Psychoanalyse als Beruf eine ähnliche Verwandlung. Anfangs gab es Männer und Frauen, die bereit waren, der Tradition die Stirn zu bieten und die »geistigen Autoritäten« links liegen zu lassen. Doch dann wurde die Psychoanalyse zu einem anerkannten Beruf, der *von* Gutsituierten und überwiegend auch *für* Gutsituierte ausgeübt wurde, und diese suchten individuelle Einsicht um der »Anpassung« willen, selten jedoch, weil es ihnen um die sozialen oder politischen Implikationen der radikalen, visionären Seite der Psychoanalyse gegangen wäre.

In ihrer Vorlesung vor den New Yorker Psychoanalytikern wollte Anna Freud darlegen, was mit diesem Beruf im Laufe ungefähr eines halben Jahrhunderts geschehen war, ein Beruf, den ihr Vater begründet hatte und den sie selbst auch schon seit vierzig Jahren ausübte. »Es ist heute, im Rückblick, ein leichtes, die Persönlichkeiten der ersten Analytiker in kritischem Licht zu sehen.« Diese Männer und Frauen waren auf der Suche nach einem Weg, um gemeinsam mit anderen zu denken und zu arbeiten. Heute dagegen erscheinen die Bewerber vor Komitees, nachdem sie Formulare ausgefüllt haben, sie werden immer wieder aufs neue begutachtet und geprüft, und das geht so weit, daß man sich fragt, ob irgendeiner aus der frühen Gruppe um Freud, er selbst eingeschlossen, heute für akzeptabel gehalten würde.

Auch Anna Freud zog diesen Vergleich: »Die Anhängerschaft von damals bestand aus Personen, die irgendwie aus dem Rahmen des Gewöhnlichen herausfielen. Sie waren die Unkonventionellen, die Zweifler, die Unzufriedenen im eigenen Beruf, die Wissensdurstigen, denen die offizielle Wissenschaft nicht genug zu bieten hatte. Unter ihnen waren auch Sonderlinge, Träumer, Sensitive, die das neurotische Elend an der eigenen Person erfahren hatten. Was sie in der Literatur hinterlassen haben, zeugt von ihrer Eignung zur analytischen Arbeit. Trotzdem würde nur eine Minderzahl unter ihnen heute Aufnahme in unsere analytischen Lehrinstitute suchen und finden. Einerseits widerspricht die Systematik der heutigen Studienpläne der Spontaneität und Originalität solcher Persönlichkeiten. Andererseits sind an die Stelle der Eigenwahl des analytischen Berufs strenge Aufnahmebedingungen getreten. Der Typus, den die heutigen Lehrinstitute bevorzugen, ist den Analytikerpersönlichkeiten der ›heroischen‹ Vorzeit geradezu entgegengesetzt, das heißt, ihre Kandidaten sind zumeist psychisch stabil, nicht exzentrisch, erfolgreich in Studium und Beruf, der Außenwelt angepaßt, eher realitätstüchtig und arbeitsam als weitschauend und schöpferisch in ihrer Veranlagung.«

Damit hat sie viele ihrer Zuhörer auf die sanfte Art »erledigt«, während die Strapazen und Leiden ihrer eigenen Generation von Analytikern plötzlich vergleichsweise attraktiv erscheinen. Sie selbst klingt ganz und gar nicht so außenseiterisch wie die von ihr porträtierten Analytiker, die heute per Gutachten ausgeschlossen würden. Doch war ihr sicherlich klar, daß sie oder ihr Analysand Erik H. Erikson heutzutage als junge Kandidaten keine Chance hätten, an einem psychoanalytischen Institut in Amerika aufgenommen zu werden. Und sie wußte, daß ihre Zuhörer dies wußten. Sie hatte keinerlei akademische Ausbildung, geschweige denn einen medizinischen Abschluß. Das Unterrichten hatte sie durch Unterricht gelernt – eine Lehrzeit, der keineswegs jahrelange Kurse in »Pädagogischer Psychologie« vorangegangen waren. Sie war von ihrem Vater analysiert worden. An einer Liebesbeziehung mit einem Mann schien sie nicht im geringsten interessiert, eher suchte sie die Gesellschaft älterer Frauen, zu denen sie auch enge Bindungen einging. Der »freie Flug der Phantasie« war ihr durchaus vertraut, und sie hatte einen zurückhaltenden, leicht melancholischen Zug. Sie schrieb Gedichte und Geschichten, verbrachte viel Zeit mit Tagträumereien und schien sehr stark ihrer Familie verhaftet zu sein, denn niemals hatte sie sich darum bemüht, ein unabhängiges Leben zu führen.

Doch was bedeutet es für jene, die heute als Analytiker zugelassen werden, wenn jemand wie Anna Freud vor sie hintritt und sie als »angepaßt«, »realitätstüchtig« und »arbeitsam« bezeichnet – und demzufolge als fähig, die Psychoanalyse zu nutzen, um die »Effizienz« ihrer beruflichen Tätigkeit zu steigern? Was bedeutet es, wenn Erik H. Erikson den Analytikern attestiert, ihre »Identitäten« gründeten in »talmudischen Argumenten, messianischem Eifer, unnachsichtiger Orthodoxie, kurzatmiger Sensationsgier und sozialem oder beruflichem Ehrgeiz«?[4] Sind diese Analytiker gegenüber ihren jüngeren Kollegen unfair? Ist ihre intellektuelle Führerschaft ramponiert durch nervöse Rechthaberei, durch Selbstgerechtigkeit? Oder fürchten diese beiden künstlerisch empfindsamen Nicht-Akademiker und Nicht-Ärzte, daß die Psychoanalyse zum Reich der akribisch-vorsichtigen Diplomaten geworden ist, daß ihr kreativer Impuls längst Vergangenheit ist, daß die Analyse in den Händen bürokratischer Verwalter liegt, die ewig die gleichen Banalitäten wiederkäuen?

Eriksons Urteil ist schärfer und offener; allerdings formulierte er es in einem Buch, das für ein breites Publikum bestimmt war. Das Urteil Anna Freuds dagegen war in einen Vortrag eingeflochten und erreichte das Innerste des psychoanalytischen Establishments. Ihre Bemerkungen sind höflich und scheinbar als historische Schilderung gemeint; sie zeigen auch mehr Verständnis für die alltäglichen Belastungen (und Möglichkeiten) etwa der analytischen Arbeit in Kliniken, bei der Beratungstätigkeit in Schulen, bei der Forschung in Gemeinden, bei der Unterweisung von Medizinstudenten, Sozialarbeitern und Psychologen. Immerhin – dies war ihre Einschätzung der Psychoanalyse im späten 20. Jahrhundert, und zwar in deren Herzland, den Vereinigten Staaten. Sie hatte von ihrem Vorrecht als »Leitfigur« Gebrauch gemacht, vom Recht auf Kritik und Ermahnung.

Bereits zwei Jahre zuvor hatte sie in Chicago in ähnlicher Weise gesprochen. In ihrem Vortrag unter dem Titel *Das ideale psychoanalytische Lehrinstitut: Eine Utopie* beanstandete sie gewisse verbreitete Praktiken, die das Wesen des Analytikerberufs sehr stark prägten. Auch hier ging es ihr um die Zulassungsverfahren, denn ihr war klar: Über die tatsächliche Bedeutung des Begriffs »Psychoanalyse« würden langfristig diejenigen entscheiden, die als Ausbildungskandidaten angenommen werden. Dabei bezog sie sich auf einen 1961 geschriebenen Aufsatz von Heinz Kohut, in dem dieser ein »schonendes, alle Formen der Abwehr berücksichtigendes Vorgehen« für wünschenswert erklärt – im Gegensatz zu den »effizienten Auswahlverfahren, die dem Bewerber seine Geheimnisse in kürzester Frist entreißen, mit Hilfe von psychologischen Tests, Gruppeninterviews, Belastungssituationen oder tiefschürfenden Einzelinterviews«. Auch hier beunruhigt sie das Prinzip der »Effizienz«, und sie fragt sich, was es wohl bedeutet: sowohl für diejenigen, die es anwenden, als auch für diejenigen, die seine fragwürdigen Folgen erleben.

Was sie und Kohut von den Analytikern erwarteten, war nicht einfach eine altmodische (und doch manchmal bitter nötige) Form von Höflichkeit. Es stand mehr auf dem Spiel, nämlich das Verschwinden einer – wie sie es formuliert – »wahrhaft analytischen Atmosphäre«, in der die Komplexität einer Persönlichkeit sorgfältig und aufmerksam beobachtet wird, und zwar mit dem nötigen Respekt vor den jeweils individuellen Begabungen und Schwächen, die beide in das alltägliche Leben, die alltägliche Arbeit integriert werden sollten. Auch hier bleibt sie ihrer langjährigen Überzeugung treu, daß man eine Menge lernen kann, wenn man jemanden beobachtet oder mit ihm spricht – jedoch nur in einer einigermaßen entspannten und freundlichen Atmosphäre, ohne frontalen Angriff auf die Persönlichkeit des anderen nach Art der von Kohut erwähnten Techniken. Dessen Mahnung, sagt sie, habe sie sich zu Herzen genommen: »Als mir Kohuts Artikel zur Kenntnis kam, beschloß ich, an seine Warnungen zu denken, wann immer ich eine Mitverantwortung bei der Auswahl zu tragen hatte.« Doch sie verlangt von jenen Auswahlverfahren nicht nur Höflichkeit, Aufmerksamkeit und ein etwas gemächlicheres Tempo der Bewertung; vielmehr verlangt sie auch eine andere Vorstellung dessen, wer ein wertvoller Kandidat ist und wer nicht. Natürlich würde auch sie Fälle von »schwerer Pathologie« ablehnen. Doch neben dieser unabdingbaren Skepsis gegenüber den Bewerbern ist auch eine Mahnung angebracht: »Sie werden finden, daß bahnbrechende technische, klinische und theoretische Beiträge zu unserer Wissenschaft nicht nur von Individuen aller möglichen Vorbildung stammen, sondern auch trotz oder gerade wegen der verschiedensten persönlichen Eigenschaften, Merkmale und Idiosynkrasien möglich waren.« Und nun die Pointe: »Sich diese historischen Gestalten in der Rolle heutiger Bewerber vorzustellen kann eine Menge von Vorurteilen zerstreuen und einige der restriktiven Praktiken mildern helfen, die gegenwärtig die Auswahl regieren.«

Was sie hier verlangt, ist ein psychologischer Sprung, ein Sprung über einen ganzen historischen Prozeß hinweg, der die Psychoanalyse ihrer Ansicht nach weniger abenteuerlich, aufregend und faszinierend hinterlassen hat, als sie ehedem war.

Obwohl sie zu einem distinguierten Chicagoer Publikum spricht, hat sie keine Bedenken, die Karten offen auf den Tisch zu legen. Sie gibt zu, daß die theoretische Ausbildung von einer sehr geschätzten Sache zu einer »unangenehmen Pflicht« werden kann. Sie besteht darauf, daß die sogenannte Oberfläche des Bewußtseins ebenso bedeutsam sein kann wie dessen tiefere Schichten, denn beide sind Ausdruck des psychischen Erlebens der jeweiligen Person. Sie fürchtet, daß bestimmte Vorstellungen zu »theoretischen Schemen« werden, die keinerlei Zusammenhang mehr zum unmittelbar beobachteten menschlichen Leben haben. Daher fordert sie ihre Zuhörer dringlich auf, ihr übliches Terrain – nämlich Behandlungszimmer und Seminarräume – zu verlassen und sich auf andere Beobachtungsfelder zu begeben, zum Beispiel Entbindungskliniken oder junge Familien, »die tägliche Arbeit der Säuglingsfürsorge« und nicht zuletzt Kindergärten. Ausdrücklich betont sie jedoch, daß sie damit keinesfalls eine »Anwendung« der Psychoanalyse meine – also eine Möglichkeit zu demonstrieren, was dieser Beruf anderen zu bieten hat, mit allen Folgeproblemen des *noblesse oblige*. Vielmehr erweist sie sich auch hier als Ich-Psychologin und besteht darauf, daß im Alltag von Schulen, Kliniken und Gerichten die Analytiker diejenigen seien, die zu lernen haben: »Die Kandidaten werden in die Entbindungsstationen, Beratungsstellen, Kindergärten, Jugendgerichte etc. strikt als Beobachter und keinesfalls als Berater gehen; ihre Anwesenheit dient dem Zweck des Lernens, nicht des Lehrens.«

Was sie hier empfiehlt, ist keinesfalls eine (natürliche oder angenommene) Haltung der Demut. Sie befürchtete lediglich, daß in ihrem Beruf die Luft allmählich stickig werden könnte, und sie wollte *ihre* Auffassung von klinischer psychoanalytischer Exploration formulieren, die sich vom Ich und seiner Abwehr zu den schwerer zu fassenden psychischen Strukturen des Es und der Triebe vorarbeiten sollte. Auch sprach und schrieb sie als eine von Grund auf sozial gesinnte Person – das war dieselbe Anna Freud, die sofort nach Ausbruch des Zweiten Weltkriegs Heime für psychisch und physisch gefährdete Kinder gründete, und zwar nicht etwa nur zu Zwecken der Forschung, sondern um dem Land einen Dienst zu erweisen, das ihr und ihrer Familie Zuflucht geboten hatte und dessen tradierte mittelständische Umgangs- und Höflichkeitsformen sie als wesensverwandt empfand.

Daß Anna Freud sowohl in der klinischen Exploration als auch bei der Auswahl von Kandidaten die zurückhaltende Beobachtung dem frontalen Angriff vorzog, zeigte sich auch in ihrer bekannten Auseinandersetzung mit Melanie Klein. Hier grub sie sich förmlich ein und führte einen erbitterten Kampf um die Prinzipien der Kinderanalyse und der Ausbildung entsprechender Kandidaten. Beide waren starke Persönlichkeiten und energische Schulleiterinnen, und beide waren wenig geneigt, Pardon zu geben. Melanie Klein war eine Anhängerin vor allem des frühen Freud, der das Unbewußte mit ziemlich wagemutigen Hypothesen erforschte. Sie glaubte daran, daß man als Kinderanalytikerin auch über das Kind im vorsprachlichen Stadium viel herausbekommen kann und daß man auch mit kleinen Kindern rasch zu einer analytischen Intimität gelangt, nicht unähnlich derjenigen, die sich zwischen Analytikern und erwachsenen Patienten entwickelt. Prophylaktische Arbeit mit Kindern war für sie wesentlich, und sie war überzeugt, daß auch solche Jungen und Mädchen aus der Analyse großen Gewinn ziehen können, bei denen alles in Ordnung ist – gemessen an den sozialen Standards ihrer Umgebung und der Schule. Weder als Klinikerin noch als Theoretikerin scheute sie vor eindringlichen Untersuchungen auch der tiefsten Schichten des Bewußtseins zurück, und so machte sie die allerfrühesten Erfahrungen zum Gegenstand ihrer selbstbewußten und instruktiven Forschungstätigkeit. Im Gegensatz dazu betrachtete Anna Freud das, was die Anhänger Melanie Kleins vertraten, bestenfalls als Vermutungen und Hypothesen, vor denen sie sich eher hütete. Denn wie kann man mit Sicherheit wissen, was im Bewußtsein eines Kindes vor sich geht? Wie soll man mit Kindern, die noch kaum sprechen können, psychoanalytisch arbeiten? Oder mit älteren Kindern, die sich mitten in einer stürmischen, wenngleich notwendigen Phase ihrer psychischen Entwicklung befinden? Anders gefragt: Wenn die Übertragungsneurose eine Wiederkehr der infantilen Haltung gegenüber den Eltern ist, wie soll sich dann bei Kindern eine Übertragungsneurose entwickeln, die doch eben erst *beginnen*, eine ursprüngliche, dauerhafte Haltung gegenüber ihren Eltern zu entwickeln? Kann man von einer genauen Analogie sprechen zwischen dem Spiel oder den Zeichnungen eines Kindes und den »freien Assoziationen«, die der erwachsene Analysand liefern soll? Melanie Klein vermochte das Spiel und die künstlerischen Werke ihrer kleinen Patienten auf scharfsinnige und phantasievolle Weise zu deuten. Auch Anna Freud war durchaus willens, über das, was ihre Analysanden taten oder malten, Spekulationen anzustellen, doch sie war nicht so ohne weiteres dazu bereit, ihre Gedanken und Hypothesen den Kleinen auch mitzuteilen. Sie trat ihnen von Anfang an mehr als freundliche und behütende Person gegenüber, sie wollte Vertrauen gewinnen und im Leben der Jungen und Mädchen, die sie genauer kennenzulernen suchte, auch Bedeutung erlangen.

Die intellektuellen Differenzen zwischen diesen beiden eindrucksvollen Leitfiguren, die von einer Reihe persönlicher Auseinandersetzungen begleitet waren, wurden von ihren jeweiligen Anhängern natürlich noch verschärft. Diese Zuspitzung und häufig auch Verzerrung von Gedanken, die von geistig führenden Personen auf ihre Studenten und Kollegen übergehen (und im Falle der Psychoanalyse auch auf die Patienten als »Kinder« im emotionalen Sinn), ist ein Phänomen, das selbst wiederum eine psychoanalytische Untersuchung verdiente – die allerdings von den Bekehrten selbst wohl kaum durchgeführt werden wird. Melanie Klein und Anna Freud kämpften nicht nur um bestimmte wichtige Probleme, sie drückten sich auch verschieden aus, sprachen vor jeweils anderem Publikum und bezogen sich möglicherweise auch auf verschiedene Seiten von Freuds Persönlichkeit und auf verschiedene von ihm verfolgte Interessen. In gewissem Maße teilten beide sogar das psychoanalytische Terrain untereinander auf: Amerika für Anna Freud, England für Melanie Klein – ungeachtet der Tatsache, daß die Freuds 1938 nach London emigriert waren.

Worum es beiden Kinderanalytikerinnen bei ihrer Diskussion ging, war im Grunde genommen das Wesen der Kindheit. Melanie Klein neigte mehr dazu, auch sehr kleine Kinder wie Erwachsene zu betrachten: Sie werden von mächtigen Trieben gelenkt; sie sind fähig, das Wesen dieser Triebe auf jeweils eigene Weise zum Ausdruck zu bringen; sie können auf den Analytiker reagieren wie Erwachsene – und daher sind sie letztlich auch fähig, sich selbst besser zu verstehen und ihr Verhalten, das anderen Anlaß zur Sorge gibt, zu ändern. Anna Freud dagegen betrachtete die Kindheit bis zu einem gewissen Maß als eine Welt für sich. Sie neigte zu Pragmatismus, Empirismus und Skepsis, und daher schien ihr kein sicheres Wissen darüber möglich, was Kinder *wirklich* fühlen, wünschen und fürchten. Schließlich lernen sie erst zu sprechen, und wenn man sie für fünfzig Minuten sich selbst überläßt, dann werden sie wohl kaum lange friedlich bleiben und all ihre Gedanken und Assoziationen in Worte packen. Sie bezweifelte auch das Recht des Analytikers, in ein so junges, noch stark im Fluß befindliches Leben einzudringen – zu einer Zeit, da eine scheinbare Pathologie im nächsten Augenblick in Stärke umschlagen kann. »Normalität« in der Kindheit war für sie ein sehr wichtiges Thema, und dazu gehörte die »Pathologie« als wesentlicher Bestandteil.

Mir ist es nie gelungen, Anna Freud zu längeren Erklärungen über diese weit zurückliegenden Meinungsverschiedenheiten mit Melanie Klein zu bewegen. Auch in ihren Schriften ist sie in diesem Punkt recht zurückhaltend, und wenn sie diese Differenzen formuliert, dann häufig in respektvollem Ton. Nur über das Problem der psychoanalytischen Intervention bei Kindern äußerte sie sich mit einigem Nachdruck: »Ich glaube, es ist richtig, wenn man sagt, daß Melanie Klein – und diejenigen, die sich als ›Kleinianer‹ bezeichneten – stets eher zur psychoanalytischen Arbeit mit Kindern bereit waren als wir. Ich denke, damit muß man sehr vorsichtig umgehen, man sollte eher zögern, ein Kind psychoanalytisch anzugehen, und wenn man sich doch entschließt, es zu tun, dann sollte man sich absolut im klaren darüber sein, *warum* man es tut. Es ist völlig normal, daß Kinder manchmal Schwierigkeiten haben und manchmal nicht und daß sie schrittweise lernen, auf ihre eigene Weise damit fertig zu werden. Ich war immer der Ansicht, daß es falsch ist, als Analytiker in das Leben eines Kindes einzudringen, es sei denn, es gibt einen guten Grund, der uns wirklich dazu berechtigt. Man könnte vielleicht sagen, ich war etwas vorsichtiger als Melanie Klein, und daher konnten wir uns nicht einigen. Aber Sie wissen ja, das interessiert im wesentlichen niemanden mehr. Manchmal haben wir sogar zusammen gearbeitet: Wir diskutierten unsere Standpunkte, und wir waren uns darin einig, daß wir uns *nicht* einig sind. Aber vielleicht waren das auch Augenblicke, die gar nicht so erfreulich waren und die ich jetzt nur im besten Licht zeige. Sie verfügte über enorme Energie, und sie war – wie soll ich es sagen – phantasievoller, als ich es bei meiner analytischen Arbeit mit Kindern sein wollte, es fiel ihr mehr dazu ein, was in den Köpfen kleiner Kinder vor sich geht.«

Das war alles. Ich war mir sicher, daß ihr letzter sarkastischer, um nicht zu sagen boshafter Satz als wichtige Klarstellung zu verstehen war, über die sie damals jedoch (im Jahr 1972) nicht ausführlicher diskutieren wollte. Ich fragte sie, ob hinter ihrer vorsichtigeren Haltung gegenüber der Kinderanalyse – in bezug auf deren Durchführung wie überhaupt auf deren Einsatz – vielleicht ihr beständiges Interesse steckte an dem, was *erlernt* werden muß, was also nicht einfach als Wissen verfügbar und bereit zur »Anwendung« ist. Sie lächelte, und ihr Gesichtsausdruck signalisierte Zustimmung, doch während ich weiter versuchte, bestimmte Unterschiede zwischen ihr und Melanie Klein herauszuarbeiten, hörte sie immer teilnahmsloser zu. Offenbar kam es ihr darauf an, die Kinder im Verlauf ihrer jahrelangen Entwicklung auch hinreichend *allein* zu lassen, respektvolle Distanz zu ihnen zu halten, sich sozusagen erst einmal einen Überblick zu verschaffen, bevor man die – ihrer Ansicht nach – schicksalsschwere Entscheidung traf, eine Kinderanalyse zu beginnen. Melanie Klein war eher dazu bereit, sich hineinzustürzen, wobei allerdings auch sie die einmal begonnene Analyse als etwas sehr Entscheidendes bewertete. Anna Freud schloß dieses Thema jedoch kurzerhand ab: »Jeder von uns, der über eine Analyse mit einem Kind nachdenkt, wird zunächst einmal innehalten, genau beobachten und zuhören, bevor er eine Entscheidung trifft. Mag sein, daß einige etwas länger zögern als andere.«

Wenn man die zahlreichen Vorworte und Einleitungen liest, die sie geschrieben hat, die Vorträge vor Analytikern in Instituten oder auf Weltkongressen, die Stellungnahmen, um die sie anläßlich der Verleihung von Ehrentiteln gebeten wurde – dann wird deutlich, daß sie sehr dezidierte Auffassungen vertrat und als Lehrende auch nicht zögerte, sie vorzutragen. Wenn ich ihr in privater Runde zuhörte, wenn sie sich mit einem oder zwei anderen unterhielt, oder auch bei größeren, öffentlichen Veranstaltungen, dann hatte ich manchmal das Gefühl, daß sie scharfzüngig, ja geradezu sarkastisch werden konnte. Meist schien es mir nicht ratsam, es mit ihr aufzunehmen, ohne mich gründlich emotional und sachlich darauf vorzubereiten, denn stets schien sie bereit, ihre Positionen abzustecken und zu verteidigen. Wenn ich hörte, wie sie sich auf ihren Vater berief (»Freud sagte...«, »Freud schrieb...«), dann fragte ich mich manchmal, ob sie dieser Zauberformeln nicht irgendwann überdrüssig würde. Wenn ich von New Haven nach Hause fuhr oder in einem Flugzeug saß, das mich von

England zurück nach Amerika brachte, ertappte ich mich bisweilen dabei, eine Rede zu formulieren, die ich mit Sicherheit niemals halten würde – eine Rede, in der ich sie zu einer weniger »defensiven« Haltung gegenüber Freud aufforderte, gegenüber allem, was er geschrieben und im Laufe seines Lebens getan hatte, einschließlich seines Verhaltens ihr gegenüber als Freund, als Arzt und Vater. Ich wünschte, sie hätte mit der formellen Führerschaft gebrochen, die sie in der organisierten Psychoanalyse lange Zeit so energisch und (zumeist) liebenswürdig wahrgenommen hatte: als Verwahrerin der Schlüssel und Hüterin des Schatzes, als loyale Tochter eines großen Mannes und maßgebliche Interpretin jedes seiner Worte. Ich wünschte, sie hätte mit Vergnügen sämtliche Freud-Archive geöffnet und den Historikern, Politologen und Zeitkritikern alles zugänglich gemacht, was diese gerne gelesen und reflektiert hätten. Ich wünschte sogar, sie wäre einigen der eher kritischen Wissenschaftler und Autoren auf halbem Wege (oder noch etwas weiter) entgegengekommen, hätte anerkannt, daß auch Freud sich manchmal irrte, ebenso wie seine Gegner, jene einstigen Kollegen, Freunde und Briefpartner, die sich ihm entfremdet hatten. Auch dieser bedeutende Mann hatte sicherlich seine Fehler, und wie bei jedem anderen Menschen waren darunter auch schwerwiegende Fehler, die dazu geführt haben dürften, daß er anderen Leid angetan hat. Auch andere wichtige Analytiker hatten oder haben Charaktermängel. Wird ein Schriftsteller und Denker wie Freud von seinen Gefährten und Schülern derart überhöht, daß jeder Historiker oder Kritiker sofort auf Distanz gehalten wird (oder zu einem psychologischen Zerrbild seiner selbst gemacht wird, wie das für die persönlich geführten Angriffe mancher Psychiater und Analytiker typisch ist), dann ist das intellektueller Götzendienst, und dieser ist ebenso grausam und destruktiv wie jede Form politischer Kriegführung.

Andererseits hat die Psychoanalyse auch eine beträchtliche Anzahl von Heckenschützen angelockt, die aus privaten Gründen eine ganze Bewegung zum Gespött machen – die langen, schmerzvollen, mühsamen und redlichen Bemühungen Tausender Männer und Frauen aus vielen Ländern, die tief im eigenen wie fremden Innern nach psychologischen Wahrheiten suchen und die alles, was sie dabei beobachten und entdecken, so genau wie möglich dokumentieren. Natürlich kam es dabei auch zu falschen Hypothesen; natürlich machten Hochmut, Eitelkeit, Konkurrenzdenken und Neid ihren Einfluß geltend, ein ganzes Jahrhundert lang und bis in die Gegenwart; und natürlich hatte auch Anna Freud, wie alle führenden Persönlichkeiten, ihre eigenen Schwächen und Fehler – vor allem einen rechthaberischen, reizbaren, aggressiven Zug. Doch in ihrer manchmal bewußt zurückhaltenden, manchmal präzise sich artikulierenden Art hat sie auch versucht zu vermeiden, zu einer buchstabengläubigen Anhängerin, einer »frömmelnden« Führerin zu werden. Jener fordernde, ja herrische Wesenszug sorgte auch dafür, daß sie sarkastisch auf allzu ehrfürchtige »Insider« reagieren konnte, die den Texten ihres Vaters einen biblischen Status verliehen. Vielleicht hat Anna Freud manchmal die gesunde Weiterentwicklung der psychoanalytischen Theorie behindert oder ignoriert, und Heinz Hartmann hatte wohl recht, als er gegenüber Freunden Anna Freud als seine »stumme Kritikerin« bezeichnete – hatte er doch die »Ich-Psychologie« nicht nur weiter als sie selbst, sondern auch weiter als ihr Vater vorangetrieben. Ähnlich erging es Erik H. Erikson, dessen Ideen sie lange Zeit ignorierte, obwohl sie dazu beitrugen, die Psychoanalyse durch soziologisches, anthropologisches und historisches Wissen zu stärken. Am Ende ging sie dann doch darauf ein – sehr beredt in ihrer Würdigung Heinz Hartmanns, eher indirekt in bezug auf Erikson, nämlich in Form der »ehrlichsten Schmeichelei«, der Nachahmung. Ihre »Entwicklungslinien«, die sie relativ spät in ihrem Leben einführte, weisen starke Ähnlichkeit auf mit der Stufenfolge, die Erikson in *Kindheit und Gesellschaft* und dann noch subtiler in seinen Aufsätzen über *Identität und Lebenszyklus* entwickelt hat. Sie hatte allen Grund zu bewundern, wie er den Werdegang von Kindern über die Pubertät bis zum Erwachsenenalter verfolgte, und das galt auch für sein Denken, das sich nicht nur mit den Trieben und ihren Wandlungen befaßte (oral, anal, genital), sondern mit einem viel breiteren Spektrum psychischer Ereignisse und Entwicklungen. Ihm ging es um die spezifische Weise, in der eine einzelne Person die vielen schicksalhaften Einflüsse verarbeitet (familiale, genetische, soziale, zufällige, geschichtliche, rassische), die sich zu einem Gesamtschicksal zusammenfügen: einem Leben.

In gewissem Sinne war also Anna Freuds Führerschaft sowohl relativ als auch relativierend, wenngleich es immer wieder bedeutsame Momente einer plötzlichen Flexibilität gab. Manchmal war sie Freuds zurückhaltende und doch energischloyale Tochter; dann war sie wieder die Rebellin, die durchaus bereit war, mit der Orthodoxie ihre eigenen Kämpfe auszufechten und sich schließlich sogar einigen älteren, geistvollen Bilderstürmern anzuschließen. »Ich versuche, mich überhaupt nicht als ›Leitfigur‹ zu sehen«, bemerkte sie einmal mit offenkundigem Mißbehagen. Vielleicht wollte sie damit meiner entsprechenden Frage ausweichen, vielleicht aber auch mir zu verstehen geben, daß dieses Thema für sie einen ständigen Kampf bedeutete. Sie konnte eigensinnig sein, auch wenn sie versuchte, sich auf die Meinungen anderer in gewissen Grenzen einzustellen: »Ich frage mich«, sagte sie dann etwa, »ob diese Auffassung zur Psychoanalyse gehört – zu ihrer Entwicklung.« Bei diesen letzten Worten zögerte sie – vielleicht ihre Art, einer bestimmten inneren Mahnung, die sie ab und zu herbeizitieren mußte, zur Wirkung zu verhelfen.

Sie hatte ein langes und produktives Leben, trotz all der Anforderungen an ihre »Führerschaft«. Nach dem Zweiten Weltkrieg schwamm sie für mehr als ein Jahrzehnt auf einer Woge der Zustimmung; doch dann kam die unvermeidliche Prüfung, der – zumindest in einigermaßen offenen Gesellschaften – alle erfolgreichen Theorien und Bewegungen durch die Forschung

174

und durch die Geschichte selbst unterzogen werden. Ihr ganzes Leben hindurch wurde ihre wohlbekannte Zurückhaltung und Diskretion auf die Probe gestellt: in den frühen Jahren ihrer »Führerschaft« durch den eigenen Ruhm und durch das geradezu vergötternde Verhalten ihrer Bewunderer (und der ihres Vaters), später dann durch das Desinteresse, die Ernüchterung oder die harte und manchmal verächtliche Kritik seitens verschiedener Autoren, Psychiater und sogar Analytiker, die sich neuen und anderen Wegen zuwandten, psychische Phänomene zu deuten und mit Patienten umzugehen. Doch trotz allem behielt sie stets ihre innere Gelassenheit. Sie hielt stand und ließ andere gelten. Ihr Leben selbst ist in gewissem Sinne ein ehrenvolles Vorbild, ein Beispiel: Jene vielen Jahre, die sie mit Kindern und zu deren Wohl verbrachte, sind eine Leistung ganz eigener Art und vielleicht *an sich* die beste Stellungnahme, die denkbar ist, ein hoher Verhaltensstandard für alle, denen daran liegt.

VI. KAPITEL

Die Idealistin

Unser Traum war der Traum der Psychoanalyse –
wir träumten von allem, was sie uns eröffnen würde.

Anna Freud

Viel ist geschrieben worden über den Gegensatz zwischen der Psychoanalyse, welche die Bedeutung der Sexualität für unser Leben stark hervorhebt, und der Fassade viktorianischer Prüderie, die sich in Freuds Wien der Jahrhundertwende und auch andernorts in Europa noch immer behauptete. Nun war das 19. Jahrhundert auf seine Weise und an bestimmten verborgenen Orten sinnlicher und sogar sexuell freizügiger, als es den Anschein hat; sicherlich aber hat es einer Reihe von Zwängen massiv Geltung verschafft, einem spröden, restriktiven und stummen Verhältnis zur Sexualität. So eröffnete sich den Lesern – zumindest denen des gebildeten Bürgertums – mit der Veröffentlichung der *Traumdeutung*, der *Psychopathologie des Alltagslebens* und den *Drei Abhandlungen zur Sexualtheorie* plötzlich eine ganz neue Sicht auf das Verhalten des Menschen.

Während Freuds Gedanken und Spekulationen zunehmend Aufmerksamkeit und Interesse erregten und schließlich Anhänger fanden, regte sich sofort auch beträchtlicher Widerstand. Tugendhafte Bürger waren schockiert und fühlten sich beleidigt; religiöse Autoritäten erklärten ihre äußerste Mißbilligung. Aus der intellektuellen, akademischen, medizinischen und psychiatrischen Szene in Wien kam kaum Unterstützung: Freud stand, wie man weiß, abseits all dieser Gruppierungen. Diejenigen Analytiker, die ihn kannten und mit ihm arbeiteten, gerieten ebenfalls unter Beschuß: Sie erfuhren Verachtung und schärfste Kritik von seiten derer, die den Status quo aufrechterhalten wollten.

Ich erinnere mich gut an Karl Menningers Äußerungen zu diesem Thema, als wir in Topeka gemeinsam ein Seminar veranstalteten.[1] Er erzählte von seinen Erfahrungen im Mittleren Westen, wo er Anfang dieses Jahrhunderts aufgewachsen war, während ich einige Stationen im Leben von Kindern schilderte, die ich in New Mexico und im Süden kennengelernt hatte. Dabei spielte ich auch einige auf Band aufgezeichnete Interviews vor, die ich mit weißen Vätern und Müttern in New Orleans geführt hatte: Diese waren äußerst aufgebracht darüber, daß ihre Kinder eine Grundschule gemeinsam mit *einem* schwarzen Mädchen besuchen sollten. Die Ärzte der Menninger-Klinik waren entsetzt; alle fragten sich, wie es möglich war, daß die Anwesenheit eines einzigen Kindes bei Erwachsenen eine derartige Furcht und einen solchen Haß auslösen konnte, Ausbrüche von Feindseligkeit und Verachtung, die bis zur Ankündigung von Vergeltung reichten. Plötzlich meldete sich »Dr. Karl« zu Wort: »Ich glaube, die ›Dunkelheit‹ dieses kleinen Mädchens erinnerte sie an ihre eigene Art von Dunkelheit. Ich erinnere mich noch genau an die Empörung, die die Psychoanalyse bei meinen medizinischen Kollegen und bei anderen auslöste. Sie liefen zwar nicht schreiend auf der Straße herum, aber was sie von sich gaben, war auch eine Art von Gebrüll.«

Er führte das noch genauer aus: Die Psychoanalyse als Obszönität, als Pornographie, als sündhafte Haltung gegenüber dem Leben – das waren die Vorwürfe von seiten der Professoren, Pfarrer, Journalisten und prominenten Akademiker. Er versetzte uns zurück in eine Zeit, da etwas, was uns heute als weithin akzeptiertes Gemeingut erscheint, im Gegenteil als eine verderbte und verderbliche Lehre aufgefaßt wurde, als Verirrung.

Und dennoch war die Psychoanalyse vielleicht noch subversiver, als selbst ihre strengsten und aufgebrachtesten Kritiker bemerkten. Dr. Menninger sprach in unserem Seminar lange über die Bedrohung, welche die Psychoanalyse für viele bedeutete: Die Sexualität, die so lange Zeit wie ein Geheimnis gehütet worden war, kam nun vor die Augen einflußreicher Leser und schließlich einer ganzen Kultur. Doch während Freuds Betonung der zentralen Rolle der Sexualität in unserer Psyche, der unser Alltagsleben beherrschenden Macht der »libidinösen Besetzungen« des Es, auf heftige Ablehnung stieß und zahllose Kontroversen auslöste, blieb seine weiterreichende Auffassung der Psyche und ihrer Versuche, mit jenen Sexualtrieben umzugehen, relativ unbeachtet.

Freud hatte gezeigt, wie wir heucheln und uns verstellen, nur um jene Wünsche, Bedürfnisse und Antriebe, die einen ständigen Druck auf uns ausüben, von uns selbst – und nicht etwa nur von anderen – mit aller Macht fernzuhalten. In unseren alltäglichen Phantasien, in Träumen und Alpträumen, durch die »Fehlleistungen«, die uns beim Sprechen und Erinnern unterlaufen, senden wir an uns wie an andere Signale, die deutlich machen, was unwissentlich oder halbbewußt in uns vorgeht. »Manchmal sieht man es, manchmal nicht«, pflegte einer meiner psychoanalytischen Supervisoren zu sagen und meinte damit die Spannung zwischen der Einsicht, die wir manchmal in unser psychisches Leben gewinnen, und jenem »Schlafwandeln«, bei dem wir weit entfernt sind von dem, was in uns von Bedeutung ist. Doch Anna Freud war es, die präzise beschrieb, wie wir tatsächlich mit den von ihrem Vater aufgezeigten Impulsen zu leben versuchen, wie Ich und Überich als wachsame Instanzen den Energien des Es erlauben oder verbieten, sich Geltung zu verschaffen. Diese Abwehrmechanismen werden zu lebenslangen Gewohnheiten. Zu den Menschen, die wir sind, werden wir weitgehend auf der Grundlage jener Abwehrmechanismen: welche von ihnen wir einsetzen, wie häufig und mit welcher Hartnäckigkeit.

Der eine bevorzugt die massive Verdrängung. Der andere unterstellt fortwährend anderen Menschen bestimmte Absichten und Eigenschaften: *Sie* sind habgierig, *sie* sind aggressiv, gefühllos, berechnend, lüstern oder faul. Ein Dritter wiederum sagt ständig das eine und tut etwas ganz anderes – er ist liebenswürdig zu Leuten, die er überhaupt nicht mag, die er fürchtet oder sogar haßt. So läuft es, und unseren Roman- und Theaterautoren war dies alles längst bekannt: die Illusionen, Selbsttäuschungen, Ränke und Eitelkeiten unseres Alltags. Das psychologische Grundprinzip, das dem zugrunde liegt, und die Art und Weise, wie diese psychischen Manöver vonstatten gehen, hat Anna Freud sehr sorgfältig belegt, und wer ihr Buch liest, dem wird wieder einmal klar, wie unaufrichtig wir gegenüber uns selbst sein können, geschweige denn gegenüber anderen. Der Leser könnte angesichts dessen sogar ein wenig zynisch werden, was menschliche Beziehungen betrifft – eine Möglichkeit, die jeder ernstzunehmende psychoanalytische Text heraufbeschwört.

Jene Abwehrmechanismen sorgen dafür, daß vieles verborgen bleibt, daß vieles von dem, was in unserem Kopf vorgeht, nur in verzerrter Form erscheint. Wenn wir uns jedoch damals im Seminar von dieser Form der Selbsttäuschung distanzieren wollten, so wußte Dr. Menninger dies zu verhindern. Während wir diese armseligen, unbedarften und verängstigten Menschen analysierten, die all ihre Frustrationen einem schwarzen Mädchen ins Gesicht schrien und ihm genau das zuschrieben, was sie an sich selbst fürchteten, hörte er zunächst schweigend zu. Doch dann bezog er dieses Problem auf uns selbst: »Je mehr man über die Psyche erfährt, desto weniger hält man für selbstverständlich – und das nicht nur anläßlich des Rassenkonflikts in New Orleans. Wir dürfen nicht vergessen, uns selbst ab und zu danach zu fragen.«

Er erinnerte uns an die hitzigen, ja sogar haßerfüllten Fraktionskämpfe in gewissen psychoanalytischen Kreisen; er erinnerte uns daran, daß jene von Anna Freud beschriebenen Abwehrmechanismen in jedem von uns am Werk sind, auch in denen, die zu verstehen suchen, wie solche Mechanismen bei anderen funktionieren, bei Patienten zum Beispiel. Heutzutage braucht man keinen von uns mehr über den Einfluß aufzuklären, den unser Sexualleben auf unsere Interessen, Aktivitäten und Bindungen ausübt, auch nicht darüber, daß in unserem Alltagsleben alle möglichen Impulse ständig zu Wort kommen wollen. Doch möglicherweise sind wir weniger willens oder fähig, zu erkennen, wie unredlich und durchtrieben wir gegen uns selbst sind, wenn wir unser Gleichgewicht suchen, während wir auf der einen Seite durch innere Impulse, auf der anderen durch die Anforderungen und Ansprüche der ganzen Welt bedrängt werden. »Den intoleranten Menschen da draußen, den verstehen wir psychologisch; den Patienten, der mit einem sexuellen Problem zu uns kommt, verstehen wir auch. Aber ihr alle und ich, wir schlagen uns durch von Tag zu Tag, wir reagieren aufeinander, wir hören vom anderen, was wir hören wollen, wir sehen ihn auf eine bestimmte Weise – das ist eine unendlich komplizierte Geschichte, und je mehr man darüber nachdenkt, desto komplizierter wird sie und desto weniger achtet man wiederum darauf.«

Ein amüsiertes, aufgeregtes Gemurmel war die Antwort. Die Aufgabe war ungeheuerlich, und die Vorstellung war entmutigend, daß jeder Satz und jede Geste Heuchelei sein konnte, daß sie gleichermaßen darauf abzielen konnten, zu informieren wie in die Irre zu führen. Freilich gibt es auch noch die sogenannte »kognitive« Seite der menschlichen Interaktion, an die uns Heinz Hartmann beständig erinnerte: das Ich, das sich Fakten aneignet, das als Beobachter und Zuhörer herauszufinden versucht, wie die Welt funktioniert, und das die Welt – weiß Gott – zum »Funktionieren« bringt. Doch in unserem alltäglichen Umgang miteinander gibt es immer wieder diesen unartikulierten, teils verborgenen Hintergrund: heimliche Vermutungen und Erwartungen, uneingestandene Abneigungen – vieles davon eine Folge von Erfahrungen, die stattfanden, lange bevor wir den anderen kennenlernten oder unter den gegenwärtigen Umständen mit ihm zusammentrafen.

In dem Buch *Das Ich und die Abwehrmechanismen* gibt es Kapitel mit Überschriften wie ›Die Verleugnung in Wort und

Handlung‹, ›Die Ich-Einschränkung‹ oder ›Die Identifizierung mit dem Angreifer‹. Dann plötzlich folgt ein Abschnitt mit dem Titel ›Eine Form von Altruismus‹ – ein überraschendes Thema, das Anna Freud mit ebensoviel Klugheit und Skepsis behandelt wie andere Formen menschlicher Aktivität. Sie beginnt mit der kenntnisreichen Darstellung einer der Hauptstützen der menschlichen Psyche, der Projektion, wobei sie zunächst ihre psychoanalytisch vorgebildeten Leser daran erinnert, daß »die Autoren der englischen analytischen Schule« behaupten, »daß schon in den ersten Lebensmonaten vor allen Verdrängungen Projektionen der ersten aggressiven Regungen vorgenommen werden«. Sie erörtert nicht, ob dies tatsächlich der Fall ist (zumindest bei den Säuglingen, deren Psyche die Kleinianer ja angeblich verstehen), doch sie behauptet ihrerseits, daß »dem Ich des kleinen Kindes... der Gebrauch von Projektionen jedenfalls natürlich« ist. »Das kindliche Ich entledigt sich auf diese Art normalerweise ständig verpönter Regungen und Wünsche und gibt sie freigebig an die Umgebung ab.« Damit bringt sie die Kindheit jedes Menschen mit einer psychischen Strategie in Verbindung, die sozial, politisch wie historisch von größter Bedeutung ist, eine Strategie, die bereits in der Bibel beschrieben wird (das Suchen nach Sündenböcken), die jeder Psychiater bei seinen Patienten kennenlernt und die wir auch beim Anwachsen sozialer, rassischer oder internationaler Spannungen am Werk sehen. Immer finden wir »andere«, die uns als Gefäße dienen für alles, was wir in uns selbst ablehnen, fürchten oder als unrecht und anstößig empfinden. Was wir in uns selbst für das Schlechteste halten, wird durch diesen Mechanismus kanalisiert, den schon Kinder auf ebenso natürliche Weise erlernen wie den Gebrauch der Sprache, die Wahrnehmung der Welt und ihrer selbst.

Haß zwischen Gruppen oder Individuen, Angst und Mißtrauen, Verbitterung und Ressentiment werden genährt durch die projektive Verzerrung des anderen. Dagegen werden ganze Gesellschaften auf diese Weise angeblich »zivilisiert«. Der Ak-

181

teur hinter den Kulissen ist dabei stets eine irgendwie beunruhigte oder bedrohte Psyche – das nicht unbedingt bewußte, intuitive Gefühl, man müsse eine bestimmte abscheuliche Eigenschaft, eine Anzahl von Attributen, Wünschen oder erinnerter Handlungen um jeden Preis loswerden. Es dauert nicht lange, dann finden unsere Augen und Ohren den geeigneten Weg: Wir bemerken jemanden oder eine ganze Gruppe von Leuten, bei denen wir unsere Schmach abladen können. Je stärker unser Gefühl für Richtig und Falsch ist und je anfälliger wir uns in moralischer, sozialer oder ökonomischer Hinsicht fühlen, desto mehr werden wir darauf aus sein, die Dinge wieder in Ordnung zu bringen – *uns* wieder in Ordnung zu bringen, und zwar auf Kosten anderer. Kein Wunder daher, daß religiöse Menschen sich so intolerant gegenüber anderen gezeigt haben, so haßerfüllt gegenüber rivalisierenden Glaubensbekenntnissen und abtrünnigen Gruppen – vor allem diejenigen, die ganz und gar durchdrungen waren von einem strikten Auftrag hinsichtlich dessen, was gut und schlecht, richtig und falsch ist. Kein Wunder auch, daß leidenschaftliche säkulare Ideologien unserer Moderne ähnliche Tendenzen zeigten – sei es auf dem Gebiet der Politik, der Kultur, der Psychiatrie oder Psychoanalyse. Jemand, der Religion als »Opium« oder als neurotisches Symptom bezeichnet, kann durchaus eine tiefe Anhänglichkeit gegenüber einer politischen Doktrin oder auch bestimmten theoretischen Texten entwickeln; und als nächstes definiert er dann natürlich sich selbst, indem er andere ausschließt und herabsetzt.

Diese Form der Genugtuung kann man schon in Kindergärten beobachten, wo sich ständig neue Gruppen zusammenfinden, und in Grundschulen und Gymnasien mit ihren Cliquen und Clubs. Man findet sie aber auch unter seriösen Erziehern und Intellektuellen, unter prominenten Politikern, weisen Kirchenführern und scheinbar sogar unter Personen, die lange Lehranalysen absolviert haben; von daher der ständige gehässige Klatsch, die ausdauernden Fehden an Universitäten, in der

Politik, in religiösen Organisationen und – keineswegs seltener – an psychiatrischen und psychoanalytischen Institutionen. Der Mechanismus der Projektion verursacht, wie Anna Freud schreibt, »Störungen der menschlichen Beziehungen durch die Erzeugung von projizierter Eifersucht und die Hinausverlegung von Aggressionen«. Da jeder von uns vorübergehende Phasen der Enttäuschung und des Ärgers erlebt, Augenblicke, in denen unser Selbstvertrauen und unsere Selbstachtung wanken, ist die Versuchung, auf psychischem Wege mit einem Schlag »reinen Tisch zu machen«, geradezu unwiderstehlich.

Über meine Erfahrungen mit solchen Mechanismen sprach ich auch mit Anna Freud. Ich hatte im Süden Interviews geführt, darunter auch einige mit den Söhnen und Töchtern von Ku-Klux-Klan-Mitgliedern; in Nordirland hatte ich mit katholischen und protestantischen Kindern gesprochen, mit ihren Familien, Priestern und Pfarrern.[2] Anna Freud unterschied recht scharfsinnig zwischen Projektionen von Gruppen und von Individuen: »Seit Jahren schon bittet man mich darum, Vorträge zu halten zur ›Psychologie des Vorurteils‹ oder zum Thema ›Warum Menschen hassen‹; bisher habe ich immer abgelehnt. Ich spreche lieber über das, was ich jeden Tag mache, nämlich mit Patienten, mit analytischen Kandidaten oder an Forschungsprojekten arbeiten. Einmal suchte mich ein Journalist auf und bat mich, über ›Aggression und Rassismus‹ zu sprechen, so oder ähnlich lautete der Titel. Ich sagte ihm, daß ich nicht genügend darüber wisse, doch das glaubte er mir nicht. Er bat mich erneut darum, ich mußte mich wiederholen, und er konnte nun wirklich sehen, daß ich es ernst meinte. Da begann er mir ziemlich zu schmeicheln, so daß ich bald das Gefühl hatte, ich müsse ihn stoppen. Ich sagte, ich verstehe schon, warum bestimmte Leute sich gegen andere wenden, doch ich möchte nicht von einem Patienten (oder einem Kollegen!), der das tut, so einfach zu den Riesenproblemen hinüberspringen, die er mir da vorträgt.

Als ich Ihnen zuhörte, kam mir wieder jener Journalist in

den Sinn, mit seinen Fragen und mit seinem Angebot, eine Vortrag zu halten. Wenn er hier wäre und Ihnen zuhörte, würde er einiges darüber erfahren, wie die Psychologie zur Gehilfin der Soziologie werden kann – wenn es darum geht, wie Leute über andere Leute denken und warum. Natürlich glaube auch ich, daß bei diesem Haß zwischen Schwarzen und Weißen Projektion im Spiel ist. Doch man muß sich auch fragen, warum manche diesem Haß erliegen und manche nicht. Wir kennen recht wohlhabende Patienten, die geradezu haßerfüllt sind gegenüber bestimmten Personen, die sie kennen, oder gegen verschiedene Gruppen von Menschen. Wir kennen aber auch arme Leute, für die im Leben so gut wie nichts selbstverständlich ist, und die dennoch – wie man in England sagt – ›gutartig‹ sind. Sie haben kein Geld, aber sie kompensieren nicht ihr Lebensgefühl, ihr schweres Leben, indem sie sich gegen andere wenden.

Man hat mich schon oft gebeten, das zu erklären – warum manche Menschen so argwöhnisch und unfreundlich sind, warum sie durch Projektion andere zu denen machen, von denen alles Schlechte kommt; während andere eine eher liebenswürdige Einstellung haben und sich keinerlei Feinde konstruieren – also auch nicht ›die Projektion benutzen, um zu duschen‹, wie eine unserer Kandidatinnen das ausdrückte. Sie war Lehrerin, hatte einen lebhaften Sinn für Humor und eine sehr realistische Weise, sich auszudrücken, und als wir einmal in einer Konferenz über all diese schwierigen und quälenden psychischen Entwicklungen sprachen, betrachtete ich sie und dachte bei mir: Eine Frau wie sie zu sein, die Sinn für Humor hat und sagt, was sie denkt, das würde uns allen helfen, uns gut genug zu fühlen, um dem Haß zu widerstehen – doch es waren eben *ihr* Leben und *ihre* Erfahrungen, die es ihr ermöglichten, so zu sein, und damit stehen wir erneut vor demselben Rätsel: Wodurch werden Menschen so, wie sie sind?

Ich glaube, äußere Ereignisse machen schon etwas aus. [Ich hatte sie im Verlauf unserer langen Diskussion, von der ich hier nur einen kleinen Teil wiedergebe, immer wieder nach dem Schnittpunkt zwischen dem Öffentlichen und dem Privaten gefragt.] Wir sind alle *fähig* zur Projektion, wir sind alle in Versuchung, sie einzusetzen, und in begrenztem Maße, vermute ich, setzen wir sie auch tatsächlich ein, jedenfalls regelmäßiger, als wir uns selbst und anderen gegenüber zugeben würden. Ich meine, wir setzen sie ein wie Kinder oder wie die Rassisten, die Sie geschildert haben – nur nicht so häufig und nicht in dieser organisierten und konsequenten Weise. Ich spreche hier als Analytikerin. Das heißt, ich denke an meine Analysanden, die in ihren ›Assoziationen‹ jede Menge ›Projektionen‹ erkennen lassen. Wenn jemand nicht all das tut, was er eigentlich tun will oder seiner Meinung nach tun sollte, dann findet er irgendeine Gruppe und bezeichnet sie als aggressiv – jedenfalls eher, als daß er sich der problematischen Natur seiner eigenen Psyche oder seiner Ideale stellt, die er von seinen Eltern übernommen hat. Die Frustration und die Selbstverurteilung, die mit diesem Gefühl der Unzulänglichkeit einhergehen, werden durch Projektion nach außen gerichtet: Man bezeichnet Juden oder Asiaten als ›aggressiv‹ oder als ›zu rivalisierend‹, und schon geht es einem besser. Man macht aus einem inneren Urteil ein äußeres, man projiziert eigene Eigenschaften auf andere und erlangt Befriedigung aus der Verurteilung anderer.

Wenn es immer mehr Leuten schlechtgeht, dann finden sie die Projektion auch immer nützlicher. Das ist ein Mechanismus, der wie geschaffen ist für eine Welt voller Ärger. Der ganze Zweck der Projektion ist es ja, Ärger loszuwerden. Etwa so«, sie klatschte in die Hände, »und wieder einer weniger. Ich denke manchmal, es ist ein Wunder, daß nicht noch mehr Leute der Projektion erliegen. Denn sie bietet rasche Linderung, und die Welt ist daran gewöhnt. Politiker machen andauernd davon Gebrauch. Auch bei Lehrern und Kommentatoren habe ich es schon oft gehört – diese vermeintlich harmlose Weise, wie wir über ›die Leute da drüben‹ sprechen. Ich denke an die Zeit, da die Nazis immer stärker wurden und es nur noch eine Frage der Zeit war, daß sie auch in Österreich an die Macht kommen würden. Mein Vater las, was sie über die Juden sagten, und schüttelte den Kopf. Einmal sagte er: ›Wo wären die ohne uns.‹ Daran mußte ich oft denken, als die Nazis mich ›interviewten‹. Die waren derart unverschämt und aggressiv – und redeten doch die ganze Zeit, als seien es die Juden, die aggressives und unverschämtes Verhalten in die Welt gebracht hätten. Das ist ein kleiner Trost, wenn man versteht, wie das funktioniert, ein sehr kleiner Trost. Ich gebe allerdings zu, es ist ein großer Schritt von den gewöhnlichen Projektionen gewöhnlicher Leute zu den ›staatlich geförderten‹ Projektionen. Darum sollten wir uns als Psychoanalytiker auch gut überlegen, in welcher Weise wir darüber sprechen: Wir dürfen nicht einfach von den ›Gefahren der Projektion‹ reden, ohne anzugeben, was genau uns beunruhigt – nämlich die Gefahren, die heraufbeschworen werden, wenn Politiker und Regierungen die ohnehin schon sozial und ökonomisch angeschlagenen Leute ausnutzen, indem sie ihnen über Radio, Fernsehen und Zeitungen eine Reihe von Projektionen auftischen. Projektion *an sich* ist nicht unbedingt etwas Schlimmes.«

Mit diesem letzten Satz wiederholte sie etwas, was sie Jahrzehnte zuvor bereits in *Das Ich und die Abwehrmechanismen* erklärt hatte. In dem Kapitel ›Eine Form von Altruismus‹ heißt es: »Er [der Projektionsmechanismus] dient auch der Herstellung wichtiger positiver Bindungen und damit der Befriedigung der menschlichen Beziehungen. Diese normale und unauffälligere Form von Projektionen könnte man als ›altruistische Abtretung‹ eigener Triebregungen an andere Menschen bezeichnen.« Dann führt sie ein »Beispiel« an, um diese abstrakte Erklärung zu verdeutlichen. In einem Buch, das so offenkundig auf die Erweiterung eines theoretischen Gebäudes abzielt, hebt sich dieses Beispiel jedoch auf bemerkenswerte Weise ab, und etliche Leser hielten es für eine persönliche, wenn nicht sogar autobiographische Äußerung unter der

Maske einer klinischen Falldarstellung. Es ist der Bericht über eine junge Erzieherin, die ein relativ selbstloses Leben führt und die all ihre Energie dem Leben anderer widmet: »Der eigenen Kinderlosigkeit parallel läuft eine Zuwendung zu den Kindern anderer Menschen, die auch in der Berufswahl ihren Ausdruck findet.« Anna Freud versucht jedoch deutlich zu machen, daß diese Frau ihre Triebregungen nicht etwa verdrängt oder durch eine Reihe von Reaktionsbildungen maskiert hat. Denn die »eigene Sexualablehnung« dieser Erzieherin (Kinderanalytikerin?) »stört sie nicht darin, das Liebesleben ihrer Freundinnen und Berufskolleginnen mit positivem Interesse zu verfolgen ... Ihr Triebgenuß besteht dadurch im Mitgenuß der Triebbefriedigung anderer, die ihr durch Projektion und Identifizierung ermöglicht wird. Die Zurückhaltung, zu der das Triebverbot sie im eigenen Leben zwingt, wird aufgehoben, wo es sich darum handelt, am fremden Objekt die eigenen projizierten Wünsche zur Durchsetzung zu bringen. Die Abtretung ihrer eigenen Triebregungen an andere Personen hat danach egoistischen Sinn; aber die Bemühungen um die Triebbefriedigung dieser andern ergibt ein Verhalten, das wir altruistisch nennen müssen.«

Sie führt Beispiele an für alltägliche Manifestationen dieser psychischen Strategie, so etwa bei Eltern die »altruistisch-egoistische Abtretung eigener Lebenspläne an das Kind«. Zur Illustration zieht sie auch die Komödie *Cyrano de Bergerac* von Edmond Rostand heran, womit sie wieder einmal ihre literarische Seite zeigte. (Einige, die sie kannten, hatten schon vermutet, sie habe dieses Interesse völlig aufgegeben zugunsten ihrer intensiven Bemühungen um das Wohlergehen von Kindern und natürlich auch zugunsten ihrer geliebten – und ihres geliebten Vaters – Psychoanalyse.) Cyranos Gefühl der eigenen Häßlichkeit wandelt sich schließlich zur aufopfernden Liebe zu Roxanne. Dieser Frau folgt er mittels seines Freundes Christian, dem er vielfach beisteht: Er hilft ihm, Roxanne den Hof zu machen, und in einer Schlacht versucht er, ihn bei Gefahr des eigenen Lebens zu retten. Freilich ist diese Hingabe des Cyrano an Christian, und durch ihn an Roxanne, nicht so selbstlos, wie sie erscheinen mag. Es werden dabei auch Triebe befriedigt, doch gleichsam stellvertretend, durch einen Akt der Selbstverleugnung, der an die Stelle massiver Verdrängung tritt. Denn andernfalls würde Cyrano ja gar nicht bemerken, daß er sich für Roxanne interessiert, und er würde nicht versuchen, ihr durch seine offenbar idealistische Identifizierung mit Christian – hinsichtlich seiner Fähigkeiten als Liebhaber und Krieger – nahezukommen. Diese Identifizierung ist verbunden mit Ambitionen, die mittels einer Ersatzfigur verfolgt werden: Triumph in der Liebe und auf dem Schlachtfeld. Unter diesen Umständen werden seine merkwürdige und unheimliche Gelassenheit, seine Tapferkeit und aufopfernde Großzügigkeit verständlich: Es geht Cyrano durchaus um sich selbst, doch er ist in die Haut eines anderen geschlüpft, und seine scheinbare Gleichgültigkeit gegenüber dem eigenen Schicksal hat zu tun mit der Sorge um das Schicksal jener Person, die ihm sozusagen Unterschlupf gewährt hat. In dem Schauspiel, das sich einer historischen Figur bedient, wird auch die Tatsache erwähnt, daß Cyranos Briefe und Gedichte von anderen Autoren regelrecht geplündert wurden (von Molière, Corneille, Swift): Auch in dieser Hinsicht hatte er kein Interesse an eigenem Ruhm, der ihm nur durch den Triumph eines anderen möglich schien, mit dem er verschmolzen war.

Natürlich wußte Anna Freud, daß auch noch andere Wege zum Altruismus führen; sie erwähnt den Masochismus sowie homosexuelle Konflikte und deren Lösungsversuche. Sie ist allerdings nicht bereit, einen aus sich selbst begründeten Altruismus als mögliche psychische Entwicklung völlig auszuschließen: »Die Frage bleibt offen, ob es auch eine wirklich altruistische Beziehung zum Nebenmenschen gibt, bei der der eigene Triebgenuß auch in verschobener und sublimierter Form keine Rolle mehr spielt.«

Das war eine Frage, die sie noch ihr ganzes weiteres Leben

beschäftigen sollte. Offenkundig war ihre eigene Arbeit mit Kindern tatsächlich überwiegend altruistisch im phänomenologischen Sinn – jene zahllosen Stunden, die sie den bedürftigsten der Jungen und Mädchen so freigebig widmete. Dabei agierte sie nicht etwa als »leere Tafel«, an die Kinder oder Erwachsene ihre Gedanken, Ideen und Phantasien heften konnten. Vielmehr schenkte sie sich gleichsam selbst ihren Patienten und Kollegen, emotional wie intellektuell. Dennoch fiel es ihr sehr schwer, sich selbst anzuerkennen und auch von anderen etwas zu empfangen. Eine gewisse natürliche Schönheit blieb teilweise verborgen, weil Kleidung und Frisur sie scheinbar nicht interessierten. Sie konnte gleichzeitig charmant und von strenger Zurückhaltung sein – nicht unähnlich den eindrucksvoll tatkräftigen Nonnen, die ich in Brasilien kennengelernt hatte: Deren potentiell recht attraktive Weiblichkeit und (in älteren Jahren) »mütterlicher Liebreiz« ging völlig unter im anstrengenden Gleichmaß ihres engagierten Arbeitslebens, ihrer verschiedenen Verpflichtungen gegenüber anderen und natürlich auch gegenüber den Idealen, die zu diesen Verpflichtungen die tägliche Energie lieferten.

Zu bemerkenswerten Diskussionen zum Thema Altruismus kam es auch, als ich ihr von Dorothy Day und Simone Weil erzählte, zwei idealistischen Frauen unseres Jahrhunderts, die meine Eltern sehr bewunderten. Auch ich versuchte, diese beiden zu verstehen – die erstere im Verlauf einer längeren Bekanntschaft, die letztere durch ihre schwierigen, empfindsamen und brillanten Aufsätze. Anna Freud war stets eine höfliche Gastgeberin und Zuhörerin, und ich glaube, das habe ich ihr durch meine Hochachtung und Ehrfurcht auch abverlangt – Verhaltensweisen, über die sie sich in ihren Briefen an mich in einer Weise äußerte, als wünschte sie sich von mir eine offenere, ungehemmtere Anwort, die vielleicht weniger von Idealisierung bestimmt war. Als wir jedoch speziell über Simone Weil sprachen, bekam ich von meiner Gastgeberin in New Haven und London eine scharfsinnige psychologische Analyse zu hören. Sie zeigte ein sehr lebhaftes Interesse, und dies war wiederum für mich höchst interessant. Das ging so weit, daß ich mich gar nicht mehr recht auf unsere Spekulationen über Simone Weil konzentrieren konnte, weil ich das Gefühl hatte, deren Geist sei tatsächlich in den von Anna Freud eingegangen.[3]

Ich lauschte also der idealistischen Tochter eines jüdischen Arztes, der im Europa des 19. Jahrhunderts geboren worden war, während sie über eine andere idealistische Tochter eines ebenfalls jüdischen Arztes aus dem Europa des 19. Jahrhunderts sprach. Da wurde mir plötzlich klar, aus wie verschiedenen Quellen der Idealismus stammt, wenn man ihn näher betrachtet – ein Gedanke, der allerdings nur die lebhafte, ja leidenschaftliche Eloquenz widerspiegelte, mit der sie ihre Erklärungen vortrug. Immer wieder wies sie darauf hin, daß man jemanden, der nicht unter den Lebenden ist und der uns daher auch nichts über sich selbst sagen kann, nur bis zu einem ganz bestimmten Punkt verstehen kann. Selbst ein Traum ist nur der *Beginn* einer persönlichen Äußerung, er kann einen bestimmten psychischen Inhalt verdunkeln und verbergen und den Zuhörer oder Leser sogar in eine Sackgasse führen. Trotz dieser Warnung war sie jedoch zu Spekulationen durchaus bereit, und sie versuchte, jenes kurze, sonderbare, verwirrende und außergewöhnliche Leben Simone Weils wenigstens in Umrissen zu verstehen – das Leben jener »roten Jungfrau«, die sich einer ganz eigenen Art von radikaler, egalitärer Politik verschrieb und die für Jesus und für alles, wofür er nach ihrer Auffassung stand, so lange und so gewaltsam hungerte und dürstete.

Als wir eines Nachmittags über Simone Weils Arbeit in den Renault-Werken in Paris und als Landarbeiterin in Südfrankreich sprachen, war Anna Freud scheinbar kurz davor, wütend zu werden. So ist es schon vielen ergangen, die versuchten, sich über die Stärken und Schwächen dieser Frau klarzuwerden, einer Frau, die der Welt so vieles zu bieten hatte (man denke an ihre Aufsätze, die unter dem Titel *Schwerkraft und Gnade* posthum veröffentlicht wurden), und die sich dennoch derart selbstzerstörerisch verhielt. Letztendlich wurde Simone Weil *nicht* als brillante politische und philosophische Denkerin und Essayistin bekannt, obwohl sie dies sicherlich war. Es war ihre geistige Suche, die schließlich zu einer verzehrenden Leidenschaft wurde. Sie lebte ihr Leben als eine Art von Opfer, und sie endete auf eine Weise, die alle provoziert und vor ein Rätsel stellt, die sich noch mit ihr befassen. Sie hatte sich eine Tuberkulose zugezogen und weigerte sich, Nahrung in der vom Arzt empfohlenen Menge zu sich zu nehmen – denn der Gedanke quälte sie, mehr zu essen als das, was ihren damals unter Naziherrschaft stehenden französischen Landsleuten täglich zugestanden wurde. Wenn dies kein Selbstmord war, dann hat sie zumindest ihren Tod beschleunigt, indem sie jeder Möglichkeit der Heilung oder einer Remission der Krankheit zuvorkam. 1942 starb sie im Alter von 34 Jahren in einem Krankenhaus außerhalb Londons, nur wenige Kilometer entfernt von Anna Freuds Londoner Wohnsitz.

»Ich glaube, wir würden einen Fehler machen«, erklärte Anna Freud, als wir über Simone Weils geistige Suche sprachen, »wenn wir versuchen würden, sie psychologisch festzulegen.« Sie schwieg, und ich dachte, wir seien schon wieder am Ende dieses Pfads angelangt. Ich stimmte ihr zu, behielt aber für mich, daß ich diesen Ausdruck doch etwas seltsam fand: »psychologisch festlegen«. Auch fragte ich mich, warum wir nicht Vermutungen aufstellen sollten, solange wir sie nicht mit Tatsachen verwechselten – was zugegebenermaßen eine beachtliche Fähigkeit ist, wenn man an die hemmungslosen Beutezüge einiger zeitgenössischer »Psychohistoriker« denkt. Schließlich formulierte Anna Freud doch eine oder zwei Mutmaßungen – die sie auch ausdrücklich als solche kenntlich machte –, und so gerieten wir stockend in eine Diskussion über »Idealismus«. Dieses Thema betraf – wie mir erst einige Tage später wirklich klar wurde – ihre eigene Biographie ebenso wie die von Simone Weil und noch anderer Personen, für die sie sich interessierte.

Es ist schwierig, die Frage des »Idealismus« auf unparteiische und unvoreingenommene Weise zu erörtern; hier einige ihrer Gedanken aus verschiedenen Phasen unseres Gesprächs: »Wir sollten uns einmal fragen, warum einige Menschen vor anderen als Idealisten erscheinen wollen. Ich schlage auch nicht gern einen so säuerlichen Ton an, aber ich hatte einmal eine Frau in Analyse, die einem Mann eine ganze Menge Geld gab, der sich ihr als religiöser Mensch darstellte, als jemand, der für die Armen lebte. Er erzählte ihr, daß er Suppenküchen für arme Leute unterhielt – und das glaubte sie ihm. Sie hielt ihn für ›rein‹. Ich wollte natürlich sofort wissen, was sie unter ›rein‹ verstand. Das wisse sie auch nicht so genau, antwortete sie. Da ich jedoch das Gefühl hatte, daß sie es durchaus ›genau‹ wußte, insistierte ich. Darauf erzählte sie mir, der Mann habe sich als ›Diener Gottes‹ bezeichnet, der nichts für sich selbst wolle, nur für andere – und er sehe so aus, als meinte er das auch so. Ich fragte natürlich, woher sie das wisse. Nein, sie war durchaus keine Närrin. Sie hatte sich seine Kleidung betrachtet, seinen Wagen: Er lief herum, als sei er selbst schon ›erledigt‹, sein Auto war alt und von Kratzern übersät, und andauernd war etwas daran kaputt, wie er ihr erzählte. Sie haben wohl schon erraten, daß man sie übel hereingelegt hatte. Doch indem wir darüber sprachen, bekamen wir viel über ihre Gedanken und deren Ursprünge heraus, und jener Mann, der den guten Menschen gespielt hatte, half uns beiden in gewisser Weise, einige Dinge zu klären.

Diese Frau sagte immer wieder, daß jemand, der ›materialistisch‹ ist, kein ›Idealist‹ sein könne. Ich wußte, was sie damit meinte, doch das behielt ich für mich, denn ich hatte das Gefühl, sie habe sich da eine ziemlich naive Polarität aufgebaut – vor allem, wenn man bedenkt, daß sie in bezug auf menschliche Beziehungen sonst recht scharfsinnig war. Es wurde bald klar, daß sie unter einem Idealisten jemanden verstand, der as-

ketisch lebte, der sich all dies versagte: gutes Essen, gute Kleidung, eine hübsche Wohnung oder ein Haus, ein neues und
funktionierendes Auto. Ich fragte sie, ob damit die Armen automatisch aus dem Rennen seien, denn diese *versagen* sich ja
die Annehmlichkeiten des Lebens nicht – sie haben sie einfach
nicht. Das bejahte sie, denn die Armen hätten ›gar nicht die
Zeit‹, Idealisten zu sein. ›Und das Geld auch nicht‹, fügte ich
hinzu. Sie verstand, was ich damit sagen wollte, doch ich
glaube, es gefiel ihr nicht. Sie schwieg eine Weile, und in der
Zwischenzeit fragte ich mich, was ich eigentlich selbst von der
Sache halte. Bestimmte Analytikerkollegen kamen mir in den
Sinn – Menschen, die eine außergewöhnliche Hingabe an andere zeigten; Menschen, die uns anderen das Gefühl einflöß-
ten, vergleichsweise egoistisch zu sein. Und während ich darauf wartete, daß meine Analysandin weitersprechen würde,
fragte ich mich, ob nicht auch Idealisten manchmal in aggressi-
ver Weise über andere urteilten und ihre eigene Art von Projektion pflegten – wobei ich nicht die Art von Projektion meine,
über die wir eben gesprochen haben [›altruistische Abtretung‹]. Vielleicht gibt es Idealisten, die *wollen*, daß andere sich
beschämt und schuldig fühlen, und die daher versuchen, diese
Gefühle bei anderen auszulösen. Der Idealist projiziert sein
Verlangen, Unrechtes zu tun oder einfach gut zu leben, auf
andere; dann handelt er auf eine Weise, die jene anderen beschämt oder wie ein Vorwurf auf sie wirkt. Der Grundkonflikt
des Idealisten wäre dann der mit der eigenen Gier und Gewinn-
sucht, der er sich nur über einen Umweg stellt, das heißt über
einen anderen Menschen, und diesen anderen muß er dann
dazu bringen, sich wertlos oder zumindest ziemlich unbehaglich zu fühlen.

Doch nicht alle Idealisten sind Heuchler, Hochstapler oder
Superidealisten; nicht alle bringen andere Menschen dazu, sich
ihrer Unfähigkeit zu schämen, nur um selbst das Gefühl der
›Höherwertigkeit‹ zu genießen, während sie sich in Wahrheit
›minderwertig‹ vorkommen. Ich habe idealistische Menschen

gekannt, die offenbar *niemandem* etwas beweisen wollten. Das waren weder Angeber noch Superidealisten – man fühlte sich nicht gleich als Versager ihnen gegenüber. (Narzißmus kann nämlich auch für Idealisten zum Problem werden. Sie können angesichts ihrer eigenen ›idealistischen‹ Taten genauso von sich selbst eingenommen sein wie andere auf ihre ›materialistische‹ Weise.) Ich habe einige Krankenschwestern und Sozialarbeiter gekannt, die für sich selbst überhaupt nicht den Status von Idealisten beanspruchten, die kein einziges Wort geschrieben haben, und dennoch: Wenn man sich ansieht, was sie ganz unauffällig leisten, ohne es im geringsten herauszustellen, ohne irgendwelche inneren Qualen an der Welt abzulassen, dann kann man sich wirklich nur fragen, wie sie das schaffen. Ich habe mich nie getraut, ihnen solche Fragen zu stellen, und ich bin mir sicher, sie wären überrascht gewesen, wenn ich sie als Idealisten bezeichnet hätte, und noch viel mehr überrascht, wenn ich durch Fragen versucht hätte, hinter ihre Motive zu kommen. Ihre ›Gutartigkeit‹ schien auf natürliche Weise zu ihrem Leben zu gehören, das wirkte weder ›aufgesetzt‹ noch ›exhibitionistisch‹ oder irgendwie zwanghaft, die Arbeit war für sie weder mit Leid noch mit irgendwelchen neurotischen Verwicklungen verbunden. Verstehen Sie, was ich meine?«

Ich verstand sie, obwohl sie mir über die einzelnen Personen, die sie im Sinn hatte, nicht eben viel verraten hatte. Es schien ihr um so etwas wie »normalen« Idealismus zu gehen – nur eine der möglichen Spielarten, wie sie ja deutlich gemacht hatte, aber eine, die ihr offenbar zusagte. Je länger wir über diese Variante weiterdiskutierten – das dauerte mehr als eine Stunde –, desto problematischer schien uns der extreme Idealismus, der uns bei bestimmten Menschen schon begegnet war (sei es, daß wir sie persönlich kennenlernten, sei es durch die Lektüre ihrer Schriften oder der Werke Dritter). Schon das Wort Idealismus als solches begann mich allmählich zu ärgern, denn das schien mir ein außerordentlich kategorischer

Begriff; ein derartiger Versuch einer moralischen Klassifikation ist doch ziemlich untauglich angesichts der Komplexität, der Mehrdeutigkeiten, der Ironien und Widersprüche des Lebens. Auch Anna Freud wurde zunehmend ungeduldig: »Vielleicht sind wir überhaupt auf dem Holzweg. Wenn Sie unter einem Idealisten jemanden verstehen, dessen Verhalten – teilweise, zeitweise – als idealistisch bezeichnet werden kann, dann sehe ich kein Problem: Es gibt viele solcher Idealisten, und sie haben viele Gründe, so zu sein, wie sie sind. Doch ich denke, uns geht es hier um ›das Gute‹, das ›Gut-Sein‹ – wer gut ist und warum. Wir wollen herausfinden, ob es überhaupt ein ›Gut-Sein‹ gibt, das nicht aus ›anderen Quellen‹ stammt – aus einer Psychopathologie, einer Neurose oder aus dem, was Ihre Freundin Simone Weil ›das Böse‹ nennt.«

Ich schluckte den Köder und begann, mich zu verteidigen: So »freundlich« sei ich gegenüber Simone Weil nun auch wieder nicht. Anna Freud lachte: Was ich denn anderes sei als ein »Freund« – angesichts der vielen Zeit, die ich ihren Schriften gewidmet hatte, und angesichts meiner eigenen, recht wohlwollenden Veröffentlichungen über sie? Ich war verlegen und merkte, wie ich rot wurde. Schnell kam sie auf unser Gespräch zurück, als wolle sie mir weitere Versuche ersparen, mich herauszuwinden. Dabei änderte sie leicht den Kurs, um möglichen Sackgassen aus dem Wege zugehen: »Unser Problem besteht vielleicht darin [für dieses ›unser‹ war ich ihr dankbar!], daß wir in bezug auf den Idealismus zu idealistisch sind. Vor langer Zeit schon habe ich mich gefragt, ob es möglich ist, daß jemand altruistisch ›aus eigenem Antrieb‹ ist – also nicht als Ergebnis eines von Trieben verursachten Konflikts, bei dem das Ich versucht, zwischen den Trieben, dem Überich und der Welt oder der Gesellschaft zu vermitteln. Ich habe noch immer keine Antwort darauf. Doch wenn ich raten sollte, würde ich sagen: Nein, hinter den Kulissen gibt es *immer* einen Konflikt. Doch ich habe diese Krankenschwestern und Sozialarbeiter erwähnt. Vielleicht würden einige von ihnen uns dazu veranlassen, doch nicht so entschlossen ›nein‹ zu sagen, wenn wir sie nur besser kennen würden.

Ich habe einige Leute kennengelernt – kommen wir also noch einmal auf diese Krankenschwestern und Sozialarbeiter zurück, und auch ein paar Lehrer –, bei denen ich mir töricht vorkam, als hätte ich damals reine Haarspalterei betrieben, als ich [in *Das Ich und die Abwehrmechanismen*] mit Skepsis über eine ›*wirklich* altruistische Beziehung zum Nebenmenschen‹ sprach. Ich bin froh, daß Sie dieses Zitat erwähnt haben, und ich verstehe, warum Ihnen dieses ›wirklich‹ ein wenig Kopfzerbrechen macht. Vielleicht war ich skeptischer, als ich hätte sein sollen; vielleicht verlangte ich auch zuviel. Simone Weil hat sich selbst eine furchtbare Zeit bereitet; diese äußerst gütige und hochherzige Frau ging mit sich selbst um, als sei sie keinen Penny wert, als müßte man sie nicht vielmehr von Herzen beglückwünschen. Es ist, als habe sie an ihre eigene Güte nicht wirklich geglaubt – und auch nicht an die irgendeines anderen, Gott ausgenommen. Nun gut, vielleicht auch noch an die Güte von einigen antiken griechischen Philosophen und ein paar anderer, die Sie erwähnen [der mit ihr befreundete Priester und einige verstorbene französische Autoren, die in ihren Briefen und Notizbüchern vorkommen]. Doch im wesentlichen war sie skeptisch gegenüber *allen*, und ich fürchte, wir treten in ihre Fußstapfen.«

Es war, als spreche sie zu sich selbst, und doch erinnerte sie mich daran, daß ich vielleicht mehr zur Idealisierung neigte als sie. Doch dann fiel mir ein, daß auch ihr diese Tendenz keineswegs fremd war – man denke nur an die Beziehung zu ihrem Vater oder zu Lou Andreas-Salomé, die sie über alles bewunderte, und dazu kamen vielleicht noch andere, die ich nicht kannte und deren Leben ihr imponierte. Gerade als ich diesen Gedanken weiterverfolgte, schwenkte sie auf eine sehr ähnliche Überlegung ein: »Das Beste, was wir tun können, ist vielleicht, zu entscheiden, ob uns das Verhalten von jemandem *im wesentlichen* überzeugt – und dann sollten wir dankbar sein für das, was diese Person aus ihrem Leben gemacht hat. Manchmal sind wir anderen gegenüber tolerant, manchmal streng oder rigoros. Heranwachsende können oft sehr idealistisch sein, und in der nächsten Minute gilt für sie plötzlich der Grundsatz ›Im Zweifel *gegen* den Angeklagten‹, und das ist nicht besonders nett; jedenfalls ist das kein Idealismus, denn darunter verstehe ich, daß man den Menschen gegenüber freundlich und verständnisvoll ist, daß man *versöhnlich* mit ihnen umgeht. Dieses Hin und Her bei Jugendlichen habe ich vor langen Jahren einmal beschrieben [wiederum in *Das Ich und die Abwehrmechanismen*], und ich glaube, bei diesem Thema bewege ich mich selber immer noch ›hin und her‹. Allerdings neige ich immer mehr dazu, darauf zu achten, was ein Mensch Tag für Tag *tut*, und wenn das gute Arbeit ist, wenn er etwas zuwege bringt, so daß die Leute, um die es geht, sich darüber freuen und dankbar sind und sich nicht, wie man so sagt, auf den Arm genommen fühlen – dann versuche ich, mit dem Wort ›idealistisch‹ nicht gar so knauserig umzugehen.

Die arme Simone Weil hatte das Problem, daß sie ihren Idealismus nicht ›einlösen‹ konnte. Ich bin sicher, daß sie viel für andere tun wollte, doch sie konnte es nicht, weil sie zu sehr von ihren eigenen Sorgen und Leiden okkupiert war. Richtig, ihre Schriften waren ›ein großes Geschenk‹ für andere. Aber solange sie lebte, richtete sie auch damit nicht viel aus, denn sie behielt ja für sich, was sie geschrieben hatte, sie wollte es vernichten, nicht wahr? Ich will sie damit nicht völlig abschreiben, keine Bange. Aber ich meine, wenn wir Idealismus psychologisch bewerten sollen, dann muß er in Form von Taten irgendwie zum Ausdruck kommen. Wenn nicht, dann stehen wir vor dem Problem, die *Gedanken* von Menschen beurteilen zu sollen, dann müssen wir uns über Leute unterhalten, die idealistische Gedanken haben, und über andere, die keine haben, und ich fürchte, damit kommen wir nicht sehr weit. Ich habe schon mit sehr schwierigen Menschen gearbeitet, die anderen eine Menge Probleme bereitet haben; weder Sie noch ich würden diese Menschen als Idealisten bezeichnen, und dennoch: Wenn sie auf der Couch liegen und aussprechen, was ihnen in den Sinn kommt, dann kann das oft sehr idealistisch und wehmütig klingen. Sie erzählen dann, sie hätten alles versucht, das Richtige zu tun, das absolut Richtige, aber die Welt sei ihnen in die Quere gekommen, und daher sei es ihnen nicht gelungen. Vielleicht haben wir den Eindruck, sie hätten nicht *wirklich* alles versucht – doch sehen Sie, wenn wir so etwas sagen, dann beurteilen wir eben Taten oder das Ausbleiben von Taten, wir beurteilen nicht die Worte und Intentionen.«

Unsere Diskussion verlor allmählich an Schwung, und mir wurde klar, daß da auch viel an Emotionen im Spiel war, vom Gegenstand des Gesprächs einmal ganz abgesehen. Da saß eine ältere Frau vor mir, die sicherlich im Leben eine Menge gesehen hatte, die weit gereist war, die privateste Einzelheiten aus zahllosen Lebensschicksalen gehört hatte, von Alten wie von Jungen, durch direkte vertrauliche Mitteilung oder über den Umweg von Seminaren und Konferenzen – und diese Frau zeigte sich gegenüber einem Thema, das viele andere überhaupt nicht interessieren würde, weder gleichgültig noch gelangweilt, ja nicht einmal allzu selbstsicher. Statt dessen ließ sie sich entschlossen auf das Leben Simone Weils ein, von dem ich ihr erzählte, und in jenes schwierige und verwirrende Problem von Güte, Idealismus und Altruismus – was das überhaupt ist und wie man es bei anderen bewerten soll – brachte sie sich mit Haut und Haaren ein. Sie griff zurück auf ihre früheren Ideen, auf die bedeutenden Schriften, die sie in ihren Zwanzigern und Dreißigern verfaßt hatte, und als sie sich mit jenem Rätsel so vital und leidenschaftlich auseinandersetzte, schien mir, als fielen etliche Lebensjahre gleichsam von ihr ab, als verlören sie an Bedeutung.

Während ich sie beobachtete, blickte auch ich zurück auf ihr Leben und auf das, was sie mit der ihr zugemessenen Zeit getan hatte. Sie hatte sich niemals als »Menschenfreundin« dargestellt, und niemals hatte sie mit wichtigen politischen Dingen

zu tun gehabt, doch zeigte sie zeitweilig ein starkes Selbstbe-
wußtsein und war durchaus bereit, es mit anderen aufzunehmen, wenn es um Ideen und berufliche Praktiken ging, die sie
bedroht glaubte. Sie konnte gegenüber anderen kleinlich, hartnäckig und anspruchsvoll sein – manche würden auch sagen:
intolerant –, und manchmal war sie auch allzu selbstsicher. Sie
war keine »Heilige« – jedenfalls nicht von der Art, wie eine
Tradition der Empfindsamkeit sie uns als wünschenswerte und
realistische Möglichkeit vor Augen stellt. Freilich hat jede auf-
opferungsvolle und hochgradig idealistisch gesinnte Person
auch unvermeidlich verschiedene Schwächen – das wußte ich
noch von der Zeit her, die ich mit Dorothy Day verbracht hatte.
Mehr noch: Diejenigen, die am emsigsten versuchen, ihren
Idealismus auszuleben und praktisch umzusetzen, sind oft zugleich diejenigen, die der stärksten Versuchung unterliegen,
völlig andere psychische und moralische Wege zu beschreiten –
eine Einsicht, die den jüdischen Propheten und christlichen
Heiligen geläufig war, lange bevor ein unbekannter Neuro-
psychiater des 19. Jahrhunderts damit begann, seine Träume
und die seiner Patienten ernst zu nehmen.

Interessant ist, daß Anna Freuds frühe Erörterung des Altruismus sich ausschließlich um die Abwehrmechanismen und deren Auseinandersetzung mit den Trieben dreht, während das
Gewissen überhaupt nicht erwähnt wird. Jenes Kapitel gehört
zwar zu einem Buch über das Ich und dessen aufreibende Existenz neben einem ewig fordernden Es; doch es gibt einen weiteren potentiellen Verbündeten und zugleich potentiellen Gegner des Ich, nämlich das Überich. Diejenigen, die sich zu einem
idealistischen Verhalten entschließen oder es zumindest wollen, sind sicherlich auch diejenigen, in denen die Forderungen
des Gewissens psychisch ständig präsent sind. Freud und seine
Anhänger konnten natürlich die Macht des Gewissens viel
selbstverständlicher voraussetzen als viele heutige Ärzte.
Denn viele Kinder werden heutzutage dazu erzogen, zu tun,
was sie wollen, ausschließlich an sich zu denken und ihre Werte

zu »klären«, nicht aber dazu, sich zum Beispiel die Zehn Gebote oder die Bergpredigt als letzte Grundlage zu eigen zu machen.[4] Kultureller und moralischer Relativismus und ein damit verbundenes psychologisches Bewußtsein sind zu fast religiösen Prinzipien geworden, und diese sozialen Tendenzen haben die Stärke des Überichs beeinflußt. Anders gesagt: Würde Freud heute auferstehen, dann würde er bei den Patienten ein anderes Gewissen vorfinden, das längst nicht so mächtig und gebieterisch ist wie jene Instanz, der er in seiner Praxis bei Männern und Frauen begegnete. Denn jene waren oft genug am Rande der Verzweiflung aufgrund der Nötigung, andauernd die Zustimmung des Überichs einholen zu müssen.

Ich brachte das Problem des Gewissens ins Spiel, indem ich einige Sätze von Dorothy Day vorlas: »Ich hatte oft das Gefühl, überhaupt keine Wahl zu haben. Mein Gewissen peinigte mich, selbst schon als kleines Mädchen. Wenn ich etwas tat, von dem ich wußte, daß es unrecht war (wenn ich zum Beispiel sagte: ›Was zum Teufel...?‹), dann mußte ich später dafür bezahlen, denn ich fühlte mich elend. Ich erinnere mich an die Zeit nach meiner Konversion, als ich mich um unsere Suppenküche kümmerte. Wenn ich etwas Falsches zu jemandem sagte – etwas Gefühlloses oder Gedankenloses –, dann hatte ich jedesmal das Gefühl, als stürze die Welt über mir ein. Die einzige Möglichkeit, damit es mir wieder besserging, war, meine Sünden zu beichten und zu versuchen, es am nächsten Tag besser zu machen. Und um die Wahrheit zu sagen, ich genieße es, wie ich heute lebe. Die Leute kommen hierher und schauen mich an, als wäre ich eine Märtyrerin, nur weil ich keine Maisonette in der Park Avenue bewohne. Sie wissen nicht, wer ich war, lange bevor ich hierherkam. Mein Gewissen hetzte mich, lange bevor der ›Himmelshund‹ hinter mir her war.[5] Doch ich bin noch immer nicht völlig überzeugt davon, daß ich nicht doch in der Hölle ende – vielleicht mache ich noch einen Fehler in letzter Minute. Und das meine ich nur *halb* im Scherz.«

Als ich Anna Freud diese Passage vorlas, lächelte sie. Völlig zu Recht kontrastierte sie den Humor in diesen Äußerungen mit den vernichtenden Selbstanklagen Simone Weils – obwohl auch letztere Augenblicke der Klarheit und der ironischen Selbstdistanz kannte. Eine apokryphe Geschichte, die mir ihr Bruder André[6] erzählte, verdeutlicht das: »Meine Schwester verbrachte einen ganzen Nachmittag und Abend mit einem gelehrten Jesuiten, mit dem sie über Philosophie und Theologie sprach. In Diskussionen konnte sie recht eindrucksvoll sein, und als die beiden zum Ende kamen, war der Jesuit regelrecht durcheinander und in Schwierigkeiten – vielleicht war er sogar in Gefahr, seinen Glauben zu verlieren. Er fragte meine Schwester, woran *sie* denn glaube, nachdem sie ihm so wirkungsvoll den Boden unter den Füßen weggezogen hatte. Sie antwortete, sie wisse nicht genau, was sie glaube, doch sie frage sich, ob Gott möglicherweise *eine* bestimmte Absicht mit ihr verfolge – bisher jedenfalls –, nämlich durch ebenso freundschaftliche wie ermüdende philosophische Dauerdiskussionen den Glauben von Jesuiten auf die Probe zu stellen. Das erzählte sie mir mit einem breiten Lächeln, teils mit echtem, teils mit gespieltem Stolz. Doch sie meinte es ernst; sie wußte selber, wieviel ihr an diesen Debatten lag und wie gut sie darin war; doch sie wußte auch, wie nutzlos und überflüssig sie sein konnten. Ihr Gewissen war es, das ihr all dies sagte. Jeder hob hervor, eine wie ernsthafte Person sie war – zu Recht; doch sie konnte auf viele verschiedene Weisen ernsthaft sein, und eine davon war, über sich selbst zu lachen. Sie wußte, daß sie ›komisch‹ war, wie man heute sagen würde. Doch es war ihr auch klar: Sie war eben so, wie sie war, und es sah nicht danach aus, als könnte oder wollte sie anders sein. Es ist schwierig, mit jemandem über diese Dinge zu sprechen, der in einer anderen Welt mit anderen Werten aufgewachsen ist.«

Sowohl Simone Weil als auch Dorothy Day waren fähig zur Empathie, wie sie in ihrem Leben vielfach unter Beweis stellten – jene projektive Identifizierung, die »altruistische Abtretungen« der verschiedensten Art ermöglichen. Beide kämpften jedoch auch ihr ganzes Leben lang mit den mächtigen Impulsen der Triebe – die eine über lange Zeit, die andere viel zu kurz. Dorothy Day waren diese Kräfte vertraut, weil sie ihren Forderungen jahrelang nachgegeben hatte, und Simone Weil kannte sie so, wie eine wilde Kämpferin, die selbst den Tod nicht scheut, ihren Feind kennt. Beide Frauen waren schließlich fest entschlossen, diesen Kampf aufzunehmen, und sie betrachteten ihr Leben als nützlich und lohnend nur unter der Voraussetzung, *daß* er aufgenommen wurde.

Als Anna Freud über diese Frauen und ihre Kämpfe mit der Welt und mit sich selbst reflektierte, sagte sie zugleich etwas über sich selbst: »Das waren außerordentlich gewissenhafte Persönlichkeiten. Das liegt zwar auf der Hand, aber nicht jeder nimmt es wahr, vor allem heutzutage nicht, da selbst in religiösen Elternhäusern selten Kinder heranwachsen, die derart anspruchsvoll gegenüber sich selbst sind. Es gibt noch immer viele Eltern, die ihre Kinder ständig anschreien – diese beiden Frauen hingegen sind wohl kaum angeschrien worden. Wahrscheinlich sind sie sehr geliebt worden – aber unter bestimmten *Bedingungen*, nämlich von Müttern und Vätern, die viel verlangten und die wußten, wie sie diese Anforderungen ihren Kindern klarmachen konnten. Es bringt nichts, weiter darüber zu spekulieren, doch eines ist bei beiden offensichtlich: Sie fühlten sich nicht wohl in ihrer Haut, wenn sie nicht versuchten, ›gut‹ zu sein, und sie verbrachten ihr Leben damit, sich auf diese Weise zu definieren.

Diesen Frauen hatte man Ideale vermittelt, lange bevor sie ›idealistisch‹ wurden. Ich vermute, sie lebten viele Jahre unter dem Bann dieser Ideale, ehe jemand sie genau formulieren konnte, sie selbst eingeschlossen. Ich denke an ihr Familienleben. Dorothy Day hat Ihnen erzählt, wie sie sich als kleines Mädchen gefragt habe, was aus ihr werden würde, und daß sie sich über andere bekümmerte, die nicht die Annehmlichkeiten genossen, die ihre eigene Familie ihr bot; und ständig fragte sie nach dem Grund, warum bestimmte Arten von Unrecht immer wieder begangen werden. Wir wissen, daß es auch Simone Weil als Kind sehr um ›Gerechtigkeit‹ zu tun war und daß der relative Komfort, den sie als Kind eines Arztes genoß, sie beunruhigte. Als fünfjähriges Mädchen während des Ersten Weltkriegs aß sie sogar weniger Zucker, damit mehr für die Soldaten übrigbliebe oder als Zeichen der Solidarität mit ihnen. Das sind Idealisten oder Altruisten, die eine ganze Zeit lang ›trainiert‹ haben. Ich habe das Gefühl, wenn man erst einmal einige solcher Menschen in Analyse hatte, dann entdeckt man immer mehr Beispiele. Ich weiß, daß beide Frauen von Bekehrung gesprochen haben, doch ich frage mich, ob man auch bekehrt wird, wenn man *nicht* danach gesucht und sich jahrelang darauf vorbereitet hat. In gewissem Maße beginnt ›Berufsberatung‹ lange vor den entsprechenden Kursen für Erwachsene.«

Ich fragte sie, ob das auch bei ihr so gewesen sei. Hatte sie als Kind die geringste Ahnung davon, was einmal aus ihr werden würde? Sie antwortete recht allgemein: Kinder durchwandern eine ganze Reihe von Phantasien über ihre Zukunft, und erst rückblickend stellen wir fest, daß einige dieser Phantasien von größerer Bedeutung waren, daß sie prophetische Vorzeichen dessen waren, als was unser Leben sich schließlich entpuppen würde. Dieses Argument einer gewissen Bandbreite an Möglichkeiten und Veränderungen bei jedem Kind war zu erwarten; doch nun machte sie einen Rückzieher, vermied eine direkte Antwort auf meine Frage und wandte sich in eine andere Richtung: »Ich glaube nicht, daß Idealisten nur in der Kindheit ›gemacht‹ werden. Doch ich glaube, daß es Menschen gibt, die niemals solche Interessen, um nicht zu sagen Leidenschaften, entwickeln werden wie Simone Weil und Dorothy Day, während andere zumindest potentielle Kandidaten sind für diese Art von Leben, wie zum Beispiel die Krankenschwestern und Sozialarbeiter, über die wir sprachen, denn die haben sich so rückhaltlos verausgabt – manchmal bis zur völligen Erschöpfung. Wenn wir irgendwie ihre Kindheit ver-

folgen könnten, Jahr für Jahr, dann würden wir einige Anhalts-
punkte dafür bekommen, wie eine solche Persönlichkeit sich
entwickelt: wie jenes zugleich moralische, emotionale und geistige Wachstum sich vollzieht und wie das alles mit bestimmten Lehrern und Freunden zusammenhängt, die vielleicht
daran mitwirken, daß die Entscheidung für eine bestimmte Tätigkeit, einen bestimmten Beruf Gestalt annimmt. Aber wir
haben eben nicht die Möglichkeit, mit diesen Menschen die
Zeit zurückzuverfolgen, es sei denn, sie entscheiden sich für
eine Analyse – doch ich habe das Gefühl, das werden die wenigsten tun. «

Mit dieser letzten Bemerkung spielte sie auf eine weitere
schwierige Frage an: die Frage, warum so viele Menschen, die
in der Nachfolge von Dorothy Day oder Simone Weil leben,
sich nicht für die Psychoanalyse interessieren. Sie selbst hatte
ja schon bei mehreren Gelegenheiten deutlich zu verstehen gegeben, daß die analytischen Kandidaten heute anders sind als in
früheren Zeiten und daß die jüngeren Leute, die sozial und politisch aktiv sind, nicht auf psychoanalytische Weise nach innen blicken, um sich Orientierung und Inspiration zu holen,
sondern in ganz andere Richtungen. Früher gab es »Träumer«,
hatte sie gesagt; heute gibt es Praktiker, denen es darum geht,
»effektiver« zu werden.

»Wir hatten einen Traum, würde Martin Luther King sagen. « Sie hielt inne, zeigte ein kurzes, reizendes Lächeln und
bewegte sich unsicher in ihrem Sessel, als wollte sie mir zeigen,
daß dies keine Anmaßung sein sollte. »Unser Traum war der
Traum der Psychoanalyse – wir träumten von allem, was sie
uns eröffnen würde. Es ging nicht nur um Menschen, sondern
um Schulen und Universitäten und Kliniken und Gerichte, um
›Reformschulen‹, die mit ›Straffälligen‹ arbeiteten, und um So-
zialdienste. Wir hatten damals viele Träume, viele Hoffnungen
– wir hatten Ideale, deren Verwirklichung wir erleben wollten.
Doch Träume kommen und gehen, wie wir wissen, und wenn
einiges davon in der Welt verwirklicht wird (einige Menschen

kämpfen darum), dann gibt es noch viel mehr, das vergessen wird. Ich fürchte manchmal, nicht alles, was vergessen wurde, geht auf das Konto der Neurosen unserer Patienten.«

Ich wünschte mir sehr, sie würde fortfahren, doch ihre Miene ließ erkennen, daß es nun genug war. Diese Frau, die ihr Leben Lehrern, Sozialarbeitern und Krankenschwestern gewidmet hatte, Kriegskindern und Kindern aus Konzentrationslagern, blinden und schwer gestörten Kindern, Kindern, die von Scheidungen und familiären Zwistigkeiten aller Art betroffen waren, diese auf ihre stille Art idealistische Frau, die gelegentlich einen unvoreingenommenen, ja entmutigenden Blick auf die blinden Flecke ihres geliebten Berufs riskierte – sie hatte auf ihre eigene Weise, durch ihr eigenes Leben alles gesagt, was zu sagen war.

VII. KAPITEL

Die Schriftstellerin

Je mehr ich mich für Psychoanalyse interessierte,
desto mehr sah ich sie als einen Weg zu jenem
breiten und tiefen Verständnis der menschlichen Natur,
das auch Schriftstellern zu eigen ist.

Anna Freud

Ihr ganzes Leben hindurch präsentierte Anna Freud ihre Gedanken – ganz gleich, wie komplex oder wie dicht sie waren – in einer prägnanten, klaren und völlig zugänglichen Form. Sie benutzte die Sprache wie ein Fenster, durch das jeder Leser die geschilderte Welt sehen kann. Diese Durchsichtigkeit und Klarheit der Darstellung ist um so bemerkenswerter, wenn man bedenkt, wie kompliziert und ausgeklügelt die Ideen waren, die sie vortrug. Auch war sie in der Lage, diese Leistung in *zwei* Sprachen zu erbringen: in ihrer Muttersprache Deutsch und im später erlernten Englisch. Auch mündlich äußerte sie sich so, wie sie schrieb: in einer zurückhaltenden, schlichten Sprache.

»Wenn jemand Fachjargon spricht«, behauptete William Carlos Williams einmal, »dann weiß man, daß mit dem todsicher etwas nicht stimmt ... *Wie* man sagt, was man zu sagen hat, das verrät viel darüber, wer man ist ... Verflucht, ich bin schon so oft am Steuer eingeschlafen – und das Schnarchen war es, was dann publiziert wurde!«

»Ich versuche, meinen Patienten genau zuzuhören«, sagte Williams bei anderer Gelegenheit; der Grund dafür sei ebenso ein medizinischer wie sprachlicher: »Manche Patienten sind klar und direkt – bei ihnen staunt man, was gesprochenes Englisch sein kann: Das und das habe ich zu sagen, und ich denke nicht daran, das jetzt weiter aufzublasen. Andere Patienten sind schwer zu verstehen, aus denen wird man nicht schlau. Das ärgert mich, wenn ich versuchen muß, die Bedeutung aus den Worten herauszuschütteln. Auf jeden Fall aber versuche ich, aufmerksam zu bleiben; das ist schließlich der Job eines Arztes. Jeder Satz kann der Schlüssel sein zu dem Rätsel, vor dem man steht. Wenn ich dann wieder zu Hause bin und diese Fachzeitschriften und Bücher lese, diese wolkigen, nebulösen, gestelzten Worte und Phrasen, diese sprachliche Angeberei und Hochstapelei – dann würde ich am liebsten zu diesen armen, ungebildeten Leuten zurückkehren, die mit der Sprache zu kämpfen haben, die versuchen, alles zu sagen oder eben nicht alles zu sagen, und ich würde sie allesamt zu Dr. Soundso oder Professor Soundso mitnehmen, zu diesen Leuten, die gar nicht wirklich verstanden werden wollen. Teufel auch, gäbe das ein Desaster, wenn sie in ihren Bücher wirklich mal sagen müßten, was zu sagen ist, und damit basta. «

Eines von Anna Freuds Meisterwerken – in moralischer, intellektueller und sprachlicher Hinsicht – ist ihr Buch *Kriegskinder*. Das Werk ist, wie schon erwähnt, in einer höchst schlichten und zurückhaltenden Sprache verfaßt und handelt von ihrer Arbeit (und der ihrer Kollegen, unter anderen Dorothy Burlingham) mit Londoner Kindern in einem der von ihr gegründeten und geleiteten Heime. Häufig getrennt von ihren Eltern mußten diese Kinder die Jahre des »Blitzkriegs« durchstehen. In einem Abschnitt mit dem Titel ›Wirkungen der Evakuierung‹ schreibt Anna Freud: »Der Krieg bedeutet der Mehrzahl der Kinder wenig, solange er nur ihre körperliche Sicherheit bedroht, ihre Lebensbedingungen verschlechtert und ihre Rationen kürzt; er gewinnt erst einschneidende Bedeutung, wenn er den Familienverband auflöst und damit die ersten Gefühlsbindungen der Kinder an ihre nächsten Angehörigen erschüttert. « Zwei verblüffende Sätze: der erste mit seinem ironischen »nur«, der zweite eine äußerst zurückhaltende Aussage, die dennoch die Ordnung der Dinge geradezu auf den Kopf stellt, die uns den Verstand durcheinanderwirbelt samt unserer fixen Vorstellungen davon, was wichtig und was weniger wichtig ist. Wie jeder gute Romancier nutzt sie die Möglichkeiten der Sprache und die Technik des Erzählens: Daher fühlt sich der Leser auch nicht am Kragen gepackt und in irgendeinen Seminarraum gezerrt, wo er dann gesagt (oder eingetrichtert) bekommt, wie die Lage ist.

Einige Seiten weiter schreibt sie: »In der Beziehung einer Mutter zum eigenen Kind spielt das Gefühl ihrer engen Zusammengehörigkeit eine große Rolle.« Dann entfaltet sie die Geschichte dieser Beziehung: »Das Kind beginnt seine Existenz als ein Teil des mütterlichen Körpers« – was gewiß niemanden überraschen wird, doch sie hat Gründe, das Selbstverständliche hervorzuheben – »und bleibt für das Gefühl der Mutter durch eine Reihe von Jahren ein Stück ihrer eigenen Person.« In dieser wie in vielen ihrer Bemerkungen steckt mehr, als man auf den ersten Blick vielleicht annimmt. Sie zeigt auf, wie dauerhaft und eng diese Art menschlicher Beziehung ist. »Ein dem Kind zugefügter Schaden wird darum von der Mutter nicht anders empfunden, als ob er ihr geschehen wäre.« Nun folgt eine allgemeinere Aussage, die ebenso wahr wie naheliegend ist; allerdings wird der Tatbestand zumeist übersehen, wie es in der Natur der Sache liegt: »Jedes menschliche Individuum beurteilt sich selbst nicht objektiv, sondern neigt dazu, seine eigene Person und ihre Wichtigkeit, seinen eigenen Körper etc., subjektiv zu überschätzen.« In der heutigen Zeit, da die Theorie des »Narzißmus« von bestimmten Psychoanalytikern endlos diskutiert wird, tut es gut, diesen Satz ein paarmal zu lesen und sich zu eigen zu machen. Denn wenn wir verstehen wollen, was mit Müttern und ihren Kindern geschieht, was überhaupt mit jemandem geschieht, dessen »Narzißmus« wir untersuchen, dann blicken wir am besten auch auf uns selbst – denn sonst landen wir bei einer neuen, weltlichen Version der Geschichte von den Geretteten und den Verdammten.

Nun kann sie sich wieder den Müttern und Kindern zuwenden, deren Verhalten sie beobachtet: »Die Selbstüberschätzung einer Mutter erstreckt sich typischerweise auch auf ihr Kind. Kinder brauchen darum weder schön noch klug zu sein, um in den Augen ihrer Mütter alle Vorzüge zu haben. Dieses Gefühl der primären Einheit zwischen Mutter und Kind mit der daraus erwachsenden Überschätzung der Person des Kindes setzen eine Mutter in den Stand, die Mühe und Arbeit der Kinderpflege auf sich zu nehmen, ohne sich ausgenutzt zu fühlen. Wir wissen, daß Kinderlärm und die ganze durch Kinder erzeugte Unruhe normalerweise für den Erwachsenen eine schwer auszuhaltende Störung bedeuten; für die eigenen Mütter der Kinder oder für Personen, die ›kinderlieb‹ sind, ist die Atmosphäre der Kinderstube eine positiv betonte.« Dieses »wir wissen« ist möglicherweise für uns (ehemalige) Eltern nicht ganz so zutreffend, wie Anna Freud glaubt – eben wegen jener von ihr erwähnten »Selbstüberschätzung«, die uns die zur objektiven Selbstbeobachtung notwendige Unvoreingenommenheit nimmt. Jedenfalls versucht sie nicht, aus »gedankenlosen« Eltern, die völlig hingerissen sind von ihren Kindern, Laientherapeuten zu machen, die ihren elterlichen »Narzißmus« reflektieren und jenen Prozeß bewußt überwachen, in dessen Verlauf die Bezauberung durch die eigenen Söhne und Töchter allmählich abnimmt. Vielmehr versucht sie den Leser darauf vorzubereiten, was der »Blitzkrieg« mit einigen Kindern tatsächlich anrichtete: Sie verloren ihre Eltern – manche zeitweilig, manche für immer. Väter mußten zur Armee, Eltern wurden von Bomben getötet oder verwundet, Mütter mußten in der Rüstungsindustrie arbeiten, und die Kinder wurden in Tagesstätten oder in Heime auf dem Land gebracht, wo sie vor Stukas und Messerschmitts sicher waren. Diese Kinder waren also nicht mehr unter der Obhut von Eltern, für die sie das Wichtigste auf der Welt waren und die – aus den eben genannten Gründen – *alles* für sie getan hätten. Das bedeutete für die Kinder einen tiefen Schock und eine ungeheure Aufgabe für diejenigen, die, wie Anna Freud, nun stellvertretend für die Eltern handeln mußten, jedoch ohne die geschilderte Familiendynamik. Von Pflegemüttern erwartet man, daß sie die Kinder »ertragen«, auch wenn sie sie weder lieben noch überschätzen. »Manche Frauen bleiben unter diesen Umständen den Kindern gegenüber kühl und distanziert... Andere entwickeln für das fremde Kind dieselben Gefühle, als ob es ihr eigenes wäre...« Letztere riskieren dann freilich, die Kinder wieder zu »verlieren«, wenn deren Mütter auftauchen.

Für die Kinder, mit denen Anna Freud arbeitete, wurde dieses psychische Drama zum Bestandteil ihrer Kriegserfahrung. Was sie damals, vor fünfzig Jahren, zu verstehen suchte und worüber sie schrieb, ist für uns erneut von großem Interesse, wenn wir an die Kinder denken, die *heute* in Tagesstätten, Kindergärten und vorschulischen Unterricht geschickt werden. Im Jahr 1975 erzählte Anna Freud, wie sie dazu gekommen war, über *Kriegskinder* zu schreiben, und dabei kam sie auch auf die unerwartete zeitgenössische Bedeutung ihrer damaligen Arbeit zu sprechen: »Ich erinnere mich, wie wir mit Freunden zusammensaßen und versuchten herauszufinden, wie wir diese ›Kriegsheime‹ einrichten sollten. Natürlich hatten wir schon Erfahrung mit kleinen Kindern. Doch nie zuvor hatten wir mitten in einem Krieg mit ihnen gearbeitet, der ihnen schon dicht auf den Leib gerückt war: Bombenhagel, die Eltern verletzt oder umgekommen, überall Gefahren. Wir wußten nicht, was auf uns zukam, und waren daher ganz auf uns selbst angewiesen. Wir fragten uns, was wir eigentlich über Kinder wußten, das Grundsätzliche, und da fielen uns zunächst die wichtigsten Bedürfnisse ein, die alle Kinder haben: die Zugehörigkeit zu einer Person, zu Mutter oder Vater; eine Atmosphäre emotionaler Stabilität, verläßliche und vernünftige Menschen; und ein gleichermaßen kontinuierlicher erzieherischer Einfluß, der darauf abzielt, das geistige wie emotionale Wachstum der Kinder zu fördern. Nun, das scheint alles unbestreitbar, und wer hätte gegen solche Absichten etwas einzuwenden? Es ist zwar einfacher, zu *sagen*, was man zu erreichen hofft, als es dann tatsächlich zu versuchen. Doch für uns war es wichtig, es zunächst einmal auszusprechen. Vergessen Sie nicht, daß diese Dinge vor fünfzig Jahren noch nicht in der Weise zum Allgemeinwissen oder zum ›gesunden Menschenverstand‹ gehörten wie heute. Wenn wir heute in Hampstead etwas sagen und jemand antwortet: ›Ja, klar, natürlich‹, dann muß ich schmunzeln. Ich freue mich darüber und bin auch ein wenig stolz, denn wir haben es geschafft, die ›kritische Masse‹ des ›gesunden Menschenverstands‹ zu erhöhen.

Als wir anfingen, wollten wir zunächst sicherstellen, daß wir alle auf dieselben Ziele hinarbeiteten. Wir hielten unsere informellen Treffen ab, und wenn ein Kind Probleme hatte, dann steckten wir eben alle die Köpfe zusammen. Gute Freunde aus England und den Staaten unterstützten uns, und da wir sie über alles auf dem laufenden halten wollten, schrieben wir Berichte. Nebenbei wollten wir uns auch *selbst* davon überzeugen, wie die Kinder zurechtkamen und was wir von dem, was sie taten und sagten, halten sollten. Wir sagten uns: Wir wollen aus all dem lernen und nicht zu selbstgewiß sein.

Schriftsteller werden Ihnen versichern – Erzähler wie auch Lyriker –, daß ihnen durch das Schreiben klar wird, daß sie selbst überhaupt nicht oder nur vage wissen, was sie denken, bis sie sich an den Schreibtisch setzen und es herausfinden, indem sie Worte zu Papier bringen. In unserer psychoanalytischen Arbeit sagen wir den Patienten das gleiche: Sprechen Sie aus, was Ihnen in den Sinn kommt, und sie werden daraus etwas lernen. Ich denke, in gewissem Sinne übernimmt der Analytiker gegenüber dem Analysanden die gleiche Funktion wie das Ich des Schriftstellers, wenn er versucht, seinen Gedanken und Einfällen Gestalt zu verleihen, die aus seiner gesamten Psyche aufs Papier strömen. Manche Patienten hören sich selbst sehr genau zu, dann haben wir weniger Arbeit. Viele jedoch brauchen mehr Unterstützung, man muß ihnen zeigen, in welche Richtung sie sich bewegen, während sie sich erinnern und darüber sprechen. Ich erinnere mich an einen Schriftsteller, der mir sagte, wenn er bei mir in Analyse sei, könne er sich bestimmte Dinge klarmachen, gleich, ob ich dazu etwas sagte oder nicht, doch an jedem anderen Ort sei er dazu offenbar nicht fähig. Er erklärte mir auch, er könne nur an ganz bestimmten Orten schreiben. Irgendwie ›sprudeln die Quellen‹, wenn er am richtigen Platz ist. Wir untersuchten das natürlich sehr genau, doch am Ende unserer Bemühungen blieb die literarische Produktivität immer noch ein wenig geheimnisvoll. Ich glaube, mein Vater hatte recht, als er vor dem schöpferischen Genie Dostojewskis ›die Waffen streckte‹. Doch eines lehren uns viele Autoren, und dafür bin ich ihnen dankbar: Achte auf deine Worte, sie werden dir helfen, Klarheit zu schaffen. Zwar gebrauchen einige von uns Worte, die nicht besonders klärend sind – aber wir versuchen es wenigstens. Oft habe ich Ideen schon ›gut organisiert‹ im Kopf, die ich nur noch aufzuschreiben brauchte, doch wenn ich dann tatsächlich schreibe, stelle ich fest, daß es noch andere Dinge gibt, die darauf warten, zu Papier und mir selbst vor Augen gebracht zu werden.

Als ich über unsere Kriegsheime schrieb, dachte ich dabei an meine Kollegen, an die Eltern der Kinder und an unsere großzügigen Freunde. Ich schrieb, weil es uns alle sehr erregte, was die Kinder uns beibrachten – die gelungene Anpassung der einen, die schlechte Anpassung der anderen und die Gründe, die wir herausfanden. Wir wollten unsere Gedanken anderen mitteilen, und zuerst einmal wollten wir unsere Gedanken uns selbst mitteilen. Unter uns waren Krankenschwestern, Ärzte, Psychologen und Lehrer – nicht zu vergessen jene 20 oder 25 jungen Frauen ohne Ausbildung (ich weiß nicht mehr genau, wie viele es waren), die uns halfen und denen wir beibrachten, mit den Kindern zu arbeiten. Indem wir sie unterrichteten, lernten wir auch selbst. So mußten wir zum Beispiel lernen, ein einfaches, klares Englisch zu sprechen, um uns mit ihnen verständigen zu können. Es ist immer ein Segen, wenn man dazu gezwungen ist, genau darüber nachzudenken, was man zu sagen hat, und es dann so sagen zu müssen, daß andere es verstehen. Mit den ›anderen‹ meine ich diese jungen Frauen, die ›girls‹, wie wir sie damals nannten. Vor dieser Arbeit in London während des Krieges hatte ich mich freilich schon der Aufgabe unterzogen, mit Eltern und Lehrern zu sprechen, damals in Wien, und das war eine große Aufgabe. August Aichhorn und ich sprachen einmal darüber: wie man eine Aussage so formuliert, daß der ›Durchschnittsleser‹ sie versteht – wobei wir jemanden im Auge hatten, der zwar eine gute Schulbildung hatte, aber kein Akademiker war. Ich erinnere mich, wie er lächelte und sagte: ›Ihr Vater hat das ja ganz gut hingekriegt.‹

Ich denke, wenn eine Idee wirklich wichtig ist, dann kann man sie so formulieren, daß auch ein Leser, der unser technisches Vokabular nicht beherrscht, sie recht gut verstehen kann. Schließlich sprechen wir über die Psyche, und wir sprechen über das, was wir von unseren Patienten und von uns selbst über die Psyche erfahren haben. Wenn wir das nicht in Worte fassen können, die für andere verständlich sind, dann haben wir vielleicht selbst Probleme, zu verstehen, um was es geht.«

Sie brach plötzlich ab und schaute auf den Fußboden des Wohnheims in der Yale-Universität, wo wir uns gegenübersaßen. Doch sogleich begann sie, das Gesagte noch einmal gründlicher zu durchdenken: »Es ist auch eine Frage des Geschmacks und der Persönlichkeit des Analytikers, muß ich hinzufügen. Einige von uns wollen eine neue Sprache erlernen, wir hingegen wollen die Sprache benutzen. Einige von uns haben viel investiert, um ›Akademiker‹ zu sein, wir dagegen wollen nicht, daß uns alles unter den Fingern zerrinnt. An Universitäten und selbst im Gymnasium lernen die jungen Leute all diese ›Sprachen‹, und damit meine ich nicht Französisch, Englisch oder Spanisch. Sie lernen einen technischen Jargon, in der Psychologie, Soziologie und Medizin, in der Rechtswissenschaft, sogar in den Kunst- und Geisteswissenschaften. Von jemandem, der ›gebildet‹ ist, erwartet man, daß er auf diese Weise spricht, und daher lernt man, bevor man es selbst richtig mitbekommt,

213

mehr Sprachen, als man sich je vorgestellt hat. Ich erinnere mich, wie es damals in Wien war: Wir hatten auch unsere theoretischen Phasen, aber in die Diskussionen streuten wir stets auch Beispiele ein, teils persönlicher Art, teils aus der klinischen Praxis. Selbst eine theoretische Unterhaltung wurde in gewöhnlicher Sprache geführt – etwa so, wie mein Vater schrieb. Freilich, auch damals schon ging es einigen mehr um ›Klarheit‹, anderen mehr um ›Dichte‹. Daher habe ich auch die ›Persönlichkeit‹ erwähnt – verschiedene Menschen denken auf verschiedene Weise und drücken sich auch verschieden aus, das ist nichts Neues. Ich kenne einige Analytiker, die bewußt zwischen den Ebenen wechseln. Wenn ihnen etwa als Ergebnis ihrer klinischen Arbeit oder ihrer Forschungstätigkeit ein Gedanke kommt, dann haben sie das Gefühl, sie sollten diesen Gedanken in technischen Begriffen formulieren, jedenfalls technischer als in seiner ursprünglichen Gestalt. Doch es ist eine offene Frage, ob sie das tun, weil sie es *wollen*, oder weil sie glauben, es zu *sollen*.

Nein, ich würde nicht wollen, daß sich alles in *eine* Richtung bewegt, unser Schreiben und Sprechen. Wir sind heute ein ›Gebiet‹; es gibt weltweit viele Hunderte Analytiker, mit Fachzeitschriften und monatlichen Tagungen. Ja sogar jede Woche scheint irgendwo etwas stattzufinden. Da sollte Raum sein für verschiedene Stile und für die Freiheit des Ausdrucks, die wir so dringend brauchen. Denn das ist ja die Grundregel unserer analytischen Praxen, daß wir offen und aufrichtig sprechen – jeder auf seine Weise. Für mich ist das Schreiben eine Möglichkeit, das eigene Denken zu überprüfen, es ›folgerichtig‹ zu machen – ich erfahre auf diese Weise, was ich denke, und dann teile ich es anderen mit, Kollegen, Freunden oder irgend jemandem, der zufällig liest, was ich geschrieben habe. Ich kann verstehen, daß für andere das Schreiben eine andere Funktion und Bedeutung hat – und das ist gut so.«

Sie wollte diesen Punkt nicht weiter ausführen, und so gingen wir zu einem anderen Thema über: ihre Schriften über das

Jugendalter, die meines Erachtens zu ihren besten und bewegendsten Texten zählen. Während meines letzten Jahres am College stieß ich auf bestimmte Passagen in dem Kapitel ›Ich und Es in der Pubertät‹ aus *Das Ich und die Abwehrmechanismen*. Ich hatte das Buch noch nicht gelesen und wußte über Psychiatrie und Psychoanalyse wenig oder nichts. Doch wie schon erwähnt, arbeitete ich ehrenamtlich mit »gestörten Kindern« aus der Grundschule oder von Gymnasien, die Lernschwierigkeiten oder emotionale »Probleme« hatten. Wir sollten uns vor allem um die intellektuelle Seite dieser Probleme kümmern, das heißt Nachhilfeunterricht erteilen. Geleitet wurde das Programm von einem Psychologen am College, der uns auch Lektüre an die Hand gab, zumeist Aufsätze oder Auszüge aus Büchern. Eines dieser Exzerpte stammte, wie ich später erfuhr, aus dem Buch Anna Freuds: »Der Jugendliche ist gleichzeitig im stärksten Maße egoistisch, betrachtet sich selbst als den Mittelpunkt der Welt, auf den das ganze eigene Interesse konzentriert ist, und ist doch wie nie mehr im späteren Leben opferfähig und zur Hingabe bereit. Er formt die leidenschaftlichsten Liebesbeziehungen, bricht sie aber ebenso unvermittelt ab, wie er sie begonnen hat. Er wechselt zwischen begeistertem Anschluß an die Gemeinschaft und unüberwindlichem Hang nach Einsamkeit; zwischen blinder Unterwerfung unter einen selbstgewählten Führer und trotziger Auflehnung gegen alle und jede Autorität. Er ist eigennützig und materiell gesinnt, dabei aber gleichzeitig von hohem Idealismus erfüllt. Er ist asketisch, mit plötzlichen Durchbrüchen in primitivste Triebbefriedigungen. Er benimmt sich zuzeiten grob und rücksichtslos gegen seinen Nächsten und ist dabei selbst für Kränkungen aufs äußerste empfindlich. Seine Stimmung schwankt von leichtsinnigstem Optimismus zum tiefsten Weltschmerz, seine Einstellung zur Arbeit zwischen unermüdlichem Enthusiasmus und dumpfer Trägheit und Interesselosigkeit.«

Ich erinnere mich noch genau daran, wie ich diese Worte las. Das war ein solcher Gegensatz zu den Lehrbüchern und Aufsätzen, die in den sozialwissenschaftlichen Kursen Pflichtlektüre waren. Ich war zwanzig, befand mich in den letzten Turbulenzen jener verlängerten Jugendzeit, die in den fünfziger Jahren viele Studenten durchmachten, und als ich über die so unbarmherzig vorgetragenen Widersprüche und Ironien nachdachte, empfand ich den Sog eines Spiegelbilds. Unser Studienleiter, der sowohl mit uns als auch mit den von uns unterrichteten Kindern arbeitete, erklärte uns, diese Passage werde uns helfen, mit einigen schwierigen Momenten fertig zu werden, die wir bestimmt erleben würden – dieses »Hin und Her, das zur Pubertät gehört«.

Jahre später, während meiner Ausbildung zum Kinderarzt und dann zum Kinderpsychiater, kam mir diese Passage immer wieder in den Sinn, und ich weiß, daß es auch vielen anderen so erging – vor allem Lehrern, Krankenschwestern, Ärzten und Sozialarbeitern –, die versuchten, aus den Jugendlichen und ihrer verwirrenden Widersprüchlichkeit schlau zu werden. Meine Frau Jane, die an Gymnasien Englisch unterrichtet, hat diese Passage schon häufig ihren Schülern vorgelegt – als Begleitmaterial zu ihrer üblichen Lektüre wie etwa Salingers *Der Fänger im Roggen*, Mark Twains *Abenteuer des Huckleberry Finn* oder Willa Cathers *Meine Antonia*.[1] Doch ging es ihr nicht darum, Anna Freud zum Verständnis eines bestimmten Textes heranzuziehen. Den Schülern sollte einfach die plastische Schilderung einer scharfsinnigen Beobachterin an die Hand gegeben werden, auf die sie zurückgreifen konnten, wenn sie über die fiktiven Charaktere nachdachten und sich dabei zwangsläufig auch über sich selbst ein paar Gedanken machten.

Auch ich habe diese Passage im Unterricht eingesetzt – zum Beispiel, wenn meine Schüler James Agees *Morning Watch* lasen [deutsch: *Die Morgenwache*]. In dieser Erzählung, die in einem Internat der Episkopalkirche in Tennessee zu Beginn dieses Jahrhunderts spielt, geht es um das subjektive Erleben in der frühen Jugend – eine Geschichte, die offenkundig auf Agees

216

eigene Erfahrungen zurückgeht. Die ergreifende, zugleich melancholische wie lyrische Erzählung paßt sehr gut zu Anna Freuds Charakteristik – fast, als hätte sie die Geschichte gelesen und dann einen Kommentar zu der verblüffenden Widersprüchlichkeit Heranwachsender geschrieben, die hier geschildert wird. Doch warum sollten diese beiden Autoren, trotz ihres so verschiedenen biographischen Hintergrunds, nicht zu gleichen Vorstellungen gelangen über die Chancen und die Leiden der Jugend? Gehörten sie doch beide zu jenen »Sonderlingen«, die Anna Freud 1966 in ihrem Vortrag im New York Psychoanalytic Institute erwähnte – beide originell und individualistisch in der beruflichen Laufbahn, die sie schließlich einschlugen, und beide sehr eigenständig als Schriftsteller.

Viele von Agees Arbeiten – wie etwa *Let Us Now Praise Famous Men* [deutsch: *Preisen will ich die großen Männer*] und sein letztes Werk, der Roman *A Death in the Family* [deutsch: *Ein Schmetterling flog auf*] – beruhen auf eigenen Erfahrungen, die er sowohl in dokumentarische wie auch in fiktionale Texte umsetzte. Mit einer gewissen Geringschätzung hat man ihn oft als »Jugendlichen« (das Wort hat ja auch ein pejoratives Moment) oder sogar als »ewig Jugendlichen« bezeichnet, und diejenigen, die ihn kannten, haben ihn auf eine Weise beschrieben, die der von Anna Freud gegebenen allgemeinen Charakteristik nicht unähnlich ist. Er war – zumindest zeitweilig und in gewisser Hinsicht – egozentrisch und ganz mit sich selbst beschäftigt, und doch hatte er ein großes Herz für andere; er hatte ein ungeheures Interesse daran, wie Menschen leben, die unter ganz anderen Umständen aufgewachsen sind als er selbst. Er hatte leidenschaftliche Beziehungen zu einer ganzen Reihe von Frauen, und irgendwie endeten einige dieser Beziehungen ziemlich abrupt. Er war sowohl gesellig wie auch schüchtern – eine offenbare Widersprüchlichkeit des Charakters, die sich psychiatrisch durchaus erklären läßt: Es kann zum Beispiel die erstere Eigenschaft der Versuch sein, die letztere in den Griff zu bekommen, ohne daß diese aus dem

Leben eines Menschen ganz verschwindet. Es gab Helden und Vorbilder, für die Agee schwärmte, und zugleich war er ungeheuer rebellisch. Er hatte durchaus Sinn für Geld (das er brauchte, um in Manhattan das Leben eines Kosmopoliten zu führen), doch er hatte sich auch ein gut Teil jenes von Anna Freud erwähnten »Idealismus« bewahrt. Tatsächlich ist ja sein Werk *Let Us Now Praise Famous Men* der leidenschaftliche und beredte Ausdruck eben dieses Idealismus. Der mönchische Asket, der in *Morning Watch* auftritt, steckte ebenso in ihm wie der sinnliche Mann, der intensiv und nur für den Augenblick lebt, und beide bekämpften einander. Er war reizbar und äußerst feinfühlig und konnte doch manchmal gegenüber bestimmten Menschen grob und sogar hart sein. Schließlich war er beträchtlichen Stimmungsschwankungen ausgesetzt, verbunden mit Anfällen von Lebensenthusiasmus und zeitweiligen Phasen der Apathie, ja der Verzweiflung. Vor allem gab es in ihm eine schmerzliche Sehnsucht, ein ständiges lebhaftes Begehren, das sein ganzes Leben hindurch andauerte. Selbst am Ende, als er unter einer schweren Erkrankung der Herzkranzgefäße litt (er starb 1955 mit fünfundvierzig Jahren an einem Herzinfarkt), war er für viele, die ihn kannten, noch immer »der Dichter mit dem Temperament eines Jugendlichen«, wie sein Freund Walker Evans ihn einmal nannte.

Ich erwähne diesen außerordentlich begabten Autor in Zusammenhang mit Anna Freuds Charakteristik des Jugendlichen, weil wir einmal darüber sprachen, wie diese zusammenstimmt mit den Beschreibungen von Agees Persönlichkeit, die ich gehört hatte, sowie mit seinen eigenen Schilderungen der Jugendzeit in seinen Gedichten und Erzählungen. Sie hatte von Agee noch nie gehört, daher schickte ich ihr einige Gedichte sowie Auszüge aus *Morning Watch*, die sie vor unserem nächsten Treffen lesen konnte.[2] Im Gespräch erinnerte sie mich dann an einen Satz aus ihrem Buch, unmittelbar vor der oben zitierten Passage: »Wir finden in der außeranalytischen Literatur immer wieder eindrucksvolle Schilderungen der Charakterveränderungen, die in diesen Jahren vor sich gehen, der Störungen im psychischen Gleichgewicht, vor allem der unverständlichen und nicht zu vereinbarenden Gegensätze im Seelenleben des einzelnen.« Bei jener »außeranalytischen Literatur« habe sie vor allem an Goethe und Rilke gedacht, zwei Dichter, mit deren Werk sie vertraut war und die beträchtlichen Einfluß auf sie ausgeübt hatten.

Wir gerieten in eine Diskussion über die Pubertät – ein Gespräch, das eine ganze Weile ziemlich technisch und sogar theoretisch blieb. Die Pubertät gilt ja in der Psychoanalyse als *zweite* Phase einer gesteigerten Sexualität, während viele Menschen glauben, sie bedeute den *Beginn* der Sexualität. Anna Freud gab zu verstehen, daß sie heute die Unterschiede zwischen der Pubertät von Jungen und Mädchen stark hervorheben würde, ein Thema, das sie damals nicht aufgegriffen hatte, obwohl es innerhalb der Psychoanalyse (und natürlich auch in der gesamten westlichen Kultur) bereits eine eigene Geschichte hatte. Sie hob die Wechselbeziehung hervor zwischen dem Druck, den die Triebe ausüben, und der »Ich-Abwehr« – jenem Ruf zu den Waffen, den das Ich ertönen läßt, wenn die sexuelle oder aggressive Seite der Persönlichkeit in den Vordergrund drängt. Das war uns zwar beiden nichts Neues, beschrieb aber den Drahtseilakt, den viele Jungen und Mädchen leisten müssen, denen ihre körperliche Kraft, ihre geistigen und emotionalen Interessen voll bewußt werden, während sie gleichzeitig auf ihre Situation in einer bestimmten Gemeinschaft und in einem bestimmten Land aufmerksam werden sowie auf den Druck, den ihre Familie, Klasse, Kultur und Gesellschaft auf sie ausüben.

Plötzlich merkte ich, wie ich innerlich abschweifte – vielleicht, weil wir in ein didaktisches und lustloses Herbeten psychoanalytischer Selbstverständlichkeiten zu geraten schienen, die ohnehin unbestreitbar waren. Ich hätte gern das Thema gewechselt, damit mir nicht die Augen zufielen, und mußte schließlich ein Gähnen unterdrücken. Doch Anna Freud hatte es schon bemerkt und schlug vor, eine Tasse Kaffee zu trinken.

Während ich an der Tasse nippte, fragte ich sie, ob sie im Lauf der Jahre schon positive Kritik empfangen habe in bezug auf die zitierte Passage aus ihrem Buch. Sie nickte zögernd, sagte aber nichts. Ich fragte sie, ob irgendein Abschnitt dieses Buchs zu ihren liebsten Texten gehörte. Sie schüttelte den Kopf. Ich merkte, daß sie sich nicht ganz sicher war, was ich eigentlich sagen wollte, und daß sie daher in Schweigen verfallen war – das Vorrecht des Analytikers –, während sie gleichzeitig versuchte, gegenüber ihrem Gast einigermaßen aufmerksam und höflich zu bleiben. Bevor unser Gespräch jedoch endgültig steckenblieb, ergriff sie die Initiative: »Ich erinnere mich, wie ich jene Passage schrieb, von der Sie sprechen. Ich glaube zwar nicht, daß sie so großartig ist, wie Sie sagen, doch ich weiß noch, wo und wann ich sie formulierte, und das ist mehr, als ich über die meisten meiner anderen Texte sagen kann. Ich habe mir wirklich die größte Mühe gegeben. Ich wollte eine bestimmte Stimmung vermitteln, ein Gefühl dafür, was Adoleszenz eigentlich bedeutet, dieses Hin und Her, dieser Zickzackkurs. Ich selbst war dem damals noch näher und erinnerte mich lebhaft daran: Eine Zeitlang dachte ich, das würde niemals aufhören. Als ich mich entschloß zu unterrichten, fragte mich ein Freund, mit Kindern welchen Alters ich am liebsten zu tun hätte. ›Mit kleinen Kinder‹, sagte ich sofort. Natürlich war ich selbst noch in der Adoleszenz, obwohl wir nicht diesen Begriff gebrauchten. Auch waren wir damals noch nicht so vorsichtig wie heute. Noch lange Zeit mußte ich einigen Kollegen klarmachen, daß wir mit der analytischen Behandlung bei Jugendlichen nicht gar so schnell bei der Hand sein sollten. Das ist eine Zeit rascher Veränderungen, eine Zeit des Aufruhrs, und das war es, was ich zum Ausdruck bringen wollte: Daß in dieser Phase alles sehr schnell geht. Wenn man mit einem jungen Menschen spricht, dann kann man nie sicher sein, ob das, was man hört, auch zehn Minuten oder einen halben Tag später noch gilt oder nicht vielmehr dessen Gegenteil. Daher ist es am besten, innezuhalten und abzuwarten. Das vertrat ich auch damals schon. Man bat uns, Menschen jeden Alters zu empfangen, und ich weiß noch, wie ich zu mir selbst sagte: Nein, *nicht* jeden Alters. Bei älteren Menschen stellt sich immer die Frage, ob es sich lohnt – angesichts der begrenzten Zeit, die der Ältere vielleicht nur noch hat. Bei kleinen Kindern haben wir versucht, bestimmte Bedingungen zu schaffen, unter denen man eine Analyse vertreten kann. Bei Jugendlichen – da überlege ich immer, ob das, was ich heute sehe, in ein paar Wochen oder Monaten auch noch vorhanden ist.«

Wir wurden durch einen Anruf unterbrochen. Danach nahm sie rasch das Gespräch wieder auf, doch nun in einer etwas anderen Tonart: »Bevor wird dieses Thema abschließen, muß ich Ihnen sagen, daß diese beiden Kapitel [über Adoleszenz und Altruismus] sichtlich sehr persönlicher Natur sind, und wahrscheinlich ist das der Grund für den veränderten Stil. Als ich diese beiden Kapitel schrieb, war mir klar, daß ich hier keine Theorie lieferte; ich versuchte, einen Teil des ›Lebens‹ zu beschreiben, so wie Schriftsteller das tun. Ich halte mich nicht für eine Schriftstellerin, doch ich schreibe. Manchmal versucht auch jemand, der kein begnadeter Schriftsteller ist, das Beste herauszuholen, und wartet dann mit einigen herausragenden Sätzen auf. Ich bin überzeugt, daß es in solchen Augenblicken die persönliche Erfahrung ist, auf die man zurückgreift. Das Werk, die einzelnen Absätze, die man schreibt, nehmen damit eine weitaus größere Bedeutung an als sonst. Ich hoffte, diese Kapitel würden den Lesern gegenwärtig bleiben, das weiß ich. *Mir* blieben sie gegenwärtig, weil ich viel Energie für sie aufgewendet habe und weil sie mir viel bedeuteten. Ich gab mir die allergrößte Mühe, gut zu schreiben. Manchmal ist das Schreiben anstrengender als sonst – vielleicht, weil das ›Material‹ oder der ›Gegenstand‹ so schwierig ist, oder vielleicht, weil man sich wirklich ›ganz‹ in das Geschriebene einbringt. Ich glaube, *dies* war bei mir der Fall, als ich die beiden Kapitel schrieb. Doch wenn ich auf diese Weise schreibe, dann schaue ich manchmal in ein Buch von Rilke, und dann sehe ich, welche Distanz zwischen ihm und uns liegt.«

Ihr ganzes Leben lang las sie die Gedichte Rilkes, und daß sie sich ihm gegenüber so zurücknahm, war verständlich und gerechtfertigt. Bei anderer Gelegenheit hatte sie mir einmal gesagt: »Ich liebte seine Gedichte, und ich liebe sie noch immer. Ich glaube, wenn ich an die Universität gegangen wäre, hätte ich Literaturwissenschaft studiert. Hätte ich *gute* Gedichte schreiben können, wäre ich Dichterin geworden. Je mehr ich mich jedoch für Psychoanalyse interessierte, desto mehr sah ich sie als einen Weg zu jenem breiten und tiefen Verständnis der menschlichen Natur, das auch Schriftstellern zu eigen ist. Mein Vater nahm die griechischen Tragödien ernst, und er wollte wissen, was sie für uns heute bedeuten.«

Anna Freuds dichterisches Werk war – wie Yeats sagen würde – ihr Leben selbst: der außergewöhnliche Dienst, den sie Kindern, Lehrern und ihrem ganzen Berufsstand in so verschwenderischer Weise erwies – obwohl ihr Privatleben den hohen Idealen, die Yeats als Alternative zum literarischen Ruhm im Sinn hatte, wohl kaum entsprach. Eines der Gedichte Rilkes, die Anna Freud besonders schätzte, trägt den Titel *Der Dichter* und gibt einen Hinweis darauf, welche Haltung sie gegenüber ihren entscheidenden privaten wie beruflichen Verdiensten einnahm. In diesem Gedicht heißt es: »Ich habe keine Geliebte, kein Haus, / keine Stelle auf der ich lebe. / Alle Dinge, an die ich mich gebe, / werden reich und geben mich aus.« Wenn es auch keine primäre »Stelle« in ihrem Leben gab, so war sie doch an vielen Stellen gegenwärtig. Vielleicht war sie oft in ihrem Leben einsam, doch sie war eine mitteilsame Person mit einem stabilen und dauerhaften »Familienleben«. Denn bis zum Ende waren viele Menschen mit ihr und kümmerten sich in der verschiedensten Weise um sie.

Anna Freuds beträchtliche Begabung als Essayistin steigerte noch ihren beruflichen Erfolg. Wie ihr Vater hatte sie ein Talent dafür, sich an die Öffentlichkeit zu wenden. Ihre Prosa ist schlicht, doch überzeugend und klar, und sie vermag das Interesse einer großen Zahl gebildeter Leser zu fesseln, denen sie sich für lange Zeit einprägt. Während sie gegenüber ihren Kollegen ihre psychoanalytischen Auffassungen hartnäckig und ausdauernd verteidigte, konnte sie einem Laienpublikum in Wort und Schrift mit würdevoller Bescheidenheit entgegentreten, mit einem bewegend persönlichen Ausdruck, der zugleich faszinierte und für sie einnahm – eine »verbindliche« Autorin.

»Wir wissen alle, daß die praktisch arbeitenden Pädagogen der Psychoanalyse noch sehr fremd und mißtrauisch gegenüberstehen«: so die unerschrockenen und entwaffnenden Worte, mit denen sie den ersten ihrer *Vier Vorträge über Psychoanalyse für Lehrer und Eltern* beginnt (unter dem Titel ›Die infantile Amnesie und der Ödipuskomplex‹). In derselben Tonart fährt sie fort: »Wenn Sie, die Horterzieher der Stadt Wien, trotzdem den Entschluß gefaßt haben, zu einem kleinen Kurs mit mir zusammenzukommen, so müssen Sie wohl von irgendwoher den Eindruck bekommen haben, die neue Wissenschaft hätte Ihnen bei näherer Bekanntschaft irgend etwas zur Unterstützung Ihrer schwierigen Arbeit zu bieten. Nach den vier Abenden, die wir jetzt vor uns haben, sollen Sie selbst entscheiden, ob Sie mit dieser Vermutung zu weit gegangen sind oder ob ich imstande war, Ihnen ein Stück Ihrer Erwartungen auch wirklich zu erfüllen.«

Bei aller Bescheidenheit bleibt ihr jedoch das Publikum stets gegenwärtig: »In einer bestimmten Richtung habe ich Ihnen sicherlich nichts Neues zu bieten. Ich würde meinen Zweck verfehlen, wenn ich versuchen wollte, Ihnen etwas vom Verhalten der Hort- oder Schulkinder zu erzählen. Sie sind in dieser Beziehung in der bevorzugteren Lage. Durch Ihre Hände geht in der täglichen Arbeit eine Fülle von Material und lehrt Sie die ganze Stufenleiter der Erscheinungen auf das genaueste kennen: von den körperlich und geistig minderentwickelten, den verstockten, eingeschüchterten, verlogenen und verprügelten bis zu den brutalen, aggressiven und verbrecherischen Kindern. Es ist besser, wenn ich gar keinen Versuch mache, eine vollständige Aufzählung zu geben. Sie könnten mir am Ende immer noch nachweisen, wieviel Lücken ich darin gelassen habe.«

Ausdrücke wie »von irgendwoher«, »ein Stück von Ihren Erwartungen« und »Sie könnten mir immer noch nachweisen« zeigen einen gewissen entspannten, provisorischen Habitus – etwas ganz anderes als die arrogante Wichtigtuerei von Experten vielerlei Richtung, die sich sonst an Lehrer und Eltern wenden. Außerdem gibt sie offen zu, was sie nicht weiß oder nicht so gut kann wie andere. Beredt schildert sie die Millionen von Eltern und die Tausende von Lehrern, die – häufig gegen widrigste Umstände – darum kämpfen, ihre Kinder zu verstehen, zu versorgen, zu erziehen und ihnen ganz allgemein durch die Jahre zu helfen, in denen sie so schwer definierbaren Zielen wie »Glück«, »Reife« oder »Erwachsensein« entgegengehen. Sie ist eine Rednerin, eine Autorin, die sich Respekt *verdienen* will, die nicht einfach die mögliche Skepsis auf seiten ihrer Zuhörer und Leser zur Kenntnis nimmt, sondern sie in gewissem Maße teilt. »Wir dürfen voneinander nicht zu viel verlangen«, eröffnet sie ihre vierte und letzte Vorlesung – als wollte sie sich selbst und die Zuhörer daran erinnern, daß es keine messianischen Verkündigungen sind, die sie zu bieten hat.

Selbst ihre allerersten, sogenannten »technischen« Vorlesungen unter dem Titel *Vier Vorträge über Kinderanalyse*, mit denen sie sich im Jahr 1926 (im Alter von knapp über dreißig Jahren) an andere Analytiker wandte, waren gepfeffert mit Metaphern und mit verbindlichen, doch pointierten Nebenbemerkungen. Schon damals war sie eine gewandte Autorin mit einem ganz eigenen Stil, den sie ebenso kraftvoll wie gelassen einzusetzen wußte. So heißt es im dritten Vortrag: »Das Kind ist nicht wie der Erwachsene bereit, eine Neuauflage seiner Liebesbeziehungen vorzunehmen, weil – so könnte man sagen – die alte Auflage noch nicht vergriffen ist.« Damit nimmt sie unmittelbar Bezug auf Melanie Klein, den sie dann explizit ausführt: »Greifen wir hier auf die Kleinsche Methode zurück. Melanie Klein meint, wenn ein Kind ihr in der ersten Stunde feindselig begegnet, sich abweisend verhält oder sogar nach ihr zu schlagen beginnt, so könne man darin einen Beweis für die ambivalente Einstellung des Kindes gegen seine Mutter sehen. Die feindselige Komponente dieser Ambivalenz wird eben auf die Analytikerin verschoben. Aber ich meine, der Sachverhalt liegt anders. Je zärtlicher das kleine Kind an seine eigene Mutter gebunden ist, desto weniger freundliche Regungen hat es für fremde Personen übrig. Wir sehen das am deutlichsten am Säugling, der gegen jeden, der nicht die Mutter oder Pflegeperson ist, nur ängstliche Ablehnung zeigt. Ja, es ist sogar umgekehrt. Gerade mit Kindern, die vom Hause her an wenig liebevolle Behandlung gewöhnt sind und keine starke Zärtlichkeit zu äußern oder zu empfangen gewöhnt sind, stellt sich oft auf kürzestem Wege ein positives Verhältnis her. Sie bekommen eben endlich vom Analytiker, was sie von den ursprünglichen Objekten seit jeher vergeblich erwartet haben.«

Ob man es nun mit Melanie Klein oder mit Anna Freud hält – man muß zugeben, daß die letztere die Überzeugungskraft alltäglicher Beobachtungen auf ihrer Seite hat. Ihre Antwort, die sich gegen allzu schulmeisterliche Behauptungen richtet, ist umgangssprachlich formuliert und doch von klinischem Gehalt. Der Leser wird aufgefordert, abstraktes Wissen zu überprüfen, und zwar aufgrund der Kenntnisse, die sich die Autorin aus erster Hand über Kinder in all ihrer Vielfalt erworben hat. Es ist, als würde sich eine Geschichtenerzählerin einer Sozialwissenschaftlerin entgegenstellen – und das vor einem Publikum, das diese Auseinandersetzung nicht unbedingt zugunsten der Geschichtenerzählerin entscheiden wird.

Freilich wird Melanie Kleins Argumentation nicht in aller Ausführlichkeit referiert, sondern eher summarisch – und nur, um widerlegt zu werden. Doch schon durch die Art und Weise dieser Widerlegung wird implizit ein neues Argument ins Spiel gebracht: Es ist nicht damit getan, selbstherrlich theoretische Sätze zu verkünden, vielmehr sollten wir alles, was man uns lehrt, durch »direkte Beobachtung« überprüfen – ein Begriff, dem der Leser bei Anna Freud immer wieder begegnen wird. Sie behauptet einen Gegensatz zwischen dem distanzierten Theoretiker und dem engagierten Analytiker: Während der erstere das, was sich auf der Straße, in den Familien und Schulen abspielt, wohl kaum aus der Nähe betrachten wird, konfrontiert sich der letztere unmittelbar mit der sozialen und psychischen Realität. Dieser Zugang bringt allerdings die Gefahr einer forcierten Gewöhnlichkeit oder zumindest einer falschen Bescheidenheit mit sich – das Gegenstück zu jener engstirnigen Arroganz oder gar Blindheit gegenüber dem konkreten Beweismaterial.

Eine ernsthafte Auseinandersetzung hatte Anna Freud mit Melanie Klein über das Problem der Übertragung in der analytischen Arbeit mit Kindern. Melanie Klein glaubte, daß sich auch bei Kindern eine wirkliche Übertragung entwickle, wenngleich auf eine etwas andere Weise und nicht im gleichen Tempo wie bei Erwachsenen. Anna Freud bestritt das. Um ihren Standpunkt in dieser Kontroverse zu erläutern, charakterisiert sie das Übertragungsphänomen, dessen Existenz schon bekannt, dessen Wesen aber noch nicht umfassend beschrieben war, auf ebenso kraftvolle wie elegante Weise: »Wir wissen, auf welche Weise wir uns in der Erwachsenenanalyse zu diesem Zwecke verhalten. Wir bleiben unpersönlich, schattenhaft, ein leeres Blatt, auf das der Patient alle seine Übertragungsphantasien eintragen kann, etwa in der Weise, wie man im Kinematographen ein Bild auf eine leere Leinwand wirft. Wir vermeiden es, Verbote zu geben oder Befriedigungen zu gewähren. Erscheinen wir trotzdem dem Patienten als Verbietende oder Gewährende, so ist es leicht, ihm selbst klarzumachen, daß er das Material dafür aus seiner eigenen Vergangenheit herholt.«

Dieser Vergleich würde in späteren Jahren banal erscheinen.

Damals jedoch, Mitte der zwanziger Jahre, versuchte diese Analytikerin (die im Geiste Schriftstellerin war) durch eine Analogie zu erläutern, was in der Lebensphase des Erwachsenen vor sich geht, um zu zeigen, was in einer anderen Phase, der Kindheit, eben *nicht* passiert: »Der Kinderanalytiker aber darf alles andere eher sein als ein Schatten. Wir haben bereits gehört, daß er für das Kind eine interessante Person ist, mit allen imponierenden und anziehenden Eigenschaften ausgestattet. Die erzieherischen Aufgaben, die sich mit der Analyse mischen, bringen es mit sich, daß das Kind sehr genau weiß, was dem Analytiker erwünscht oder unerwünscht scheint, was er billigt oder mißbilligt. Eine solche klar umrissene und in vielen Hinsichten neuartige Persönlichkeit ist aber leider ein schlechtes Übertragungsobjekt, d. h. wenig brauchbar, wo es auf die Deutung der Übertragung ankommt. Die Schwierigkeit, die hier entsteht, ist die gleiche, um in dem vorigen Vergleich zu bleiben, wie wenn wir auf der Leinwand, auf die das Bild projiziert werden soll, schon ein Gemälde aufgetragen finden. Je reichhaltiger und farbenschöner es ist, desto mehr wird es dazu beitragen, daß sich die Linien des Daraufgeworfenen verwischen.«

Weiter führt Anna Freud aus, daß Kinder im Gegensatz zu Erwachsenen nicht fähig sind, die analytische Erfahrung von ihrem übrigen Leben zu trennen. Der Erwachsene trägt die alltäglichen Details einem Analytiker vor, der bewußt *keinen* Kontakt zu den Verwandten und Kollegen des Patienten hat – anders als der Kinderanalytiker, der sowohl die Eltern wie auch die Lehrer des Kindes kennt, denn diese sind es, die das Kind in die Praxis bringen und sich über dessen neurotisches Verhalten zu Hause oder im Klassenzimmer beklagen, jenes Verhalten, das den Versuch einer Analyse dann schließlich veranlaßt. Diese letztere Art von Beziehung beschreibt Anna Freud folgendermaßen: »Das Kind bildet also aus diesen Gründen keine Übertragungsneurose. Trotz aller zärtlichen und feindseligen Regungen gegen den Analytiker spielt es seine abnormen Re-

227

aktionen weiter dort ab, wo sie vorher abgespielt wurden: in der häuslichen Umgebung. Daraus ergibt sich aber die schwerwiegende technische Forderung für die Kinderanalyse, daß sie, statt sich auf die analytische Aufklärung dessen zu beschränken, was sich unter den Augen des Analytikers in Einfällen oder in Aktionen ereignet, ihre Aufmerksamkeit dorthin zu richten hat, wo die neurotischen Reaktionen zu finden sind: also auf das Haus des Kindes. Damit sind wir aber bei einer Unsumme von praktisch-technischen Schwierigkeiten der Kinderanalyse angelangt, die ich hier nur vor Ihnen ausbreiten möchte, anstatt Sie wirklich in sie einzuführen. Wir sind, wenn wir auf diesem Standpunkt stehen, auf einen ständigen Nachrichtendienst über das Kind angewiesen, wir müssen die Personen seiner Umwelt kennen und ihrer Reaktionen gegen das Kind in einem gewissen Maße sicher sein. Wir machen, wenn wir uns hier den idealen Fall ausmalen wollen, eine mit den wirklichen Erziehern des Kindes geteilte Arbeit; dazu paßt es, daß wir, wie vorher auseinandergesetzt, auch die Liebe oder den Haß des Kindes mit ihnen zu teilen haben.«

Sei es die »Kinematographen-Leinwand«, sei es der »Nachrichtendienst«: Anna Freud bemüht sich um eine möglichst lebendige Darstellung, sie benutzt rhetorische Wendungen und schildert klinische Fälle. Und selbst in denjenigen Abschnitten, wo sie geradlinig argumentiert, versucht sie, bei der Alltagssprache zu bleiben. Bisweilen bot sie damit eine fast unheimliche Vorstellung: eine völlig klare Sprache im Dienste ziemlich verwickelter Gedankengänge. Wirft man einen Blick in psychoanalytische Bücher oder in Aufsätze psychoanalytischer Fachzeitschriften, dann wird der Unterschied sofort deutlich zwischen der Autorin Anna Freud und all den anderen, mit denen sie Beruf und technisches Vokabular gemeinsam hat. Mehrfach kam ich ihr gegenüber auf diesen Punkt zu sprechen, in der Hoffnung, sie zu einer ausdrücklichen Erklärung oder gar Begründung zu veranlassen, warum sie gerade diese Form wählte, Gedanken und Vorstellungen zu entwickeln – und zwar in ihren Aufsätzen wie in ihren Vorlesungen (die sie vorher schriftlich ausformulierte), in Vorworten zu den Büchern anderer, zu schweigen von ihren eigenen Büchern und ihren bisweilen langen und aufschlußreichen Briefen. Doch sie schien keine Lust zu haben, sich ausführlich dazu zu äußern, oder sie zuckte nur mit den Schultern, als wollte sie sagen, was viele Schriftsteller sagen: So bin ich eben, so schreibe ich, ich weiß wirklich nicht warum und will es vielleicht auch gar nicht wissen.

Nur einmal und in Zusammenhang mit den eben zitierten Passagen aus ihrem frühesten Werk äußerte sie sich über ihre Art zu schreiben: »Ich fürchte, ganz allein zu ›denken‹ war nie meine Stärke. Wenn ich eine Idee habe, dann will, nein, *muß* ich sie stets mit etwas in Zusammenhang bringen, das in der Welt passiert. Vergessen Sie nicht, daß ich Lehrerin war und kleine Kinder unterrichtete. Die Aufgabe, ihnen bestimmte Dinge klarzumachen, lag mir sehr. In Vorträgen in psychoanalytischen Instituten oder auf Kongressen habe ich das schon mehrfach eingeräumt: Man wird wahrscheinlich immer eine Möglichkeit finden, das gleiche zu machen, was man schon zu Beginn seiner Laufbahn gemacht hat. So war es jedenfalls bei mir. Ich glaube, wenn ich schreibe, kommt die Lehrerin in mir wieder zum Vorschein: Ich möchte unbedingt die Aufmerksamkeit derer fesseln, die ich erreichen will, und zwar durch die Art und Weise, wie ich ihnen mein Material präsentiere. Bevor ich ein Wort niederschreibe, spreche ich mit mir selbst. Ich möchte erst einmal wissen, was ich genau sagen will und was ich durch das, was ich sagen will, zu erreichen hoffe. Nein, ich denke nicht an die Schriften eines anderen, wenn ich schreibe. Ich denke an – nun, ich frage mich selbst: Was genau ist der Kern dessen, was du schreiben willst, was ist das absolut Wesentliche. Wenn ich das weiß, kann ich beginnen, mein Ziel anzusteuern, Schritt für Schritt. Ich beginne an einem bestimmten Punkt, und hoffe, zum nächsten zu kommen. Ich versuche, mich nicht zu verirren, denn wenn *mir* das schon passiert, wie soll es dann erst dem Leser ergehen! Wenn ich merke, daß ich abschweife oder meine eigenen Worte mich verwirren, dann baue ich nicht darauf, daß der Leser mir zu Hilfe kommen wird. Ich gehe zurück bis zu dem Punkt, wo noch alles klar und gut erklärt ist, und schaue, ob ich einen anderen Weg von hier nach da finde.

Ein Freund, der gemeinsam mit mir unterrichtete, sagte mir einmal vor vielen Jahren, man dürfe nicht zu sehr an den eigenen Lieblingsfloskeln hängen, auch nicht an den eigenen Methoden, die Kinder zu erreichen, denn sonst langweilen sie sich und verlieren die Geduld: Ach, das haben wir doch schon so oft gehört, warum gibt sie der Sache nicht etwas Pep und versucht etwas Neues, dann könnten wir auch etwas Neues lernen. Es gibt vieles, was man zugunsten von Routinen anführen könnte, und ein bißchen Langeweile tut niemandem weh, so ist das Leben eben manchmal. Man kann nicht ständig ›Aufregung‹ verlangen. Aber es gibt manchmal diesen Trott, in den unsere Teenager unter keinen Umständen verfallen wollen. Das kann einem durchaus passieren, und die Kinder merken das häufig sehr schnell – und die Leser auch. Ich will damit nicht die Kinder mit Lesern vergleichen – obwohl: Wenn einige von uns beim Lesen so hellwach und offen wären wie manche Kinder (beim Lesen und auch sonst), dann wäre das gar nicht so schlecht für uns. Wie auch immer, Sie haben mich nach meinem Schreiben gefragt, und das ist so ungefähr alles, was ich dazu sagen kann.«

Während sie sprach, beobachtete ich ihr waches Gesicht, ihre lebhafte Mimik. Ihr Blick wanderte umher, dann ruhte er wieder eindringlich auf einem Punkt; ab und zu zeigte sich ein breites Lächeln, dann wieder ein gespannter Ausdruck mit Furchen auf der Stirn. Auch ihre Hände fielen mir auf, die manchmal auf den Lehnen ihres großen Sessels ruhten, manchmal in Bewegung waren und die sie einmal auch ausstreckte, als sie von ihren Bemühungen sprach, »von hier nach da« zu kommen. Plötzlich stellte ich mir eine Ebene vor, zwei Punkte und einen Weg von einem zum anderen, und Anna Freud nahm jemanden bei der Hand, entschlossen, aber freundlich, und führte ihn (oder sie) von »hier« nach »da«.

Ich vermute, die Lehrerin in ihr ermöglichte der Schriftstellerin, die Aufmerksamkeit ihrer Leser nicht nur zu gewinnen, sondern auch festzuhalten, so daß sie gleichsam stufenweise den Druck erhöhen konnte, um mehr und mehr Ideen und deren Voraussetzungen zu vermitteln. In dieser Hinsicht ist sie eine Meisterin des Semikolons: Sie reiht einen kurzen Satz an den anderen, bis dem Leser das ganze Gewicht zu Bewußtsein kommt. Doch er bleibt fasziniert von dieser Reise, und er ist gespannt darauf, in welchen Hafen sie letztlich führt. In ihrem Vorwort zu dem Buch *Damit wir nicht vergessen* von Muriel Gardiner (eine Analytikerin, die von Wien aus vielen Deutschen aus dem antifaschistischen Widerstand zur Flucht verhalf oder für sie Nachrichten über die Grenze beförderte) erweist sich Anna Freud eines tief moralischen Geschehens mehr als würdig: In beredter Weise ehrt sie eine alte Freundin, deren tapfere Zeugenschaft und mutiges, tagtägliches Eintreten für andere einen bemerkenswerten Altruismus erkennen ließ – hätte sie doch als wohlhabende Amerikanerin und »Arierin« für niemanden etwas riskieren müssen. Der Gebrauch von Semikolons in einem der Absätze verdeutlicht, was eine Schriftstellerin, die eine bestimmte Auffassung vortragen will, auf die sie baut und die sie gleichsam Balken für Balken verstärkt, im Sinne des Lesers schließlich bewirken kann: Sie versetzt ihn über alle Schranken von Zeit und Raum hinweg mitten in einen bedeutenden Augenblick: »Wer damals gezwungenermaßen die Erfahrung teilte, in den frühen Morgenstunden schlaflos im Bett zu liegen und auf die Gestapo an der Türe zu warten, kann sich nur schwer vorstellen, wie jemand sich freiwillig den gleichen Ängsten aussetzen konnte. Jeder versteckte Sozialist oder Jude, in Muriel Gardiners Wohnung gesucht und gefunden, hätte das Ende bedeutet – nicht nur für ihn, sondern auch für sie; jede mutige Fahrt, um Flüchtlinge an die Grenze zu bringen, hätte mit einer Katastrophe enden können. Und das war nicht alles. Was dazukommt, waren all die anderen Begleiterscheinungen einer Existenz im Untergrund: die unvermeidlichen Mißerfolge; das Verschwinden von Menschen, die keine Hilfe mehr erreichen konnte; die sich endlos hinziehenden Wartezeiten; die Unbequemlichkeiten und Entbehrungen des täglichen Lebens; die erschreckende Möglichkeit, von Schwindlern betrogen zu werden, und die demütigende Erfahrung, selbst für eine Betrügerin gehalten zu werden.«

Sie kennt ihre Aufgabe als Autorin eines Vorworts, und sie erfüllt sie sehr geschickt. Die Gedanken fließen, der Satz schwillt an, eine Fülle an Informationen wird auf relativ schmalem Raum geboten, und der Leser wird in eine bedeutsame Geschichte eingeführt. Die Dramatik einer außergewöhnlichen Zeit und einer außergewöhnlichen Person, die Außergewöhnliches leistet, wird nicht durch eine unzureichende, holpernde Prosa verschüttet, sondern durch genau die lebendige, intensiv erzählende Schilderung vorgestellt, die sie verdient.

Einige Passagen in *Wege und Irrwege in der Kinderentwicklung* sind von ähnlicher Kunstfertigkeit; zusammen ergeben sie eine Art umfassender und präziser Sozial- und Kulturgeschichte, so zum Beispiel die Sätze über analytisch inspirierte Versuche in der Erziehung, die ich in meinem Aufsatz ›Das Werk Anna Freuds‹ zitiere (siehe Anhang, S. 254–256). An bestimmten Stellen in diesem Buch gibt sie einen Überblick über ein ganzes Jahrhundert bürgerlichen Lebens im Abendland – gleichsam eine Kurzfassung jener ausführlichen Darstellung, die Phillipe Ariès in seiner *Geschichte der Kindheit* bietet.[3] Anna Freud, die Kinderanalytikerin, die enormen Einfluß ausübte auf Abertausende von Eltern und Kinder, entschloß sich gegen Ende ihres Lebens, einen Schritt zurückzutreten und all die Träume zu überblicken, all die Frustrationen und Enttäuschungen, die erlebt und durchlitten wurden im Namen einer neuen »Wissenschaft«, einer neuen Chance für die Menschen, miteinander zu leben und voneinander zu lernen. Sie war sicher nicht verzweifelt oder nihilistisch gestimmt, als sie dies schrieb, doch in ihren Sätzen ist ein zunehmend skeptischer Zug spürbar, der sich allmählich zu einem nachdrücklichen Veto steigert, durchaus vergleichbar dem von Eliot, Čhechov oder Tolstoi: Die unvermeidlich begrenzte Natur des Lebens wird unseren naiven, utopischen Phantasien und Erwartungen nicht weichen, unabhängig von Erziehung und sozialem Hintergrund. Selbst Menschen, die unbedingt bereit und in der Lage sind (die also auch das Geld und die Zeit dazu haben), den Blick lange und mit schmerzhafter Präzision nach innen zu richten, werden sich damit nicht automatisch das Himmelreich verdienen.

Vielleicht hatte sie diese Lektion erst selbst lernen müssen, eine Lektion, die jeder von uns auf seine eigene Weise lernt: Wir sind unserer menschlichen Natur ausgeliefert – das ist es, was sie am Ende ihren Lesern mitteilt. Vielleicht können wir einige Mängel beseitigen, einige Ecken abrunden, doch es bleiben deutliche Grenzen, die das Schicksal uns auferlegt hat. Wir wurden geboren und wir werden sterben. Wir haben Träume, die mit der Zeit zunichte gemacht werden, sei es durch Zufälle, durch Unglücke oder einfach durch die Umstände. Wir erleben gute Zeiten, doch selbst die Glücklichsten und Begabtesten unter uns werden am Ende auch schlechte Zeiten durchmachen. Wir hegen Hoffnungen, aufgrund derer wir versuchen, die Dinge zum Besseren zu wenden – wie es auch bei Anna Freud war. Doch unser Los ist die gedämpfte Hoffnung, die vorgewarnte Hoffnung, eine Hoffnung, die schon ergriffen ist von der melancholischen Weisheit all jener prophetischen Figuren des antiken Griechenland und Palästina, die unter dem Einfluß all der Romanciers, Dramatiker und Lyriker steht, die Sigmund Freud so bewunderte – und nach ihm seine Tochter. Es ist eine Hoffnung, die Gestalt und Form gewinnt einerseits durch die lastenden Zweifel des Vaters, der am Ende jenes »gemeinen, schändlichen Jahrzehnts« (Auden) bereit war, Lebewohl zu sagen, andererseits durch die Vorahnungen und Vorbehalte der Tochter, als auch sie in den siebziger und frühen achtziger Jahren begann, Abschied zu nehmen. Am Ende befiel Anna Freud eine einsame Trauer, nicht unähnlich derjenigen, die Rilke in seinem Gedicht *Der Dichter* heraufbeschwört. So ergeht es vielen von uns, wenn der Abschied naht.

Doch sie hatte uns viel zu geben, und mit ihren lebendigen, geistvollen Schriften hat sie uns auch viel *hinterlassen*: ein Vermächtnis, das die Prüfungen der Zeit überdauern wird – wie gute Geschichten, die das Leben in all seinen Verwicklungen wahrheitsgetreu abbilden.

Anhang

Das Werk Anna Freuds

Den folgenden, bereits erwähnten Aufsatz ›Das Werk Anna Freuds‹ schrieb ich Ende 1965; veröffentlicht wurde er Anfang 1966 in *The Massachusetts Review*. Ich war eben zurückgekehrt von meiner jahrelangen Tätigkeit in den Südstaaten: Dort hatte ich mit schwarzen und weißen Kindern gearbeitet, die an ihren Schulen die Aufhebung der Rassentrennung erlebten, und mit Jugendlichen, die an der Sit-in-Bewegung teilnahmen. Die Arbeit an diesem Aufsatz war eine Möglichkeit, aus meiner Forschungstätigkeit ein Fazit zu ziehen – indem ich mich auf die Arbeit einer Frau bezog, deren klare Vorstellungen mir schon seit längerem eine wesentliche Hilfe gewesen waren. Nachdem Anna Freud den Text gelesen hatte, antwortete sie mit einem Brief, der für mich lange Zeit von großer Bedeutung geblieben ist (siehe S. 263). Wir gelangten dadurch zu einem vielfältigen Austausch, wechselten Briefe, trafen uns und führten lange Gespräche. 1972 veröffentlichte ich im *New Yorker* einen weiteren Aufsatz über sie, und als wir uns danach wiedersahen, plauderte sie humorvoll über meine »zu gute Meinung« von ihr.

Als weitere Facette zu diesem Porträt sei im folgenden auch einer ihrer ausführlicheren Briefe wiedergegeben (siehe S. 265–268), eine Reaktion auf ein Buch, das ich ihr gewidmet hatte. Ich glaube, aus diesem Brief erfährt man viel über sie; man erfährt, worin für sie der Lohn bestand für jene »sehr langsame und sehr individuelle« Arbeit, die sie ihr ganzes, produktives Leben lang leistete, und man spürt die »Begeisterung«, die ihr der Gedanke einflößte, daß es für Kinder »letztlich doch Auswege« gibt.

Zwei weitere ihrer Briefe scheinen mir von besonderem Interesse. Sie enthalten Äußerungen, die zeigen, wie sich ihr lebenslanger Idealismus immer wieder neu entfachen ließ. Mit ihrer Überlegung, daß sie sich vielleicht besser in den weltweiten sozialen, ökonomischen und politischen Auseinandersetzungen engagiert hätte, anstatt das ganze Leben lang klinische Arbeit zu leisten, geht es ihr jedoch nicht wirklich um eine Entweder-Oder-Entscheidung. Ich meine, was hier zum Ausdruck kommt, ist wohl eher ihr »glühendes« Wesen, wie George Eliot sagen würde – eine unmittelbare und leidenschaftliche Reaktion auf die Ungerechtigkeiten dieser Welt. Diese fesselten ihre Aufmerksamkeit, so wie sie jeden von uns bisweilen moralisch einholen und uns eine Atempause der Introspektion verschaffen.

Als ich diese Briefe Erik H. Erikson zeigte, bedeuteten sie auch für ihn ein gewisses Innehalten. Während eines langen Spaziergangs erklärte er mir, was es für Anna Freud bedeutete, Skepsis hinsichtlich ihrer lebenslangen Tätigkeit zu erkennen zu geben, und sei diese Anwandlung noch so flüchtig. Daß sie derartige Gedanken niederschrieb, war eine um so bedeutsamere Geste. Erikson wertete diese Briefe als indirektes Eingeständnis des enormen Einflusses der »Gesellschaft« auf die »Kindheit« – eines Einflusses, den er selbst stark hervorgehoben hatte, und nicht immer unter dem Beifall seiner psychoanalytischen Kollegen und früheren Lehrer, einschließlich Anna Freud. Daher interessierten ihn diese Briefe natürlich, ihm gefiel die Tonart, die Implikationen, wenngleich auch er nicht den Wunsch verspürte, diesen Ausdruck eines lebenslangen sozialen Bewußtseins zu benutzen, um die Bedeutung der alltäglichen Arbeit mit Patienten zu schmälern. Denn diese Arbeit hat ihren eigenen Wert, ihre eigene Würde.

* * *

Im Mitteilungsblatt der American Psychiatric Association vom Juni 1965 erschien eine kurze Meldung zu Anna Freuds siebzigstem Geburtstag, der Ende dieses Jahres bevorsteht. Es scheint noch nicht lange her zu sein, daß man sie an der Seite ihres betagten Vaters sah – zwei Exilanten aus Wien, die froh waren, nach dem »Anschluß« von 1938 in einem Garten in England zu stehen. Der alte Mann war schon seit langem krank, zeigte jedoch auf den letzten Photos keine Anzeichen davon. Sein unbewegtes Gesicht und sein durchdringender Blick verwiesen auf die Entschlossenheit und die Leidenschaft, die er bis zuletzt in sich trug. Er schrieb bis zum Ende seiner 83 Jahre; kurz nach seiner Ankunft in London und nur vierzehn Monate vor seinem Tod begann er mit dem *Abriß der Psychoanalyse,* der posthum veröffentlicht wurde – eine brillante und klare Darstellung der zentralen Merkmale psychoanalytischer Arbeit auf dem neuesten Stand.

In seinen letzten Lebensjahren begleitete ihn seine Tochter Anna. Sie hielt taktvoll seinen Arm, lächelte schwach, während er stets ernst blieb und dem Schmerz trotzte, von dem er ständig heimgesucht war, und sie tat gewiß noch mehr für ihn. 1926, im Alter von 31 Jahren, spezialisierte sie sich als Psychoanalytikerin auf die Kinderanalyse. In diesem Jahr hielt sie eine Reihe von Vorträgen, die später unter dem Titel *Einführung in die Technik der Kinderanalyse* veröffentlicht wurden. Dabei ging es um die spezifischen Erfordernisse therapeutischer Arbeit mit kleinen Jungen und Mädchen: wie man ihr Vertrauen gewinnt, wie man sich mit ihnen auch ohne Worte verständigt. Es ging um die Entwicklung von Möglichkeiten, den Kindern ihre eigenen Probleme klarzumachen, wobei man sicherstellen muß, daß das in der Behandlung Erreichte nicht zu Hause oder in der Schule wieder verlorengeht. Ein Jahr später hielt sie auf dem 10. Kongreß der Internationalen Psychoanalytischen Vereinigung in Innsbruck einen Vortrag, der eine theoretisch sehr fruchtbare Erörterung der Unterschiede zwischen Erwachsenen- und Kinderanalyse bot. Erwachsene kennen ihr

Leiden, und sie haben bestimmte für sie charakteristische Strategien entwickelt, mit den verschiedenen Anforderungen der Welt, des »Teufels« und des »Fleisches« umzugehen. Im Gegensatz dazu haben Kinder häufig keine Ahnung davon, daß sie krank sind; sie wollen die Hilfe des Analytikers nicht. Außerdem stehen sie noch mitten in der Entwicklung, und statt ein *fait accompli* vorzuweisen – also die Neurose, die eine bestimmte »Lösung« der verschiedenen widerstreitenden psychischen Ansprüche repräsentiert –, stellt das Kind uns vor das Problem einer noch andauernden Entwicklung, in deren Verlauf das Symptom irgendwie von selbst verschwinden kann.

Darüber hinaus ist die Psyche des Kindes in viel höherem Maße Allgemeingut als die des Erwachsenen. Was ihm Probleme macht, erfahren auch seine Eltern, Lehrer und Schulkameraden. Das Kind macht jenen Erziehungsprozeß durch, in dessen Verlauf es sich eine »Persönlichkeit« (und leider auch die Neurose) eben erst aneignet, während der Erwachsene wahrscheinlich schon all jene Heimsuchungen vergessen hat – zu Hause oder woanders –, die zu dem späteren Leid oder zu den Spannungen beitrugen, die ihn schließlich in die Analyse führten. Anders gesagt: Der Erwachsene hat Probleme, kann sich aber gewöhnlich an die genaue Abfolge der Ereignisse nicht erinnern, die für diese Probleme verantwortlich sind. Das Kind dagegen beschreibt oft sehr bereitwillig, was mit ihm geschieht, betrachtet sich selbst jedoch nicht unbedingt als leidend oder gefährdet. Seine Eltern oder seine Lehrer sind es, die sich Sorgen machen. In jedem Fall hat es ein Problem mit der Vergangenheit *und* mit der Zukunft, denn es braucht nicht nur Hilfe, um überhaupt zu realisieren, wie es ihm geht, sondern auch, um zu wachsen, um kohärent und bewußt zu denken, zu fühlen und zu handeln.

Mit den Unterschieden zwischen der Psychoanalyse mit Kindern und mit Erwachsenen befaßte sich Anna Freud auch das ganze nächste Jahrzehnt über. 1929 hielt sie vor Horterziehern in Wien eine Reihe bemerkenswerter Vorträge, die zunächst unter dem Titel *Einführung in die Psychoanalyse für Pädagogen* veröffentlicht wurden [später unter dem Titel *Vier Vorträge über Psychoanalyse für Lehrer und Eltern*]. Diese Schrift hatte in den vergangenen dreißig Jahren ein beklagenswertes Los, denn sie wurde zwar weithin und vorbehaltlos anerkannt, doch nicht wirklich gründlich verstanden. Daher mag Anna Freuds Darstellung des Ödipuskomplexes und der Latenzzeit seltsam altmodisch anmuten, und man kann bezweifeln, ob selbst heute viele Leser verstehen, daß ihre entscheidenden Aussagen über jene Probleme, die häufig bei der Erziehung und beim Unterricht von Kindern auftreten, doch recht komplexer Natur sind. Was Anna Freud mit größtem Nachdruck vortrug, war zunächst dies: Es gibt keine Erziehungstechnik, die das Fehlen einer soliden und verläßlichen Eltern-Kind-Beziehung wirklich ausgleichen könnte. Der Charakter des künftigen Bürgers wird in seinen ersten Lebensjahren geformt, und seine erste Gesetzgeberin ist die Mutter. Wenn die Eltern oder die Lehrer die durchaus verständlichen Ziele und Aktivitäten des Kindes nicht richtig zu würdigen wissen, dann werden sie das Kind vielleicht lenken und beherrschen können, doch nur um den Preis späterer Krankheit oder Unzulänglichkeit.

Das klingt zwar heute nicht mehr besonders überraschend, doch die klinischen Fälle, welche die Autorin heranzog, um ihre abstrakten Aussagen zu untermauern, sind so aufwühlend und pädagogisch diffizil wie eh und je. Es sind Beispiele, die Eltern wie Lehrer allesamt davor warnen, das psychoanalytische Wissen mit dem Verständnis und der emotionalen Beziehung zu verwechseln, die es gerade fördern soll (was für viele gebildete Eltern und für die Vorkämpfer dieser oder jener Erziehungs-»theorie« noch immer zu subtil zu sein scheint). Das Leid und die Konflikte, die in allen Kindergärten und Klassenzimmern unvermeidlich sind, werden von Anna Freud aufs genaueste dargestellt, wobei sie die Hoffnung hegt, daß keiner der Zuhörer mit ein paar unverrückbaren Prinzipien oder mit letztlich fruchtlosen Erwartungen nach Hause gehen wird, sondern mit der grundlegenden Bereitschaft, anzuerkennen, daß das Verhalten des Kindes *sinnvoll* ist. Ist dieses Ziel erst einmal erreicht, dann kann man dem Kind gegenüber sehr flexibel reagieren: Man läßt ihm Freiheit oder man schimpft mit ihm, je nach der »Missetat«, um die es jeweils geht. Es ist, als habe sie schon damals vorhergesehen, daß anstelle automatischer Härte schon bald eine strikte, psychoanalytisch begründete Nachgiebigkeit an der Tagesordnung sein würde.

Ihr nächstes Werk, das 1936 von Leonard und Virginia Woolf bei der Hogarth Press veröffentlichte Buch *The Ego and the Mechanisms of Defence* [deutsch erst 1946 unter dem Titel *Das Ich und die Abwehrmechanismen*], war außerordentlich einflußreich. Man kann sicherlich sagen, daß dieses Werk die bedeutendste Wende innerhalb der Psychoanalyse markierte, seit ihr Vater fünfundzwanzig Jahre zuvor begonnen hatte, sich stärker für die Psychologie des Ichs zu interessieren. Die Geschichte der Psychoanalyse wird dadurch definitiv in zwei Epochen unterteilt. Zu Beginn erkannte und skizzierte Freud den Triebanteil des Unbewußten, und die psychoanalytische Theorie war gänzlich in Anspruch genommen von der Energie der Triebe (der »Libido«) und deren vielfältigen Wandlungen. Brill hat dieses bahnbrechende Interesse Freuds und seiner Anhänger geschildert: »Wir hatten zum Beispiel keinerlei Skrupel, jemanden bei Tisch zu fragen, warum er seinen Löffel auf ungewöhnliche Weise gebrauchte oder warum er dieses und jenes so und so machte ... Wir mußten erklären, warum wir eine bestimmte Melodie pfiffen oder summten oder warum uns bestimmte Versprecher oder Fehler beim Schreiben unterliefen. Doch wir machten das gern und aus keinem anderen Grund, als uns der ›Wahrheit‹ zu stellen.« Wobei man unter »Wahrheit« die durch Triebe veranlaßten Eingebungen des Unbewußten verstand. Noch heute denken viele so, nicht nur in der Psychoanalyse, sondern überhaupt im zeitgenössischen

Alltag: Man glaubt, das Aufdecken von Trieben »tief unten« in der Psyche eines Menschen laufe darauf hinaus, ihn »wirklich« zu kennen. Doch dürfte die Art und Weise, wie er diese Triebe – bewußt wie unbewußt – psychisch verarbeitet, die umfassendere und bedeutsamere Wahrheit enthalten. Jedenfalls ist es *diese* Wahrheit, der Freud sich gegen Ende seines Lebens zuwandte – vorurteilsfrei und bereit, die eigenen Theorien genauestens zu überprüfen.

Die Funktionsweise des Ichs ist wie die des Es weitgehend unbewußt. Das bedeutet, daß nicht nur unsere eigenen Gedanken und Träume sich uns entziehen können, sondern auch die in unserer Psyche sich ausprägenden Gewohnheiten, mit diesen Gedanken und Träumen fertig zu werden. Beklemmungen, Ängste und ein ganzes Spektrum von Symptomen rühren her vom Zusammenstoß der Triebe mit dem Ich. Das Ich umschließt das Gewissen (das Überich), und wie Anna Freud zeigt, ist es durchaus kein bloßes Bewußtseins-»Fenster« zwischen den drängenden Trieben und der Außenwelt. Das Ich hat eine Geschichte, es besteht aus dem, was zu Hause oder in der Schule erlernt wurde. Das Ich ist der soziale Agent der Psyche, es enthält deren Erkenntnisvermögen und Fertigkeiten, es ist Auge und Ohr. Das Ich ist eine ausgeklügelte Form, zu *sein*, ein Reservoir impliziter Annahmen darüber, wessen »Nachschub« uns am Leben erhält, ganz zu schweigen davon, daß es darüber entscheidet, wohin die Reise gehen soll. Wenn wir in Alpträumen und Tagträumen alle verrückt sind, wenn wir alle Mörder und Anarchisten sind oder wilde und manchmal seltsame Liebhaber, dann ist das, was uns *verschieden* macht, unsere natürliche Begabung, unsere Erziehung, Zeit und Ort unserer Existenz sowie die irgendwie von uns »gewählte« Art und Weise (ist das Problem des freien Willens je aus der Welt zu schaffen?), mit uns selbst umzugehen.

Die Wege des Ichs sind ohne Zahl. Der eine sieht die Ursachen seiner Probleme gewohnheitsmäßig bei den Mitmenschen; der andere ist äußerst geschickt darin, Trauer in Freude zu verwandeln oder umgekehrt. Ich fühle mich vielleicht erschöpft, bekomme Kopf- oder Magenschmerzen, während mein Nachbar *seine* Spannungen in hektische Rituale umsetzt. Hinter Hochmut kann sich Verzweiflung verbergen, und Schüchternheit kann sich in Form von Arroganz ausdrücken. Im Innersten dieser Verhaltensweisen und Einstellungen, dieser charakteristischen Merkmale und der sie begleitenden Gefühlszustände gibt es freilich sehr spezifische, irreduzible »Mechanismen«, die mit den Trieben zu tun haben. Diese Mechanismen sind ebenso pausenlos am Werk wie die Triebe und der durch sie ausgeübte Druck. Man kann sich das als Hydraulik vorstellen oder als eine Art von Maskenspiel: Die Triebe (und das von ihnen gewollte Verhalten) werden verleugnet und niedergehalten, sobald sie sich zeigen; oder sie werden in ihr offenbares Gegenteil verkehrt oder anderen Menschen zugeordnet. Man kann ihnen Energie entziehen, die dann dem Intellekt zur »vernünftigen« Verwendung zusätzlich zur Verfügung steht; man kann sie aber auch schwächen, indem man die ursprüngliche Energie in komplizierte »Obsessionen« und Zwänge überführt, die dann andere Bestrebungen unbarmherzig knebeln. Man kann aber auch auf unheilvollere Weise mit Trieben umgehen, indem man ihnen erlaubt, eine buchstäblich wehrlose Psyche zu überwältigen (Psychose) oder die betreffende Person zum Rückzug auf sich selbst, die eigene Vergangenheit und früheste Verhaltensweisen zu zwingen (Regression).

Für all diese Vorgänge innerhalb der Psyche gibt es Begriffe, die auch Anna Freud übernimmt, wobei sie jedoch deren Bedeutung auf bewegende Weise veranschaulicht und lebendig macht. So spricht sie zum Beispiel von der Fähigkeit Jugendlicher zur »Intellektualisierung«, von der »Weite und Uneingeschränktheit des jugendlichen Denkens«, von dem »Maß an Einfühlung und Verständnis«, das sie zeigen. Doch dann fährt sie fort: »Seine Einfühlung in fremdes Seelenleben hält ihn von den gröbsten Rücksichtslosigkeiten gegen seine nächsten

Objekte nicht ab. Seine hohe Auffassung der Liebe und der Verpflichtung des Liebenden hat keinen Einfluß auf die ständigen Treulosigkeiten und Gefühlsroheiten, die er sich bei seinen wechselnden Verliebtheiten zuschulden kommen läßt.«

Sie betrachtete es als ihre Aufgabe, die Beständigkeit unserer Unbeständigkeit aufzuzeigen, und dabei wich sie auch den Ironien des Lebens keineswegs aus. So findet sich zum Beispiel auf den letzten Seiten ihres Buchs, wo das Ich in seiner entscheidenden Bedeutung für unser Leben (und seiner diagnostischen Bedeutung für den Analytiker) offen vor uns liegt, eine Bemerkung wie diese: »In triebruhigen, also ungefährlichen Perioden kann das Individuum es sich eher erlauben, dumm zu sein. Die Triebangst wirkt hier nicht anders, als wir es von der Realangst her kennen. Reale Gefahr und reale Entbehrung spornen den Menschen zu intellektuellen Leistungen und Leistungsversuchen an, während reale Sicherheit und Überfluß eher dumm und bequem machen.«

Das Buch ist so gehaltvoll, daß man solche interessanten, wenngleich etwas vagen und orakelhaften Nebenbemerkungen auch überblättern kann – allerdings nicht, wenn wir nach Erklärungen suchen für die verwirrendsten Dilemmata unserer Zeit. Wie zum Beispiel ist es zu begreifen, daß viele der reichsten Jungen und Mädchen im reichsten Land der Welt sich verhalten wie ziellose Delinquenten? Oder wie soll man sich erklären, daß in Mississippi Generationen von schwarzen Familien auf unglaubliche Weise überlebt haben, daß eine jahrhundertelange Brutalität dort Menschen hervorgebracht hat, deren Aufgewecktheit, Großzügigkeit und Integrität uns alle verblüfften, die wir den Sommer 1964 dort verbrachten? Wir waren alle so frei, gebildet, wohlgenährt und gutgekleidet; und doch – als wir uns der zivilisierten, sanften Geduld dieser Leute gegenübersahen, zu deren Unterstützung wir gekommen waren, fragten sich viele unter uns, was *uns* eigentlich fehlte, und das war durchaus keine verschwommene Gefühlsregung.

Auch im Fall Anna Freuds sind solche Paradoxa zu erwarten, und zweifellos teilt sie die Verwirrung und Überraschung, die sie in uns auslösen. Tatsächlich sollte sie kurz nach Vollendung ihres Meisterwerks über Ichpsychologie selbst in unerwartete Not geraten, aus der sie schließlich die Inspiration für lange Jahre harter und lohnender Arbeit gewann.

Als die Nazis nach Wien kamen, reagierten sie auf die Meinung der Weltöffentlichkeit noch empfindlich genug, um prominente Leute zu verschonen, allerdings erst nach Zahlung eines Lösegelds. Auf diese Weise entkam auch Freud, der danach noch etwas mehr als ein Jahr lebte und sogar noch mehrere Wochen lang Zeuge des Zweiten Weltkriegs wurde. Vor seinem Tod sollte er selbst den Wahnsinn erleben, der, wie er wußte, den einzelnen vor dem Hintergrund so unglaublicher politischer und institutioneller Strukturen befallen kann. Bevor Anna Freud mit ihrem Vater aus Österreich ausreisen durfte, wurde sie noch einen Tag festgehalten und von der Gestapo verhört. »Anna bei Gestapo«, schrieb Freud am 22. März 1938 in sein Tagebuch. Bis zu diesem Tage war er, der Zweiundachtzigjährige, unschlüssig gewesen, ob er eine Stadt verlassen sollte, in der er neunundsiebzig Jahre seines Lebens verbracht hatte. Nach diesem Ereignis jedoch konnte er die Abreise nicht mehr länger hinauszögern.

Anna Freuds Ankunft in England, ihr dauernder Aufenthalt in London, die enorme Vielseitigkeit und Produktivität ihrer dortigen Arbeit – all dies schloß auf ironische Weise an ihr früheres Leben an. Als der Erste Weltkrieg ausbrach, war sie neunzehn Jahre alt und eben zu Besuch in England. Für ihre Rückkehr nach Österreich brauchte sie mehrere Wochen: Per Schiff, gemeinsam mit dem Botschafter Österreich-Ungarns in England, mußte sie den langen Weg durch das Mittelmeer nehmen, denn der Kontinent war durch den Krieg unpassierbar geworden. Ein Vierteljahrhundert später kam sie erneut nach England, diesmal auf dem Landweg, der kurze Zeit danach erneut unpassierbar werden sollte.

Auch waren ihr bei der Rückkehr nach England die dortige Sprache und Kultur keineswegs fremd. Schon als Jugendliche hatte sie Englisch gelernt und sprach es bereits fließend, als sie 1920, mit fünfundzwanzig Jahren, einen Vortrag beim 6. Kongreß der Internationalen Psychoanalytischen Vereinigung hielt. Ihren ursprünglichen Beruf als Schullehrerin gab sie in den zwanziger und dreißiger Jahren nicht eigentlich auf, sondern verband ihn mit ihrem Interesse an der Kinderanalyse. Als sie vor Lehrern über die psychischen Probleme von Schulkindern sprach, tat sie dies nicht als Theoretikerin, auch nicht als Klinikerin, die sich herbeiläßt, als »Beraterin« ihr Fachwissen zu verkünden; vielmehr trat Anna Freud als Weggefährtin auf, der nur allzu bewußt war, ein wie schwieriges Problem das Unterrichten ist, und die deshalb den Lehrern einige Ratschläge erteilen wollte. »Wir dürfen voneinander nicht zu viel verlangen«, begann sie ihren vierten Vortrag und dämpfte damit gleich die Erwartung, sie könne mehr liefern als einige dürre Wahrheiten – und das Anfang der dreißiger Jahre, in einer Zeit der Begeisterung.

Knapp zwei Jahre nach ihrem Verhör bei der Gestapo beschreibt sie in ihrem dritten Monatsbericht aus den Hampstead Nurseries die Reaktion von Kindern auf den großen Luftangriff auf London am Mittwoch, dem 16. April 1941. Dieser Angriff war »neuartig und alarmierend selbst für diejenigen, die den sogenannten Blitzkrieg im September und Oktober miterlebt haben. Der Geschützlärm war heftiger als je zuvor, die Bombenexplosionen nahmen kein Ende, aus der Ferne hörte man das Prasseln neuausgebrochener Feuer – und alle diese Geräusche verschwanden wieder im unaufhörlichen Dröhnen der Flugzeuge, die London nicht wie früher in aufeinanderfolgenden Wellen, sondern in einem ununterbrochenen Strom von 9 Uhr abends bis 5 Uhr morgens überflogen.«

Ihre beiden Bücher *Kriegskinder* und *Anstaltskinder* schildern das Schicksal von Kindern, die solchen Bedingungen ausgesetzt sind: physische Verletzungen, der Verlust der Eltern und des Zuhauses, Zerstörung aller Lebensgewohnheiten, ständige Ortswechsel mit immer neuen Menschen und Umgebungen. Gemeinsam mit ihrer Freundin und Kollegin Dorothy Burlingham organisierte und leitete sie die Hampstead Nurseries, drei Heime für Kinder verschiedener Altersstufen. Es handelte sich um eine der vielen sogenannten »Kolonien« des Foster Parents' Plan for War Children, Inc., der 1936 gegründet wurde, als bereits spanische Kinder Bombardements ausgesetzt waren. In diesen Heimen arbeitete sie während des Krieges, widmete sich unter den schrecklichsten Bedingungen ganz gewöhnlichen Menschen, kümmerte sich um die Kinder und achtete darauf, daß deren emotionale Bedürfnisse ebenso ernst genommen wurden wie ihr Hunger und ihre verschiedenen Verletzungen. Während des Krieges gab es in England zahllose vereinsamte, verängstigte und verwirrte Kinder, denen es äußerst schwerfiel, sich in einer Welt ständiger Explosionen, plötzlicher Abreisen, wechselnder Szenerien und unzuverlässiger Erwachsener zurechtzufinden. Diejenigen unter ihnen, die nach Hampstead kamen, hatten Glück.

In Anna Freuds Schilderungen dieser Jahre wird die sorgfältige wissenschaftliche Untersuchung zu Prosa: »Kinder fürchten sich natürlich vor den Fliegerangriffen, aber ihre Ängste sind weder so uniform noch so überwältigend, wie man erwarten sollte. Man möchte erfahren, wodurch die individuellen Schwankungen in der Intensität der Angst bedingt werden, warum manche Kinder während eines Bombardements fast angstfrei bleiben, viele nur leichte Angst zeigen, während einige wenige mit heftigen Angstausbrüchen reagieren.«

Was andere als »Falldarstellung« bezeichnen würden, wird auf folgende Weise präsentiert: »Eine der Frauen, mit denen wir arbeiteten, Mutter von acht Kindern, antwortete auf die Frage, ob ihr Haus noch bewohnbar sei: ›Oh, wir sind gut davongekommen. Nichts ist geschehen, nur die Fensterrahmen sind herausgefallen, und die hat der Mann wieder richten können.‹ Ein Luftdruckschaden, der nicht nur die Fensterscheiben eindrückt, sondern auch die Rahmen aus den Fugen preßt, ist bekanntlich kein angenehmes Erlebnis; aber für die Kinder dieser Mutter war der Schrecken durch ihren Gleichmut sicher auf ein Minimum reduziert.

Andererseits hatten wir Gelegenheit, sehr ängstliche Mütter im Verkehr mit ihren Kindern zu beobachten. Ein charakteristischer Fall war Frau L., Mutter eines Fünfjährigen, die unter dem Druck der Kriegsverhältnisse eine Agoraphobie erworben hatte, nur mit Begleitung ausgehen konnte etc. Sie reagierte auf die Fliegerangriffe mit großer Angst, ging nie während eines Alarms zu Bett, sondern stand angekleidet und zitternd an der Haustüre, bereit, aus dem Haus zu flüchten, wenn es nötig sein sollte. Der Junge mußte gleichfalls aufstehen, sich anziehen und an ihrer Seite stehen. Unter diesen Umständen entwickelte er starke Angst und begann zu bettnässen.«

Weiter heißt es: »Angsterscheinungen ganz anderer Art fanden sich bei Kindern, die ihre Väter durch einen Fliegerangriff verloren hatten. Im allgemeinen zeigen kleine Kinder keine Zeichen von Trauer, sondern reagieren auf einen solchen Verlust eher mit verstärkter Heiterkeit und scheinbarer Unbekümmertheit. Vier unserer Kriegswaisen zum Beispiel zählten zu den lautesten und lustigsten Kindern ihrer Gruppen. Diese Absperrung gegen den Affekt läßt sich aber nicht aufrechterhalten, wenn ein neues Bombardement das Kind zwingt, das traumatische Ereignis in allen seinen Einzelheiten wieder zu durchleben.«

Schließlich faßt sie zusammen, wie sie die Reaktionen der Kinder auf die Evakuierung einschätzt, die man damals für das Humanste hielt, was man angesichts des »Blitzkriegs« für sie tun konnte: »Der Krieg bedeutet der Mehrzahl der Kinder wenig, solange er nur ihre körperliche Sicherheit bedroht, ihre Lebensbedingungen verschlechtert und ihre Rationen kürzt; er gewinnt erst einschneidende Bedeutung, wenn er den Familienverband auflöst und damit die ersten Gefühlsbindungen der Kinder an ihre nächsten Angehörigen erschüttert. Viele

Kinder haben aus diesem Grunde die Aufregungen des Londoner Bombardements besser vertragen als die zu ihrem Schutz vorgenommene Evakuierung aus der Gefahrenzone.«

Der Wert dieser ebenso ruhig wie nachdrücklich vorgetragenen Mitteilung ist kaum zu überschätzen. Anna Freud fürchtet sich weder vor dem scheinbar Widersinnigen noch vor dem Zweifel an vorherrschenden Gewohnheiten und Gefühlen. Dieser Psychoanalytikerin gelingt es, gleichzeitig klar zu sehen, klug zu sprechen und mit Humor und Liebenswürdigkeit zu arbeiten. Man kann nicht sagen, daß das die Regel ist.

Nach dem Krieg führte Anna Freud ihre sehr praktische Arbeit mit Kindern fort und versuchte gleichzeitig, alle Beobachtungen, die sie dabei machte, zu einem kohärenten Bild der Struktur und der Funktionen der Psyche zusammenzufügen. Ein Aufsatz nach dem anderen erschien, zumeist kurze Texte in gedrängtem Stil, die allesamt eine recht kunstfertige, sogar elegante Kombination des Nützlichen mit dem Theoretischen bieten. Einige davon erschienen in wissenschaftlichen Jahrbüchern wie etwa *Psychoanalytic Study of the Child*, während man andere in berufspraktischen Zeitschriften wie *Child Study* oder *Health Education Journal* findet. Schon die Titel zeugen von ihren vielfältigen Interessen: ›Nursery School Education – Its Uses and Dangers‹ [deutsch: ›Kindergartenerziehung. Nutzen und Gefahren‹], ›Sublimation as a Factor in Upbringing‹, ›Sex in Childhood‹, ›Difficulties of Sex Enlightenment‹ oder ›Certain Types and Stages of Social Maladjustment‹ [deutsch: ›Über bestimmte Phasen und Typen der Dissozialität und Verwahrlosung‹]. Wenn ich diese Schriften lese, spüre ich stets Anna Freuds erstaunliche Fähigkeit, einen anspruchsvollen Intellekt durchaus lebenspraktischen Problemen zuzuwenden. So behandelt sie zum Beispiel in einem mittlerweile klassischen Aufsatz über frühkindliche Eßstörungen (1946) ein außerordentlich breitgefächertes und schwieriges Thema auf zwanzig gut gegliederten Seiten. Die Darstellung ist formal und begrifflich organisiert und dennoch gespickt mit Beschreibungen der von manchen Kindern abgelehnten »weichen und breiigen Gerichte« und der »Süßigkeiten, Kuchen, Kekse«, zu denen sie sich hingezogen fühlen. Charakteristischerweise denkt sie bei ihrem Fazit auch an den nüchternen Leser: »Die verschiedenen Typen kindlicher Eßstörungen, die in diesem Artikel zum Zweck theoretischer Klärung getrennt worden sind, erscheinen in der klinischen Beobachtung regelmäßig als Mischformen und in Abhängigkeit voneinander. «

In ihrem siebzigsten Lebensjahr veröffentlichte Anna Freud ein bemerkenswertes Buch: *Wege und Irrwege in der Kinderentwicklung*. Hier versuchte sie, Interessen und Gedanken zu bündeln, die in ihrem gesamten Werk präsent sind – nicht nur in ihren Büchern und in den ungefähr zwanzig längeren Aufsätzen und Vorlesungen, sondern auch in kürzeren Mitteilungen und monographischen Darstellungen. Auch gelang ihr ein einzigartiger historischer Überblick über die Psychoanalyse als Forschungsfeld im Wandel. Ein Sozialhistoriker, der eines Tages zu rekonstruieren versucht, wie die Psychoanalyse inmitten eines bestimmten medizinischen, intellektuellen und sozialen Klimas zum Leben erwachte, welche Kräfte sie förderten, welche sich ihr entgegenstellten und welche mit unkritischer Begeisterung auf sie reagierten (auch diese Entwicklung hat Freud keineswegs übersehen) – dieser Sozialhistoriker wird das Buch Anna Freuds unentbehrlich finden. Eine solche Geschichte der Psychoanalyse müßte natürlich auch die geistige Haltung Freuds plausibel machen, agierte dieser doch wie in einem verwirrenden Pas de deux zwischen pragmatischem Beobachter von Tatsachen und theoriefixiertem Metapsychologen. Darüber hinaus jedoch wäre die umfassendere historische Aufgabe zu bewältigen, die Entwicklung der psychoanalytischen Institutionen zu schildern: ihre Verbreitung über die ganze Welt, aber auch die verschiedenen Formen, die sie aufgrund dieser geographischen Streuung annahmen.

Auch die Interessen der Psychoanalytiker haben sich verändert, und nicht immer in der harmonischsten Weise. Es hat sich ein Tauziehen um die Psychoanalyse entwickelt, bei dem auf der einen Seite die Ärzte und Therapeuten stehen, auf der anderen Seite diejenigen, die eher am geistigen Potential der Psychoanalyse interessiert sind, an ihrem möglichen Beitrag zur Psychobiographie, zur Philosophie und zu den Sozialwissenschaften. Selbst in der klinischen Forschung zur Kinderanalyse, einem hochspezialisierten Gebiet in Medizin und Psychiatrie, gibt es erhebliche Unterschiede in den Interessen und in der Deutung von Beobachtungen. Noch bedeutsamer jedoch sind die grundlegenden Differenzen, die immer wieder zu ernsthaften Streitigkeiten geführt haben: wie man überhaupt mit Kindern arbeiten soll, wie man ihr alltägliches Verhalten klinisch nutzen soll und inwiefern das Handeln des Kindes für eine psychoanalytische Theorie des erwachsenen Lebens von Bedeutung sein könnte. Zu all diesen Themen hat Anna Freud auf ihre ruhige Weise beigetragen, wobei sie nicht rhetorisch, sondern durch das Beispiel ihrer Tätigkeit Stellung bezog.

Ihr ganzes Leben hindurch, in diesem Buch aber ganz besonders, hat sie die Bedeutung der direkten Beobachtung hervorgehoben. Lange Zeit waren die Psychoanalytiker natürlicherweise mißtrauisch gegenüber dem, was sie sahen: den Manifestationen des psychischen Lebens an der »Oberfläche«. Sie stellten fest, daß sie nach Wochen und Monaten des Zuhörens bei ihren Patienten verborgene Wahrheiten über deren Gefühlsleben entdeckten, die das »Beobachtbare« – also Äußerungen, Einstellungen, Interessen, Verhaltensweisen – nicht erkennen ließ. Die Folge davon war, daß jeder bewußte Ausdruck, jedes Verhalten, das einfach beobachtet und registriert werden kann, im schlechtesten Fall als unerhebliche Ablenkung oder Verstellung, bestenfalls jedoch als bloßer Zugang zu einer Wahrheit betrachtet wurde, die stets verborgen ist und nur auf Umwegen zum Ausdruck gelangt.

Veranlaßt durch Anna Freud und andere hat sich jedoch in der Auffassung der Analytiker über das, was man unmittelbar beobachten kann, ein drastischer Wandel vollzogen. Man muß das Unbewußte nicht mehr »nachweisen«, denn es zeigt sich in alltäglichen Manifestationen – in Mißgeschicken, Symptomen, Denk- und Verhaltensmustern – ebenso wie nach langer Behandlung in der psychoanalytischen Praxis. Man erkennt das Unbewußte auch in der Art und Weise, wie Menschen darauf reagieren, das heißt in den »Abwehrmechanismen«, die sie sich zu eigen machen. Und was noch bedeutsamer ist: Bei Kindern kann man sehen, wie sich das Unbewußte *entwickelt*. Natürlich wird der theoretische Spielraum des Analytikers eng begrenzt bleiben, solange er sich nur auf solche Beobachtungen stützt und auf ihrer Grundlage vorsichtige Schlußfolgerungen zieht. Jegliche Behauptung wird er zu verifizieren suchen, entweder indem er sie mit den Beobachtungen anderer vergleicht, oder durch eigene weitere Beobachtungen. Selbst unter den Werken Freuds wird er eher auf diejenigen zurückgreifen, die aus klinischer Forschung hervorgingen, als auf die weitgehend spekulativen Schriften. Für diese Analytiker wird das Genie Freuds eben in genau den Spekulationen bestehen, die das bedeutende »klinische Material«, zu dessen Wahrnehmung er frei und empfänglich genug war, in einen inneren Zusammenhang brachten. Was er über Moses, Leonardo da Vinci oder über den »Todestrieb« schrieb, ist zwar faszinierend und anregend, liefert aber keine Grundlage für weitere psychoanalytische Forschung. Für diese Analytiker besteht die Arbeit, die noch zu leisten ist, nicht im weiteren Ausbau der Theorie – dieses Gebäude ist überladen genug, und einige würden sagen: es wankt bereits –, sondern ihnen geht es um die Fortsetzung der klinischen Forschung, um weitere Beobachtungen in Kliniken, in der gesamten Gesellschaft und darüber hinaus auch in anderen Kulturen, so daß eventuelle weitere Verallgemeinerungen auf einer größeren Zahl »harter« Fakten beruhen.

Vor allem bei Kindern muß man genau hinsehen. Sie sind noch sehr individuell, sehr verschieden – eben noch nicht geformt durch die Gesellschaft. Ihre ständige Aktivität, ihre

Spontaneität und ihre Bereitschaft, ohne Scham ihre Gedanken, Wünsche und Ängste mitzuteilen, machen sie zu idealen Kandidaten für den psychoanalytisch ausgebildeten Beobachter. Da die Psychoanalyse selbst die Kindheit stark hervorgehoben hat – ihre entscheidenden Ereignisse und ihre anhaltende Bedeutung –, hätte man erwarten sollen, daß sich eine umfassende analytische Psychologie des Kindes entwickeln würde, eine kohärente Vorstellung der normalen Entwicklung des Kindes, aus der sich erklären läßt, wie psychische Stabilität und »normales« Verhalten bei Kleinkindern, Kindern und Jugendlichen entweder ermöglicht oder vereitelt wird.

Tatsächlich jedoch besteht ironischerweise eine Kluft zwischen dem psychoanalytischen *Interesse* an der Kindheit und deren psychoanalytischer *Erforschung*, eine Kluft, die erst in der Gegenwart allmählich geschlossen wird. Was war geschehen? Mit den Beobachtungen, die sie in ihrer Praxis an erwachsenen neurotischen Patienten machten, wagten sich die Analytiker über das Gebiet der bloßen Erhebung von Fakten hinaus und begannen, das neue Wissen auf die Erziehung von Kindern anzuwenden. Dazu traten noch die Neigungen einer erregbaren, wohlhabenden Mittelschicht, die keinerlei Interesse mehr an den Zehn Geboten oder an der Bergpredigt hatte, wohl aber genügend Geld und Erfolg, um daran zu glauben, daß man »Glück« in Form von »geistiger Gesundheit« den Kindern Schritt für Schritt beibringen könne – der Beginn eines sozialen Phänomens.

Die »psychoanalytische Erziehung«, die Neurosen von vornherein »verhütet«, wurde zu einem leidenschaftlich angestrebten Ziel. »Die Versuche, dieses Ziel zu erreichen«, schreibt Anna Freud, »wurden niemals aufgegeben, so schwierig und verwirrend ihre Ergebnisse bisweilen auch waren. Wenn wir heute, nach mehr als vierzig Jahren, die Geschichte dieser Versuche überblicken, dann erkennen wir in ihr eine lange Abfolge von ›trials and errors‹.«[1]

Sie fährt fort mit einer kurzen Zusammenfassung, die

durchaus selbst als ein kulturelles Dokument dieses Jahrhunderts gelten kann: »Viele Analysen brachten überzeugende Beweise von der traumatischen Wirkung der sogenannten ›Urszene‹, d. h. der Beobachtung des elterlichen Koitus, und von der sexuell stimulierenden Wirkung des Schlafens mit Vater oder Mutter; die pädagogische Folge war eine Warnung an die Eltern, ihr Sexualleben vor den Kindern zu verbergen, und schließlich die Verbannung aller Kinder, auch der jüngsten, aus dem elterlichen Schlafzimmer und elterlichen Bett. Viele intellektuelle Hemmungen entpuppten sich in der Analyse als die Folge unbefriedigter Sexualneugier in der Kindheit; wer sein Kind davor bewahren wollte, wurde angehalten, frühe sexuelle Aufklärung zu geben. Frigidität und Impotenz im erwachsenen Leben erwiesen sich als Folgen des kindlichen Onanieverbots im speziellen und der kindlichen Sexualverdrängung im allgemeinen; analytisch aufgeklärte Eltern entwickelten daraufhin eine bisher ungeahnte Toleranz für die Äußerungen der prägenitalen, oralen, analen und phallischen Sexualität.

Der Fortschritt in der analytischen Trieblehre zur Anerkennung eines der Sexualität gleichwertigen Aggressionstriebs mahnte zur Duldung für die Äußerungen der kindlichen Ambivalenz und Aggression und erlaubte den Kindern das Bewußtwerden ihrer feindseligen Gefühle gegen Geschwister und Eltern. Besonders eindrucksvoll für jeden Kenner der Analyse war die pathogene Rolle von Angst und Schuldgefühl, und die Erzeugung einer angstfreien Atmosphäre in der Kindheit erschien damit als beste Garantie für Neurosenverhütung. In pädagogische Vorschriften umgesetzt, hieß das die Vermeidung aller elterlichen Strenge in der Außenwelt sowie die Vermeidung aller autoritären Vorbilder für eine strenge Über-Ich-Bildung in der Innenwelt. Die analytische Theorie, die dem Ich die Vermittlerrolle zwischen den inneren Instanzen und den Außenweltsforderungen zuerkennt, sah ihrerseits die Neurosenprophylaxe in der Intaktheit des kindlichen Ichs und machte den Eltern die Stärkung der Ichfunktionen zur erzieherischen Aufgabe. Das in den letzten Jahrzehnten im Vordergrund stehende Interesse an den Entwicklungsvorgängen des ersten Lebensjahrs und der frühesten Mutter-Kind-Beziehungen gab Anlaß zu neuen und in vielen Beziehungen revolutionären Methoden in der Säuglingspflege etc.«

Weiter bemerkt sie, mit wieviel Hoffnung und Glaube dies alles einherging: »Bei dieser unablässigen Suche nach pathogenen Faktoren und geeigneten Präventivmaßnahmen schien es immer die neueste analytische Entdeckung zu sein, die eine bessere und endgültigere Lösung des Problems versprach.«[1] Immerhin waren einige der Ratschläge, die den Eltern gegeben wurden, durchaus nützlich und führten dazu, daß sie sich gegenüber ihren Kindern offener und entspannter fühlten und ihnen eine beträchtliche Zahl roher und sinnloser Praktiken ersparten.

Doch es gab auch Enttäuschungen: »Die sexuelle Aufklärung der Kinder zum Beispiel erreicht trotz aller auf sie gesetzten Hoffnungen im allgemeinen nicht das beabsichtigte Ziel... Noch aussichtsloser ist es, Kindern die beabsichtigte Angstfreiheit zu verschaffen. Wo die Angst vor der elterlichen Strenge verschwindet, steigt die Gewissensangst; wo die Strenge des Über-Ichs sich mildert, finden die Kinder sich überwältigt von der Angst vor der eigenen Triebstärke, der sie ohne den Einspruch von äußeren oder inneren Instanzen hilflos ausgesetzt bleiben. Im großen und ganzen bleibt also die psychoanalytische Pädagogik hinter dem Ziel zurück, das sie sich eingangs gesteckt hat. Die unter dem neuen Regime aufgewachsenen Kinder mögen in mancher Hinsicht anders sein als die Kinder früherer Generationen. Sie sind aber nicht freier von Angst und von Konflikten und darum neurotischen und anderen psychischen Störungen nicht weniger ausgesetzt.«

Sie hebt hervor, daß diese Enttäuschungen »nicht unbedingt überraschend gekommen wären, wenn nicht bei einigen Autoren der Optimismus und der Enthusiasmus für Prävention über die strikte Anwendung der psychoanalytischen Lehre obsiegt hätten«[1]. Schließlich erinnert sie den Leser daran, daß Konflikte zum Leben gehören, zur menschlichen Entwicklung und insbesondere zu der komplizierten psychischen Struktur, die den »zivilisierten« Menschen charakterisiert. Aus theologischer Perspektive gesprochen, die sie vielleicht für unangemessen halten würde: Es ist die Sünde des Hochmuts, die viele Menschen dazu gebracht hat, dies zu vergessen.

Auch wenn Anna Freud sich wohl kaum solcher Begriffe bedienen würde: Sie fürchtet ganz offensichtlich, daß die Öffentlichkeit von der Psychoanalyse das Unmögliche erwartet und, schlimmer noch, daß die Analytiker über das, was sie wissen, und über das richtige praktische Vorgehen unhaltbare Behauptungen aufstellen. Ihr neues Buch eröffnet und schließt mit der Mahnung, daß es uns nicht nur an Wissen fehlt, um in etlichen Fragen der Kindererziehung der Öffentlichkeit vernünftigen Rat erteilen zu können; noch bedeutsamer sei es, daß das gleiche auch für die psychiatrische und psychoanalytische Arbeit mit Kindern selbst gilt, das heißt für die Möglichkeit, das Verhalten des Kindes einzuschätzen und zu entscheiden, was daran pathologisch ist und was zur normalen Entwicklung gehört. »Es ist nicht unmöglich«, schließt sie, »daß in der Zukunft unsere diagnostischen Unterscheidungen scharf genug sein werden, um uns zu berechtigen, die Therapie eines Kindes von vorneherein auf einen einzigen Heilungsfaktor einzuschränken. Der jetzige Stand unserer Erkenntnisse gibt uns noch kein Recht zu solcher Sicherheit.«

Dieses Buch ist jedoch weder auf prätentiöse Weise bescheiden, noch geht es darum, einen Eindruck zu vermitteln von der in einem bestimmten wissenschaftlichen Forschungsgebiet verbreiteten Unwissenheit und Inkompetenz. Im Gegenteil ist es wohl eine der kühnsten, entschlossensten und absolut originellsten Verlautbarungen, die seit langem aus den Reihen der Analytiker zu hören waren, denn die Autorin verfügt über den Mut und die Intelligenz, um die tatsächlich schwierigen und verwirrenden Probleme der Psychoanalyse klar ins Auge zu fassen. Was ist eigentlich »normal«? Sind wir Kinderanalytiker in der Lage, die psychische Anpassung des künftigen Erwachsenen vorherzusagen allein auf der Grundlage dessen, was wir am Säugling oder am sechs- bis siebenjährigen Kind beobachten? Und wenn es so wäre – können wir eine spätere Erkrankung verhindern, indem wir sie rechtzeitig erkennen und sofort behandeln? Wann sollten wir die emotionalen Probleme eines Kindes als so schwerwiegend betrachten, daß sie der psychiatrischen Begutachtung bedürfen? Und worin unterscheidet sich schließlich die Behandlung des Kindes von der des Erwachsenen? Wäre es nicht überhaupt wünschenswert, wenn *allen* Kindern ein gewisses Maß an Therapie zugute käme?

Auf vielfältige Weise zeigt Anna Freud, daß die Kriterien für Normalität im Kindesalter denen des Erwachsenenalters geradezu entgegengesetzt sind. Damit liefert sie zugleich ein Argument dafür, daß diese Kriterien nicht einfach aus den Evaluationen herausgefiltert werden können, die in der Praxis oder in der Klinik durchgeführt werden, daß vielmehr auch Fragen der Entwicklung sowie soziale und kulturelle Einflüsse eine Rolle spielen – eine Tatsache, die Außenstehenden vielleicht selbstverständlich vorkommt, die jedoch von vielen, die in Kliniken oder psychiatrischen Praxen arbeiten, unter dem täglichen Druck, Diagnosen stellen und sich für ganz bestimmte Behandlungsmethoden entscheiden zu müssen, vergessen wird. Ab welchem Punkt wird der »normal rebellische« Jugendliche zu einem »kranken« oder »antisozialen« Jugendlichen? Die medizinische Entscheidung wäre jeweils eine andere, je nachdem, welchen der Begriffe man gebraucht. Bei Kindern in der Vorpubertät gibt es innerhalb jeder Kultur andere Vorlieben beim Essen; über Schlafstörungen, »anklammerndes« Verhalten oder Wutanfälle regen sich die Eltern oder andere Leute in einer bestimmten sozialen Umgebung auf, während sie sich in einer anderen darum gar nicht kümmern. Die Kinder jedenfalls machen sich deshalb keine Sorgen: »Das Kind leidet unter [diesen Symptomen] nur, insoweit es von der Umwelt an ihrem freien Ausleben verhindert wird, und betrachtet dann das Eingreifen der Erwachsenen, nicht das Symptom selbst, als Quelle seines Leidens.« Es ist für Kinder völlig normal, eine ganze Reihe solcher Prüfungen durchzumachen, und im Gegensatz zu herkömmlichen Annahmen weiß man heute, daß psychisches Leid ein unvermeidliches Nebenprodukt der kindlichen Abhängigkeit und des normalen Entwicklungsprozesses selbst ist.

Was bei Kindern »normal« ist, hängt demnach ab vom Alter, von der Kultur, von den Gegenwartsproblemen, mit denen es das Kind zu tun bekommt, von dem Verhältnis seiner gegenwärtigen Schwierigkeiten zu den Aufgaben, die es zu bewältigen hat, und zu früheren Leistungen, außerdem von seiner offenbaren Fähigkeit oder Unfähigkeit, überhaupt Probleme zu lösen. Die Stärken und Schwächen eines Kindes müssen weitgehend individuell beurteilt werden, und Anna Freud erklärt nachdrücklich, daß selbst die Variationen der Normalität eine große Bandbreite zeigen. Wenn ein Kind gereizt ist oder Schwierigkeiten hat, etwas Bestimmtes zu essen, dann kann das durchaus angemessen sein, das heißt für sein Alter verständlich, annehmbar und ziemlich normal. So wird zum Beispiel ein Kind ängstlich und verdrießlich, wenn man es zu lange allein läßt. Ist dies nicht der Fall, scheint es also ebenso »geduldig« zu sein wie »wir«, die Erwachsenen, dann ist es eher *wahrscheinlicher*, daß das Kind gestört ist. Auch wird es immer wieder Phasen der Schlaflosigkeit durchmachen, die damit zusammenhängen, daß es der Welt zunehmend bewußt wird und daher von ihr auch zunehmend beunruhigt wird. Wenn es älter wird, werden neue Spannungen, neues Leid dadurch ausgelöst, daß die Mutter, seine erste »Gesetzgeberin«, ihm bestimmte Grenzen setzt. Solche entwicklungsbedingten Spannungen variieren natürlich, je nach Familie und Schulsituation. Und was noch verwirrender ist: Ein Kind kann durchaus »gut« zu Hause und »schlecht« in der Schule sein, was wiederum eine Vielzahl von Gründen haben kann.

Selbst bei eindeutig gestörten Kindern gibt es derzeit keine Möglichkeit, ihre psychische Zukunft vorherzusehen. 1951 bezeichnete Ernst Kris das Wissen über die Normalität als »unterentwickeltes Notstandsgebiet« der Psychoanalyse, trotz der Bemühungen Anna Freuds, bestimmte *Muster* der Entwicklung zu verfolgen. Das gleiche gilt für das Gebiet der diagnostischen Voraussage, und zwar in der Arbeit mit Erwachsenen wie mit Kindern. Bei Patienten mit ähnlichen Fallgeschichten können die akuten Probleme sehr verschieden sein. Täglich erleben wir die Eltern unserer am schwersten erkrankten Patienten, und wir fragen uns: Warum ausgerechnet *deren* Kinder? Wir lernen Patienten mit nur leichten Störungen kennen und erfahren, daß ihr früheres Leben einschließlich der Eltern katastrophal war. Wir hören uns über ein bestimmtes Kind alle möglichen Klagen an, lernen sein Familienleben kennen und fragen uns, wie dieses Kind überhaupt jemals heranwachsen soll, ob mit oder ohne Behandlung.

In dem Kapitel mit der Überschrift ›Homosexualität als diagnostische Kategorie in der Kinderklinik‹ legt Anna Freud die Fakten, wie sie sich uns heute darstellen, schonungslos offen: »Wir lernen ... daß die infantilen Elemente nicht an und für sich die spätere sexuelle Identität bestimmen, sondern daß erst ihr weiteres Schicksal über Homo- und Heterosexualität entscheidet. Dieses Schicksal hängt aber seinerseits von einer Unzahl von begleitenden Umständen ab, die in der analytischen Rekonstruktion nicht leicht festzustellen sind und sich bei der Voraussage für ein Kind jeder Beurteilung entziehen. Äußere und innere, qualitative und quantitative Einflüsse wirken hier zusammen.« Die Botschaft ist eindeutig: Menschen sind völlig individuelle Wesen, und es ist ein riskantes Geschäft, ihre Beschwerden in Kategorien einzuteilen oder selbstgefällig über ihr künftiges Schicksal zu theoretisieren.

Selbst die Entscheidung, ob ein Kind behandelt werden sollte oder nicht, ist häufig sehr schwierig. In manchen Fällen kann man erwarten, daß sich das Problem mit der Zeit von selbst lösen wird; in anderen Fällen könnte es tatsächlich Schwierigkeiten geben, doch vielleicht genügt hier schon eine kurze »Untersuchung« des Kindes und etwas Erziehungshilfe für die Eltern, um eine Therapie, auf jeden Fall aber eine Analyse überflüssig zu machen. Bestimmte klassische Symptome erfordern eine Analyse, doch sind das nicht unbedingt diejenigen, die sich in der offenkundigsten und störendsten Weise zu erkennen geben. In anderen Fällen steht der Analytiker einem Rätsel gegenüber, ohne jede Gewißheit über die therapeutischen Möglichkeiten.

Anders als einige ihrer Kollegen nimmt Anna Freud letztlich davon Abstand, eine Analyse auch bei »normalen« Kindheitskonflikten zu empfehlen. Denn es bleibe die Frage offen, schreibt sie, »ob hier nicht der Kinderanalyse eine Aufgabe zugeschoben wird, die normalerweise dem Ich des Kindes und der tätigen Mithilfe seiner Umwelt angehört«.

Als Ernest Jones einmal Anna Freud fragte, was ihrer Ansicht nach die bemerkenswerteste Eigenschaft ihres Vater gewesen sei, antwortete sie prompt: »Seine Schlichtheit.« Tatsächlich war Freud ein Mann von schlichten Gewohnheiten. Er schrieb einfache Prosa. Er machte eine erstaunliche Zahl von Beobachtungen und kämpfte auf seine einfache, aber hartnäckige Weise darum, daß sie vollständig erhalten blieben, so daß sie schließlich die Generationen überdauerten und sämtliche Kontinente erreichten.

Anna Freud blieb ihrem Vater auf wahrhafte Weise treu, indem sie es ablehnte, in sinnloser Ehrfurcht vor seinem Werk zu verharren. Sie machte dort weiter, wo er aufgehört hatte. Sie widmete ihr Leben Kindern aus unglücklichen Familien, Kindern, die den Schrecken des Krieges erlebten, und normalen Kindern in all ihrer verwirrenden und inspirierenden Vielfalt. Sie schrieb die klare, kultivierte Prosa der selbstbewußten Wissenschaftlerin und die warme, einnehmende Prosa eines freundlichen und empfänglichen Menschen. Über die Seiten ihres letzten Buchs kann man gleichsam dahingleiten, obwohl es offensichtlich für Akademiker bestimmt ist. Der komplizierteste Gedanke wird so völlig unangestrengt entwickelt, daß er der reine *common sense* zu sein scheint. Niemals hat sie aus ihrem Namen oder ihrem Beruf Kapital geschlagen. Ganz diskret hat sie mit ihren Zweifeln gelebt und hat sich von ihnen niemals hart, kleinlich oder doktrinär machen lassen. Auch sie hat Schlichtheit erlangt.

Briefe
Anna Freuds an Robert Coles

London, 10. Juli 1966

Lieber Dr. Coles,

Vielen Dank für Ihren Brief und für die Zusendung Ihres Aufsatzes über mich. Den letzteren habe ich fast mit einem Gefühl des Schocks gelesen, weil Sie so genau erraten haben, was ich alles im Leben erreichen und sein wollte. Ich und bestimmt auch die meisten anderen Leute haben nicht das Gefühl, daß all diese Wünsche in Erfüllung gegangen sind. Sie jedoch scheinen dieser Ansicht zu sein, und dafür bin ich sehr dankbar.

Mit freundlichen Grüßen
Anna Freud

London, 1. Juni 1968

Lieber Robert Coles,

Vielen Dank für die Zusendung Ihres Kinder-Buchs und Ihres Gedichts. Beides gefällt mir sehr.

Als ich neulich für einen Monat in New Haven war, hoffte ich sehr, daß ich Sie dort irgendwie treffen würde oder daß wir uns bei meinem kurzen Aufenthalt in New York sehen würden. Ich wollte Ihnen sagen, wie tief mich Ihre »Children of Crisis« beeindruckt haben. Doch ich bin sicher, das gleiche Gefühl haben Ihnen gegenüber schon viele andere Leute geäußert.

Ich glaube wirklich, Sie sollten uns hier in Hampstead besuchen. Wir können Ihnen einen kleinen Kindergarten für unterprivilegierte Kinder bieten; eine kleine Gruppe für blinde Kinder; eine ziemlich große Klinik zur Behandlung aller Arten von

Problemkindern, die mit ungünstigen inneren oder äußeren Bedingungen zu kämpfen haben; und eine große Gruppe von Mitarbeitern, die an der Entwicklung des Kindes leidenschaftlich interessiert sind.

Lassen Sie es mich bitte wissen, wenn Sie die Möglichkeit eines Besuches sehen. Nicht im August, denn da haben wir geschlossen; nicht im September, da bin ich in Urlaub; auch nicht im April, weil ich da oft in Yale bin; doch zu allen anderen Zeiten im Jahr.

Mit den besten Grüßen
Anna Freud

London, 19. Juli 1969

Lieber Dr. Coles,

Es ist mir stets eine Freude, von Ihnen zu hören, und Bücher von Ihnen zu empfangen ist eine besondere Freude. Beide habe ich sogleich mit dem größten Interesse gelesen.

The Grass Pipe liest sich außerordentlich gut und ist für jedes Kind in der Voradoleszenz absolut verständlich. Ein Gedanke ist mir dabei aber doch gekommen: Ist es nicht zu optimistisch anzunehmen, daß die Jungen sich schließlich an den Vater wenden und seine Auffassung akzeptieren werden? Wie viele von ihnen tun das, solange noch Zeit ist? Oder bin ich da zu pessimistisch?

Das Buch über Hunger habe ich von der ersten bis zur letzten Zeile gelesen. Es hat mir das Gefühl vermittelt, daß es vielleicht völlig verkehrt ist, klinisch mit Kindern zu arbeiten, so wie ich das hier tue, statt sich um die viel größeren sozialen Probleme zu kümmern, um wirkliche Entbehrungen. Es ist doch eine furchtbare Anklage, der sich jede Gesellschaft ausgesetzt sieht, die Geld für irgend etwas anderes ausgibt, ehe dieser extreme Mangel beseitigt ist. Ist denn das zu verstehen? Wäre es nicht verhältnismäßig einfach, diesen Bezirken zu helfen und Arbeitsplätze zu schaffen? Gibt es irgendeinen politischen Grund dafür, warum dies nicht geschieht?

Wann werden Sie nach London kommen und uns besuchen?

Mit freundlichen Grüßen
Anna Freud

London, 20. Januar 1970

Lieber Robert Coles,

Für die beiden Bücher hätte ich mich schon längst bedanken sollen, nämlich Mitte Dezember, als sie hier eintrafen. Doch die Tatsache, daß Sie eines von ihnen mir gewidmet haben, schien mir doch etwas so Bedeutendes, daß ich nicht einfach antworten wollte: »Ich freue mich auf die Lektüre!« Daher wartete ich die ruhige Zeit der Weihnachtsferien ab, um es sehr gründlich zu lesen und darüber nachzudenken. Das habe ich jetzt getan.

Ich denke, »Wages of Neglect« ist ein wundervolles Buch, das beste seiner Art, oder besser, das einzig konstruktive, das meiner Meinung nach zu diesem Thema bisher veröffentlicht wurde. Es vermittelt nicht nur den furchtbaren Stand der Dinge, der einen in ein Gefühl der Hoffnungslosigkeit versetzt, sondern es zeigt auch einen Ausweg und wirft Licht auf das, was getan werden könnte, was bereits getan wurde und was an vielen Orten getan werden sollte. Am Ende empfand ich Begeisterung: Es gibt letztlich doch Auswege, und sie sind nicht einmal besonders schwierig zu beschreiten.

Als Kontrast zu dem, was ihr Buch schildert, erhielt ich in den vergangenen Tagen einen Ausschnitt aus der New York Times (12. Januar), »Obituary of Heroin Addict who died at 12« [Nachruf auf einen Heroinsüchtigen, der mit 12 Jahren starb], geschrieben von einem gewissen Joseph Lelyveld. Ich weiß nicht, ob Sie es gesehen haben. Es zeigt die Kehrseite, die verzweifelte Lage eines Gettokindes und die Unzulänglichkeit der staatlichen Sozialleistungen. Joe Goldstein von der Yale

Law School hat es mir geschickt, weil wir vorhaben, solche Fälle zu sammeln und in einem oder zweien davon die öffentlichen Gelder zusammenzurechnen, die nutzlos darauf verwendet wurden, ohne den geringsten Erfolg, in völlig falscher Weise, und dies dann zu kontrastieren mit allem, was man auf aufgeklärtere Weise bewerkstelligen könnte, und zwar ohne Steigerung der Ausgaben. Es ist entsetzlich, wenn man es aus der Nähe betrachtet.

Ihr Buch enthält kein Kapitel, das ich nicht aus eigener Erfahrung bestätigen kann.

Über die »Rock-Bottom Poor« [Die Allerärmsten]: Als wir noch in Wien waren, hatten Frau Burlingham und ich ein Tagesheim für solche Kinder im Alter von ein bis zwei Jahren. Ihre Eltern gehörten zu denen, die »jenseits der Sozialhilfe« waren, das bedeutet, sie bekamen von der Stadt überhaupt nichts und bettelten sich ihren Lebensunterhalt zusammen, indem sie in den Straßen von Wien sangen. Wien war damals voll von Bettlern. Doch wir waren sehr erstaunt darüber, daß sie ihre Kinder zu uns brachten, und zwar nicht, weil wir sie fütterten, bekleideten und sie den Tag über bei uns behielten, sondern »weil sie so viel lernten«, das heißt, sie lernten sich frei zu bewegen, ohne Hilfe zu essen, zu sprechen, ihre Vorlieben auszudrücken usw. Zu unserer eigenen Überraschung bedeutete dies den Eltern mehr als alles andere. Das zeigte natürlich, daß sie noch nicht jede Hoffnung aufgegeben hatten. Doch selbst das damalige Wien war kein so hoffnungsloser Ort wie die amerikanischen Slums.

Das gleiche erleben wir heute mit den unterprivilegierten Eltern an unserer Hampstead Clinic Nursery School. Wir haben Einwandererkinder von italienischen oder indischen Eltern, Kinder aus Londoner Slums (zumeist Iren) und aus Afrika. Die Eltern sind hoch erfreut, wenn die Kinder lernen, englisch zu sprechen, überhaupt zu sprechen, und sie verbessern sogar ihre Aussprache.

Wir haben aber auch sehr gleichgültige, sehr abnormale Eltern, bei denen ich keine Hoffnung habe, daß man sie noch verändern kann; hier besteht unsere Aufgabe darin, einen Elternersatz zu bieten in Gestalt des Lehrers und der Gemeinschaft im Heim.

Eine Sache gibt es, die ich in Ihrem Buch nicht gefunden habe, und das ist der absolute Vorrang der körperlichen Pflege. Bei vielen vernachlässigten Kindern bekommen wir einen ersten Zugang dadurch, daß wir ihren Körper mögen, daß wir uns um ihren Körper kümmern, daß wir darauf stolz sind und unsere Freude daran haben, so wie die gewöhnliche Mutter aus der Mittelschicht angesichts der schönen körperlichen Erscheinung ihres Kindes. Daher waschen wir oft Haare, wir kämmen, schauen in den Spiegel, geben ihnen etwas Hübsches zum Anziehen, bewundern sie, wann immer es etwas zu bewundern gibt. Kürzlich hatten wir eine kleine Jean, die als hoffnungslos verwahrlostes Kind mit strähnigem Haar und laufender Nase zu uns kam und die uns einige Jahre später als hübsches, attraktives kleines Schulmädchen wieder verließ. Wir versuchten, ihre innere Konfusion durch eine individuelle Behandlung aufzulösen und gleichzeitig sie »sich selbst« entdecken zu lassen. Ich habe Zweifel, ob das genauso erfolgreich war wie das äußere Erscheinungsbild, doch zumindest wird sie der Schule besser gewachsen sein. Einmal, ganz am Anfang, saß sie friedlich neben dem Lehrer und schaute zu, wie er einen Riß an ihrem Teddybär zunähte; sie sagte: »Er mag es, daß du auf ihn aufpaßt.«

Es gibt da einen Punkt, der mir sehr wichtig ist. Vieles bei dieser Arbeit geht nur sehr langsam und sehr individuell vor sich. Die meisten Leute in der Sozialarbeit denken jedoch, da die Notlage dringend ist, müsse auch die Abhilfe schnell erfolgen und dürfe nicht Jahre in Anspruch nehmen. Das tut sie jedoch immer. Selbst dann, wenn ein Kind zwei Jahre lang in unserem Heim ist, halten wir das für viel zu wenig; drei oder auch vier Jahre sind weitaus besser. Das zweite Problem ist die Zahl. Da es so viele vernachlässigte Kinder gibt, denken etliche

Leute immer nur an die »Vielen«. Doch ihre Probleme sind individueller Natur, und selbst in der Gruppe muß man auf individuelle Weise mit ihnen umgehen. Das bedeutet, die Gruppen müssen klein gehalten werden, und die Zahl der Lehrer muß groß bleiben. Wo immer das Gegenteil der Fall ist, wo also sehr viele kleine Kinder unter der Obhut von sehr wenigen Erwachsenen stehen oder für nicht genügend lange Zeit, da könnte man es ebensogut sein lassen. Das heißt, der einzige Erfolg ist dann, daß man die Kinder in einem Raum hält, anstatt daß sie auf der Straße sind. Für ihr inneres Leben bringt das überhaupt nichts.

Sehr gefreut habe ich mich über das, was Sie über die Wechselwirkung zwischen äußeren und inneren Faktoren schreiben. Genau so stelle ich es mir auch vor. Ich würde gerne als nächstes über eines unserer kleinen italienischen Mädchen schreiben, ein »Neuankömmling« in England mit einer hervorragenden Mutter, doch aus sehr armen Verhältnissen und allem möglichen Druck ausgesetzt. Alle ihre Aufgaben ging sie mit einer enorm starken Persönlichkeit an, und ich glaube, sie ist eines der »normalsten« Kinder, das wir je hatten.

Ich hoffe, ich habe Sie mit alledem nicht gelangweilt. Ich möchte damit nur noch einmal meinen Dank für die Widmung zum Ausdruck bringen, die mich sehr freut und die mir eine Verpflichtung ist.

In New Haven (Davenport College, Yale) werde ich vom 1. bis 24. April sein. Es wäre mir wirklich eine große Freude, Sie dort zu sehen.

Mit freundlichen Grüßen
Anna Freud

Anmerkungen

VORWORT

1 Vgl. z. B. die fünfbändige Reihe *Children of Crisis*, insbesondere *A Study of Courage and Fear* (Boston 1967) und *A Farewell to the South* (Boston 1972). Anna Freud widmete ich einen Band mit Aufsätzen zur Psychiatrie und Psychoanalyse, *The Mind's Fate* (Boston 1975); Maria Piers und ich widmeten ihr unser Buch *Wages of Neglect* (New York 1966), das sich mit den psychischen Konflikten gestörter Jugendlicher in Großstädten befaßt. Vgl. auch *Erik H. Erikson: The Growth of his Work* (Boston 1970; deutsch: *Erik H. Erikson. Leben und Werk*, München 1974), wo Anna Freud als Eriksons Lehrerin und Analytikerin geschildert wird.

2 ›Neuropsychiatric Aspects of Acute Poliomyelitis‹, in: *American Journal of Psychiatry*, 114. Jg., H. 1, Juli 1957.

3 Anna Freuds Beziehung zu Erikson kommt natürlich in seiner Biographie zur Sprache (vgl. Anm. 1). Auch in der Biographie *Simone Weil: A Modern Pilgrimage* (Reading, Mass. 1987) beziehe ich mich mehrmals auf Anna Freud, in geringerem Maße auch in *Dorothy Day: A Radical Devotion* (Reading, Mass. 1987).

4 Sie las mehrere kürzere Erzählungen in Williams' *The Doctor Stories* (New York 1984), außerdem ein im *New Yorker* erschienenes Porträt von Walker Percy, das ich ihr geschickt hatte. Vgl. *Walker Percy: An American Search* (Boston 1978).

I. KAPITEL

1 Über dieses Thema hatte ich einmal ein halbstündiges Gespräch mit ihr an einem Vormittag des Jahres 1970 in New Haven. Sie sprach darüber ähnlich wie viele meiner Studenten, die mit notleidenden oder gestörten Menschen arbeiten möchten, ohne jedoch Ärzte werden zu wollen oder sich dazu für fähig zu halten. »Ich habe daran wirklich nie gedacht«, sagte sie, »ehe die Frage der ›Laienanalyse‹ ernsthaft diskutiert wurde, weil einige die psychoanalytische Ausbildung von Nicht-Ärzten ablehnten. Dann allerdings dachte ich sehr gründlich darüber nach.«

2 Besonders einnehmend und anrührend war sie, wenn sie über ihre Zeit als Schullehrerin sprach. Dann hellte sich ihr Gesicht auf, und ihre Augen glänzten. Ich habe mich oft gefragt, ob die Psychoanalyse für sie nicht zu einer Art langem Umweg geworden war. Besonders herzlich sprach sie über bestimmte Lehrer oder Krankenschwestern, die wie sie mit einem Minimum an akademischer Erfahrung eine psychoanalytische Ausbildung begannen – Menschen, die Erfahrung und Weisheit in die Psychoanalyse einbrachten, die sie aus dem unmittelbaren und anhaltenden Umgang mit Kindern gewonnen hatten.

3 Ich hatte das Gefühl, daß Heinz Hartmann derjenige war, dem sie von allen Analytikern den größten Respekt entgegenbrachte, abgesehen natürlich vom Begründer der Psychoanalyse selbst. Sie schien sogar eine gewisse Scheu vor Hartmanns brillanter und weit ausgreifender Intelligenz zu haben. Sein Buch *Ich-Psychologie und Anpassungsprobleme*, das nur drei Jahre nach ihrem Werk *Das Ich und die Abwehrmechanismen* publiziert wurde, war eine zweite bedeutende Studie über das Ich. Gemeinsam initiierten diese beiden Werke eine beträchtliche Verlagerung des psychoanalytischen Denkens. Mehrmals sprach ich mit ihr auch über Hartmanns Buch *Psychoanalyse und moralische Werte* – eine äußerst wertvolle und tiefschürfende Darstellung der Beziehungen zwischen Moral und Überich, aber auch zwischen Moral und Ich.

4 Diese und weitere Bemerkungen anläßlich der Verleihung der Ehrendoktorwürde am Jefferson Medical College erschienen 1967 im *Journal of the American Psychoanalytic Association*, 15. Jg., S. 833–840 (deutsch in: *Die Schriften der Anna Freud*, Bd. VII, Frankfurt am Main 1987, S. 2087–2095) – ein Dokument persönlicher Freimütigkeit und zugleich ein Beitrag zur Sozial- und Kulturgeschichte eines Berufsstandes.

5 Sigmund Freud – Edoardo Weiss, *Briefe zur psychoanalytischen Praxis*, Frankfurt am Main 1973, S. 91.

6 Anna Freud kannte Miltons *Areopagitica*, und der rationalistische Optimismus dieser Abhandlung paßte gut zu den hoffnungsvollen Aspekten der Psychoanalyse, die sie vertrat – trotz ihres zurückhaltenden Wesens.

7 Ich habe mich lange mit dem Problem herumgeschlagen, wie Männer und Frauen psychiatrisch zu beurteilen seien, die sich aufgrund einzigartiger Leistungen einen Platz in der Geschichte verdient haben. Die Frage ist, an welchem Punkt die erhellende psychologische Deutung in grob reduktionistische Erklärungen übergeht, die dem, was eine bestimmte Person trotz Angst, Depressivität und vielleicht sogar »Ver-

rücktheit« geleistet hat, nicht im mindesten gerecht wird. Vgl. meinen Aufsatz über »Psychohistorie« in: *The Mind's Fate*.

8 Vgl. den langen Brief Anna Freuds an mich (siehe S. 265–268), der eine Beschreibung jenes Heims enthält.

9 Max Schur, *Sigmund Freud – Leben und Sterben*, Frankfurt am Main 1973, S. 587.

10 Audens schöne Huldigung an Freud, ›In Memory of Sigmund Freud‹, ist abgedruckt in: *Collected Shorter Poems* (1927–1957), New York 1966.

II. KAPITEL

1 Ihre pädagogischen Schriften gehören zu einer im Westen noch immer hochgeschätzten Tradition, die von Rousseau bis zu Forschern wie Paul Goodman, Edgar Z. Friedenberg, Jonathan Kozol und Tracy Kidder reicht – allesamt Essayisten, welche die Bedeutung der Schulen besonders hervorheben, jedoch auch ihre bisweilen schweren Mängel kritisieren.

2 Als ich versuchte, die Zeichnungen und Bilder von Kindern zu deuten, mit denen ich arbeitete, gab mir Anna Freud beträchtliche Hilfestellung. Vgl. die Besprechungen jener Kunstwerke in den fünf Bänden von *Children of Crisis* (Boston 1967, 1972, 1978), außerdem in *The Moral Life of Children* (Boston 1986), *The Political Life of Children* (Boston 1986) und *The Spiritual Life of Children* (Boston 1990; deutsch: *Wird Gott naß, wenn es regnet? Die religiöse Bilderwelt der Kinder*, Hamburg 1992).

III. KAPITEL

1 August Aichhorn: jener einfallsreiche, phantasievolle und geistig äußerst bewegliche Kliniker, der bereit war, sich auch um die am schwersten gestörten Jugendlichen zu kümmern; siehe seine außergewöhnlichen Berichte in seinem Buch *Verwahrloste Jugend. Die Psychoanalyse in der Fürsorgeerziehung* (Göttingen [10]1987). – Otto Fenichel: ein außerordentlich gelehrter Theoretiker, bekannt vor allem durch seine *Psychoanalytische Neurosenlehre* (Wien 1931, Frankfurt a. M. / Berlin / Wien 1983).

2 Freud als strenger Skeptiker und als Theoretiker, der von seiner »Entdeckung« des Es völlig in Anspruch genommen war, geriet häufig in Widerstreit mit Freud als einem Wissenschaftler des 19. und 20. Jahr-

hunderts, der große Hoffnungen darauf setzte, daß ein immer umfassenderes Wissen wachsenden Einfluß auf menschliche Beziehungen nehmen werde – wenngleich es natürlich niemals die »Erlösung« bringen kann. Zu Freuds Ansichten über die Religion vgl. das Kapitel ›Psychoanalysis and Religion‹ in: *The Spiritual Life of Children* (a. a. O.).

3 Uriah Heep: Figur aus Dickens' Roman *David Copperfield*, Prototyp des scheinheiligen Intriganten (A. d. Ü.).

4 Der beste Bericht über diese Episode findet sich in *The Moral Life of Children* (a. a. O.).

IV. KAPITEL

1 Offen gestanden, Jane neigte weit weniger zur Ehrfurcht gegenüber Anna Freud als ich, und sie war von ihrer Gegenwart auch nicht eingeschüchtert. Als Lehrerin konnte sie mit einem Menschen, der mehr als vierzig Jahre älter war als sie, frank und frei sprechen, und damit löste sie nicht etwa Verdruß und Irritation aus, sondern eine fast respektvolle Freundlichkeit. Vielleicht zeigte das ein tiefes Einverständnis der ehemaligen Wiener Lehrerin mit der amerikanischen Lehrerin, die an Schulen in Louisiana und Georgia auf bemerkenswerte und eindrucksvolle Weise mit schwarzen Kindern gearbeitet hatte – und das unter den schlimmsten Bedingungen der Rassentrennung.

2 In den vergangenen Jahren hat sich der unnachgiebige Widerstand der American Psychoanalytic Association gegen Analytiker ohne medizinische Ausbildung etwas gelockert – vielleicht deshalb, weil das Interesse von Psychiatern an psychoanalytischer Ausbildung im Vergleich zu den vierziger, fünfziger und sechziger Jahren nachgelassen hat. Die Psychoanalyse hat derzeit nicht mehr die Anziehungskraft wie früher, anders als etwa die neuro-psychopharmakologische Richtung innerhalb der Psychiatrie.

3 Als Maria Piers und ich versuchten, die schwierigen Probleme von Gettokindern zu verstehen, war Anna Freud stets bereit zu helfen. Unser Buch *The Wages of Neglect* haben wir daher ihr gewidmet; vgl. den Brief Anna Freuds S. 265–268.

4 Diese Tätigkeit wird geschildert in *The Moral Life of Children* und *The Political Life of Children* (a. a. O.).

5 Vgl. meine Studie über Dorothy Days soziale und geistige Aktivitäten: *A Spectacle Unto the World: The Catholic Worker Movement* (New York 1973).

1 Ich habe Williams häufig über Psychoanalyse sprechen hören, vor allem darüber, wie sie in den dreißiger Jahren unter den New Yorker Intellektuellen allmählich an Boden gewann. Seine ungeschminkten Berichte waren (und sind) in ihrer Art einzig. Ihn zu kennen war für mich ein Glück und ein Privileg; vgl. mein Buch *William Carlos Williams: The Knack of Survival in America* (New Brunswick 1975).

2 Ohne Frage waren viele Bürgerrechtler, die wir in den sechziger Jahren im Süden kannten, gegenüber der Psychoanalyse ausgesprochen mißtrauisch. Sie bezeichneten sie als »reduktionistisch« und als »bürgerlich«. Manches an dieser Kritik fand ich unfair und völlig verquer, obwohl ich durchaus verstand, warum viele dieser jungen Männer und Frauen zur Welt der Psychoanalyse auf Distanz gingen. Vgl. zu dieser Frage meinen Aufsatz ›Serpents and Doves: Non-Violent Youth in the South‹, zuerst veröffentlicht in: *Youth: Change and Challenge*, hrsg. von Erik H. Erikson (New York 1963).

3 Vgl. Perry Miller, *Errand Into the Wilderness* (Cambridge, Mass. 1956), sowie seine Anthologie *The Transcendentalists* (Cambridge, Mass. 1950).

4 Vgl. den vorletzten Absatz von Eriksons *Childhood and Society*, New York 1950. In der deutschen Übersetzung (*Kindheit und Gesellschaft*, 1. Aufl.: Zürich/Stuttgart 1957) sowie in späteren Auflagen des englischen Originals fehlen die entsprechenden Sätze (A. d. Ü.).

VI. KAPITEL

1 Ich war von Albuquerque nach Topeka gekommen, wo wir an einer Studie über indianische und spanischsprachige Kinder arbeiteten. Als Reaktion auf Artikel, die ich geschrieben hatte, bombardierte mich Dr. Menninger mit Briefen; wir veranstalteten dann eine Reihe bemerkenswerter Seminare zusammen, wobei er sein Wissen aus erster Hand über die Geschichte der Psychoanalyse einbrachte, während ich die auf Band aufgezeichneten Stimmen von Hopi-Kindern vorführte – fürwahr ein thematischer Kontrast.

2 Vier Jahre nach ihrem Tod erschienen als *The Political Life of Children* (a. a. O.).

3 Die Stimme Anna Freuds spielt eine wichtige Rolle in meinem Buch über Simone Weil.

4 Die Analyse der moralischen Voraussetzungen Freuds in Heinz Hart-

manns Buch *Psychoanalyse und moralische Werte* (a. a. O.) ist brillant; ähnliches gilt für Philip Rieff, *Freud. The Mind of a Moralist* (New York 1959), Peter Gay, *Freud: A Life for Our Time* (New York 1987; deutsch: *Freud. Eine Biographie für unsere Zeit*, Frankfurt am Main 1989), sowie die Werke von Paul Roazen: *Freud: Political and Social Thought* (New York 1968; deutsch: *Politik und Gesellschaft bei Sigmund Freud*, Frankfurt am Main 1971), *Brother Animal. The Story of Freud and Tausk* (New York 1970; deutsch: *Brudertier. Sigmund Freud und Victor Tausk*, Hamburg 1973), und *Freud: The Politics and Histories of Psychoanalysis* (New Brunswick, N. J. 1990).

5 »Himmelshund«: Im Original »hound of heaven«, analog zum »hound of hell« (= Zerberus). Der Begriff findet sich zum Beispiel in Shelleys *Prometheus unbound* von 1820 (A. d. Ü.).

6 Anläßlich eines öffentlichen Symposions mit dem Titel »Simone Weil: Live Like Her?« am Massachusetts Institute of Technology, Oktober 1975.

VII. KAPITEL

1 Über die moralische Kraft dieser Romane vgl. mein Buch *The Call of Stories: Teaching and the Moral Imagination* (Boston 1988).

2 Schließlich schickte ich ihr einige Essays, die ich über Agee geschrieben hatte; ich wollte damit eine Verbindung herstellen zwischen seiner literarischen Darstellung der Kindheit und der Art von Beschreibung, die *sie* bevorzugte. Vgl. *Irony in the Mind's Life* (New York 1974) und *Agee* (zusammen mit Ross Spears, New York 1985).

3 Das Buch von Ariès (München 1978) sollte von Kinderärzten, Psychiatern und Psychoanalytikern mehr gelesen werden, denn es bietet einen historischen Kontext für unsere Vorstellungen von Kindheit, die viele ziemlich unkritisch aus der Biologie oder aus einem völlig ungeschichtlichen Kulturbegriff herleiten.

DAS WERK ANNA FREUDS

1 In der von Anna Freud selbst hergestellten und stark überarbeiteten deutschen Fassung von *Normality and Pathology in Childhood* (*Wege und Irrwege in der Kinderentwicklung*) fehlt diese Passage (A. d. Ü).

Namenregister